동양고전 강의

통합 논술 세대를 위한 동양 고전 강의

초판 1쇄 발행 2006년 12월 30일
2쇄 발행 2007년 6월 15일

지은이 손병목
펴낸이 이기섭
편집장 김수영
기획편집 조사라 김윤희 김윤정
마케팅 부장 조재성 김기숙 성기준 김미란
디자인 DesignZoo

펴낸곳 한겨레출판(주)
등록 2006년 1월 4일 제313-2006-00003호
주소 121-750 서울시 마포구 공덕동 116-25 한겨레신문사 4층
전화 마케팅 02-6383~1602~3, 기획편집 02-6383-1607~9
팩스 02-6383-1610
홈페이지 www.hanibook.co.kr
이메일 book@hanibook.co.kr

• 값은 표지에 있습니다.
• 파본이나 잘못된 책은 서점에서 교환하여 드립니다.

ISBN 978-89-8431-208-1 53150

통합논술 세대를 위한

동양 고전 강의

손병목 지음

한겨레출판

머리말

열 정

저는 전염이라는 말을 좋아합니다. 남에게서 병을 옮는 것만 전염이 아닙니다. 버릇이나 태도, 풍속 따위가 옮아 물이 드는 것도 전염이라 합니다. 그리고 저는 열정이라는 말을 좋아합니다. 어떤 일에 열렬한 애정을 가지고 전념할 때의 마음입니다. 생동생동한 삶은 열정이 있을 때라야 가능합니다. 한때 '열정연구소'라는 것을 생각한 적이 있습니다. 순간적으로 불쑥 찾아왔다가 소리 없이 사라지는 열정을 붙들어매고 싶었습니다. 그 비법을 알아내 나 스스로 열정의 화신이 되어 그 바이러스를 널리 전염시키고 싶었습니다.

열정은 자극으로부터 비롯됩니다. 놀랍게도 까마득히 오래된 책인 《사기》, 《논어》, 《맹자》에서 저는 평생 동안 열정을 불사르고도 남을 자극을 받았습니다. 치욕의 삶 속에서도 인류 최고의 역사서를 만들어 낸 사마천, 지칠 줄 모르는 열정으로 평생 동안 천하를 주유한 공자, 한물 간 유가의 가르침을 생동감 있는 필체로 엮어낸 맹자. 그들이 만들어낸 열정의 기록이 바로 《사기》, 《논어》, 《맹자》입니다.

곰삭은 것

오래된 것과 낡은 것은 다릅니다. 낡았다는 말은 오래되어 헐고 너절해졌다는 것입니다. 그러나 오래되었다고 해서 모두 너절해지는 것은 아닙니다. 그리고 오래된 것과 곰삭은 것은 다릅니다. 풋내 나는 것이 사라지고 제대로 익어야 곰삭았다고 말합니다. 오래되었다고 해서 모두 곰삭지는 않습니다.

고전에는 오래되었지만 곰삭은 지혜가 있습니다. 이솝도 울고 갈 《장자》의 우화에는 가슴이 후련해지고 머리를 후려치는 지혜가 있습니다. 문자도 없던 아득한 옛날에 점을 쳤던 기록인 《주역》에는 인류 역사를 관통하는 세상과 삶의 지혜가 있습니다.

박학지 심문지 신사지

그러나 고전을 읽는다고 모두 열정이 생기고 지혜가 무르익지는 않습니다. 고전이 곰삭은 것이지 내 사고의 깊이가 곰삭지 아니했고, 고전 속에 지혜가 녹아 있지 내 삶이 그 지혜를 본받지 못한 까닭입니다.

공자는 "아침에 도를 들으면 저녁에 죽어도 좋다"고 했고, 맹자는 선을 지키고 악을 멀리하기 위해 '새벽녘의 고요한 마음|平旦之氣|'을 지키라 했고, 장자는 도를 구하기 위해 마음을 굶기라 했습니다. 지혜를 얻는 과정은 그리 쉽지 않습니다.

아쉽게도 저는 아직 마음을 굶기는 경지에 이르지 못하고, 도|道|와 죽음을 맞바꿀 정도의 각오를 다지지 못했습니다. 다만 《중용》에 나오는 다음의 말을 젊은 날의 수행의 화두로 삼을까 합니다.

넓게 배우고, 상세히 묻고, 신중하게 생각하라
博學之 審問之 愼思之

저는 이 말을 '학문사|學問思|'로 줄여 부릅니다. '배우고 묻고 생각하라'
는 말입니다. 이 책도 저의 학문사 과정의 하나입니다. 스스로 배우고 묻고
생각하던 바를 옮겨놓았습니다. 그러니 아직 풋내가 가시지 않았습니다. 채
운 곳보다 여백이 더 큽니다. 잘못 채운 곳을 가려내고 여백을 채우는 것은
이 책을 읽는 여러분의 과제로 돌립니다.

술이부작

공자는 《논어》에서 "나는 옛것을 배워 전하기만 할 뿐 창작하지는 않았고,
옛것을 믿고 좋아하면서 내 자신을 은연중에 은나라 현인인 노팽과 비교해
본다"고 했습니다. 여기서 술이부작|述而不作|이라는 말이 생겼습니다.
술이부작하자는 것이 이 책을 쓸 때의 원칙이었습니다. 옛것에서 지칠 줄
모르는 열정을 발견하고 평생을 두고 곱씹을 화두를 발견하였으니, 저의 역
할은 그것을 있는 그대로 전하는 것뿐이었습니다. 그저 무뚝뚝한 고전을 조
금이라도 편하고 쉬운 말로 풀이하려고 욕심을 부려본 것뿐입니다. 부디 이
책을 통해 동양 고전의 살아 있는 열정과 지혜가 전달되길 바랄 뿐입니다.
글을 쓰면서 도움을 받은 책들은 끝에 따로 정리해두었습니다.

2006년 11월, 탄천이 내려다보이는 곳에서

如一 손병목

재야 역사가 사마천의 불온서적

사기

나 또한 변변치 못한 재주이지만 문장에 의지하여 후세에 전하고자 결심했다네. 만약 이 역사서
가 완성되어 사람들에게 널리 전해질 수 있다면 그것이야말로 내가 받은 치욕을 보상받는 것이
네. 그렇게 된다면 아무리 이 몸이 여덟로 찢긴다 해도 결코 후회하지 않을 것이네.   – 사마천

온당하지 않은 책을 불온서적이라 합니다. 그런데 그것이 온당한지 불온한지를 누가 판단할까요?

흔히 진 시황이라 부르는 진나라 최초 황제인 '정(이름이 정입니다)'은 역사상 최초로 '불온서적'을 지정하였습니다. 이 책을 가지고 있거나 공부하는 사람을 모두 처형한다고 공표했습니다. 그리고는 실천에 옮겼습니다. 진나라 역사서 외의 모든 사서와 제자백가*의 책들, 그중에서 현실 정치를 비판하는 유가의 책은 모두 모아 불태워버렸습니다. 그것도 모자라 유생 460여 명을 땅에 생매장하는 일까지 저질렀습니다.

춘추전국시대에 중국을 통일한 진 시황

이때의 유생이 실제 유학을 공부하는 사람이 아니라 시황제에게 불로장생약을 찾아주겠다고 해놓고 돈만 챙기고 달아난 방사들의 무리라는 설도 있습니다. 어쨌거나 시황제는 불온서적을 모아 모두 태우고|焚書|, 불온한 유생

제 자 백 가 | 諸 子 百 家 |

제자는 여러 선생이라는 뜻이고, 백가는 수많은 학파를 뜻합니다. 공자, 맹자, 노자, 장자는 각각 공 선생님, 맹 선생님, 노 선생님, 장 선생님이라는 뜻입니다. 공자와 맹자를 아울러 유가라고 하는데, 이때의 가|家|는 학문으로 한 집안을 이룬 사람들, 즉 학파를 말합니다. 춘추전국시대에 활약했던 수 많은 사상가들과 학파들을 아울러 제자백가라고 합니다.

제자백가라는 말은 《한서|漢書|》의 〈예문지|藝文志|〉 중에서 옛 서적을 분류했을 때 처음 쓰인 명칭 입니다. 이에 따르면 학파를 유가|儒家| · 도가|道家| · 음양가|陰陽家| · 법가|法家| · 명가|名家: 論理 學派| · 묵가|墨家| · 종횡가|縱橫家: 外交術派| · 잡가|雜家| · 농가|農家| 등 9개의 파로 나눌 수 있습 니다.

그러나 무리를 이루어서 후대에 학문을 전승|傳承|한 것은 유가와 묵가 정도입니다.

들을 모아 땅에 파묻는|坑儒| 초유의 일을 자행했습니다. 이를 분서갱유|焚書坑儒|라고 합니다. 이런 잔혹한 행위 때문이었는지, 진나라는 시황제가 죽은 뒤 어리바리한 2세 황제 때 망하고 맙니다.

분서갱유의 예에서 알 수 있듯이 불온서적은 그 내용이 정말 사리에 맞지 않는 책이라기보다는 권력자의 입맛에 맞지 않는 책입니다. 따라서 불온서적인지 아닌지의 판단은 권력을 가진 사람이 하는 것입니다.

그런데 무려 2천 년 동안 스테디셀러의 자리를 놓치지 않은 《사기》가 왜 불온서적이었을까요? 2천 년 전 사마천이 살던 그때 그 시절로 돌아가봅시다.

2 천 년 동안의 스테디셀러

세상에는 참 여러 종류의 사람이 있습니다. 하나를 가르쳐주면 열을 아는 사람이 있는가 하면, 열을 가르쳐줘도 전혀 알아차리지 못하는 사람이 있습니다. 한 번만 읽어도 그 내용을 훤하게 기억하는 사람이 있는가 하면, 열 번을 읽어도 그 내용이 가물가물한 사람이 있습니다. 뒤의 경우는 아마 저를 두고 하는 말인 것 같습니다. 몇 번을 읽어도 읽을 때마다 새로우니까요.

저와 같은 사람 때문에 옛말에 '책을 백 번 읽으면 자연스레 그 뜻이 드러난다|讀書百遍意自現|'는 말이 생겼나 봅니다. 백 번이라고 해서 꼭 백 번을 채우라는 말은 아니겠지요. 선천적인 능력이 조금 모자라도 그만큼 노력하고 집중하면 반드시 이룰 수 있다는 말일 것입니다.

저처럼 스스로 머리가 나쁘다고 생각하는 사람들을 위해 꼭 만나야 할 사람이 있습니다. 약 400년 전으로 돌아가 조선시대의 김득신* 옹|翁|을 만나

봅시다. 사마천이 대략 기원전 1세기 정도의 인물이니, 그로부터 약 1,700년 후의 사람입니다.

김득신은 그의 독서 횟수를 기록한 〈독수기讀數記〉라는 글에서, '〈백이전〉은 1억 1만 3천 번을 읽었고, 〈노자전〉, 〈분왕〉, 〈벽력금〉, 〈주책〉, 〈능허대기〉, 〈의금장〉, 〈보망장〉은 2만 번을 읽었다'고 쓰고 있습니다. 그의 말을 그대로 믿자니 너무 터무니없는 숫자 같고, 거짓말이라고 하기에는 그의 기록이 너무 꼼꼼합니다. 만 번 이상 읽은 36편의 문장을 나열하고, 만 번 이하로 읽은 것은 아예 꼽지도 않았다고 합니다. 당시 수 체계가 오늘날과 달라 1억은 오늘날 10만에 해당합니다. 그렇다고 하더라도 이 숫자는 감히 상상할 수 없을 정도입니다. 그때 만약 기록광 맥허터*가 있었다면 독서광 김득신의 엽기적인 독서 기록을 분명히 《기네스북》에 올렸을 것입니다.

이쯤 되면 감히 머리 나쁘다는 말을 하지 못할 것 같습니다. "저는 머리가 나쁜 것 같아요"라고 말하면, 김득신 할아버지는 "한 10만 번쯤 읽어보거

김득신｜金得臣｜ 1604(선조37)~1684(숙종10)

조선 중기의 시인으로 호는 백곡栢谷이라 합니다. 백곡은 백이전伯夷傳을 1억 1만 3천 번 읽고 그의 서재 이름을 '억만재億萬齋'라 했습니다. 흔히 그의 머리가 아둔하여 수없이 반복하여 읽어도 그 뜻을 알지 못한 것으로 알려져 있으나 그렇지 않습니다. 효종은 그의 '용호한강시龍湖漢江詩'를 보고 감탄했다고 하며, 당시 한문 사대가인 이식李植은 "그대의 시문이 당금 제일"이라고 평을 했습니다. 그는 스스로 지은 묘비명에 이렇게 쓰고 있습니다.

"재주가 남만 같지 못하다고 스스로 한계 짓지 말라. 나보다 어리석고 둔한 사람도 없겠지만 결국에는 이름이 있었다. 모든 것은 힘 쓰는 데 달렸을 따름이다."

그의 나이 환갑을 바라볼 때 즈음인 1662년 증광문과增廣文科 병과丙科로 급제. 장악원 정·지제교掌樂院 正·知製教 등을 거쳐 가선대부嘉善大夫에 올라 동중추부사同中樞府事를 지냈습니다. 뒤늦게 벼슬에 올랐으나 장차 일어날 사화士禍를 예견하여 벼슬을 버리고 괴산읍 능촌리에 있는 취묵당醉默堂에 내려와 시인으로서의 삶을 살았습니다. 74세에는 사도시정으로 증광시 시험관이 되었고, 78세에는 통정대부가 되었으며, 80세에는 가선대부에 올랐고 안풍군安豊君으로 습봉되었다가 이듬해인 81세에 생을 마쳤습니다.

라"라고 할 것 같습니다.

　김득신이 1억 1만 3천 번, 오늘날 숫자로 환산해도 11만 3천 번 읽었다는 〈백이전|伯夷傳|〉은 사마천 《사기|史記|》의 〈백이열전|伯夷列傳|〉을 말합니다. 《사기》는 조선을 포함한 전통시대의 동아시아에서 가장 많이 읽힌 애독서입니다. 2천 년이나 흐른 지금까지도 그 인기는 식을 줄을 모릅니다. 도대체 그 인기 비결은 무엇일까요?

사 마 천 이 환 관 이 된 사 연

　《사기》는 사마천을 떼어놓고 생각할 수 없습니다. 《사기》의 내용도 내용이지만 사마천의 생애 그 자체가 눈물 없이는 볼 수 없는 한 편의 감동적인 휴먼 스토리입니다.

　때는 기원전 99년. 사마천은 죽기보다 더 어려운 고통을 당합니다. 친구 이릉을 변호하다 남근을 제거당하여 환관이 되는 치욕적인 형벌을 받습니다. 이를 일러 '이릉의 화|李陵之禍|'라고 합니다.

　한|漢|나라 무제|武帝| 때의 일입니다. 당시 한나라 북쪽의 흉노는 한나

맥허터|McWhirter, Norris| 1925~2004
《기네스북》의 창시자이자 편집자. 젊었을 때는 단거리 육상선수로 활약하다가 이후 프리랜서 체육 담당기자로 활동했습니다. 이때 기네스 양조회사의 휴 비버|Hugh Beaver| 경으로부터 인간과 자연의 경이적인 기록을 담은 책을 편집해 달라는 제안을 받고, 쌍둥이 동생 로스 맥허터|Ross McWhirter|와 함께 1955년 8월 27일, 《기네스북》을 창간했습니다. 그러나 그는 우익 정치단체인 자유협회|Freedom Association|를 만든 대표적인 극우파였습니다. 이 때문에 동생 로스는 1975년 영국으로부터 북아일랜드의 완전한 독립을 요구하는 군사조직인 IRA(아일랜드공화국군)에 의해 암살되었습니다.

라의 최대 골칫거리였습니다. 무제 전의 왕이었던 문제|文帝|·경제|景帝|
시대에는 가급적 흉노와 싸우지 않고 화친하는 방법을 취했습니다. 그들을
자극해봐야 좋을 것이 없다고 생각한 거죠. 그러나 무제는 달랐습니다. 한
나라 건국 이래 4대 동안 축적된 재원을 이용해 흉노 정벌이라는 적극적인
정책을 취합니다. 이는 중국 주변의 이민족을 한나라 지배 아래 두려는 대
통일 정책의 일환이었습니다. 이때의 상황을 사마천은 〈흉노열전〉과 그때
활약한 장수들의 전기인 〈위장군·표기열전〉, 〈이장군열전〉에 수록하였습
니다.

　그런데 흉노 정벌 정책에 대한 사마천의 시선이 곱지 않습니다. 〈흉노열
전〉에서 사마천은 '장군들은 중국의 광대함을 믿고 강한 기세를 과시하고,
주상도 그것에 휘둘려서 전쟁 정책을 결정하였다' 고 적고 있습니다. 또한
초기 흉노 정벌에 큰 공을 세웠던 위청과 곽거병 장군에 대해서도, 그 공은
인정하지만 그들의 인간성에 대해서는 신랄하게 비판했
습니다. 위청 장군은 은근히 무제에게 아부하는 면이
있었고, 곽거병 장군은 최상품의 쌀과 고기를 내버릴
만큼 많이 가지고 있었음에도 병사들은 굶주리고 일
어설 힘조차 없었다고 적고 있습니다. 어쨌든 무
제의 흉노 정벌로 인해, 한 왕조가 세워진 이
래 풍부했던 재원은 고갈되고 이는 고스란
히 백성들의 세금 부담으로 돌아왔습니다.
　사마천에게 인생 최대의 고통과 수치와
울분을 안겨준 '이릉의 화' 는 이때 발생합

《사기》 집필에 일생을 바친 사마천

니다. 이릉도 무제의 명령을 받고 흉노 정벌에 참여합니다.

이릉의 아버지 이광은 키가 크고 원숭이처럼 팔이 길어서 그 팔로 활을 쏘면 화살이 바위마저도 뚫었다 하며, 당시 흉노는 이광 장군의 이름만 들어도 벌벌 떨었다고 전해집니다. 이광 장군은 실력도 실력이지만 매우 청렴하고 부하를 사랑하기로 이름난 무인이었습니다. 매년 2천 석의 봉급을 받았지만 번번이 부하들에게 나눠줘 그가 죽은 뒤에 재산이 거의 남아 있지 않았다고 합니다. 그만큼 청렴한 무인이었던 이광의 아들이 바로 이릉입니다. 이릉도 성격이 아버지를 닮아서 군관들과 병졸들을 사랑하고 겸손했다고 합니다. 사람들은 한결같이 그의 아버지를 꼭 빼닮았다고 칭찬하였습니다.

당시 흉노 정벌군의 총책임자는 이광리였습니다. 이광리는 무제가 아끼던 이 부인의 오빠로 무제가 가장 신임하던 장수였습니다. 이광리가 출병할 때를 즈음해서 무제는 이릉에게 군량미 보급로를 보호하라는 명령을 내립니다. 피끓는 투혼을 가졌던 이릉은 최전선에서 싸우지 못하고 한낱 군량미나 운반하는 일이 못마땅하여 직접 싸우게 해달라고 요청합니다. 비록 적은 수의 병력이지만 자신이 훈련시킨 군사들로 정예부대를 만들어 공격하면 반드시 승리할 것이라고 무제에게 말합니다. 그러나 무제는 기마병을 줄 여유가 없다며 거절합니다. 그렇다면 기마병 없이 그냥 걸어서라도 싸우겠다고 거듭 요청하니 무제도 어쩔 수 없이 허락합니다.

이릉은 기마병도 없이 보병 5천 명을 이끌고 흉노의 소굴로 진격합니다. 그러나 흉노의 주력군 3만 명에게 포위를 당합니다. 비록 6대 1의 열세에도 불구하고 이릉의 군대는 강인한 체력과 정신력으로 흉노를 놀라게 만듭니다. 놀란 흉노는 기마병 8만을 더 모았습니다. 이쯤 되니 아무리 용맹한 이릉의 군사들이라 해도 흉노의 공격을 감당할 수가 없었습니다. 게다가 상황이 불리해지자 흉노에 투항하여 내부 사정을 고발하는 사태까지 발생했습니다. 퇴각을 거듭하던 이릉은 부하들에게 밥을 든든히 먹인 다음 10여 명의 결사대만 데리고 적진으로 뛰어들었습니다. 그 사이 부하들을 탈출시키려 했던 것입니다. 그러나 이릉은 흉노에게 잡히고 맙니다.

이 이야기가 흘러 흘러 "이릉의 군대가 항복했다" "이릉이 흉노에게 투항했다"는 소문이 한나라 조정에 전해집니다. 이 말을 들은 무제는 매우 낙담합니다. 불과 얼마 전까지만 해도 이릉의 군대가 흉노와 용감히 싸워 이긴다는 소식을 들으며 그를 한껏 추켜세웠던 신하들조차 일제히 이릉을 비난합니다. 낙담한 무제에게 아첨하느라, 이릉은 무모하며 장수로서 절의를 지키지 못한 채 투항했다고 쓴소리를 한 것입니다. 무제는 상심하였고 또한 분노했습니다. 무제는 이릉을 가장 잘 알고 있다고 생각했던 사마천에게 이번 사태에 대한 의견을 구합니다.

사마천은 이렇게 말합니다.

황공하오나 이릉은 소수의 보병으로 오랑캐의 수만 기병과 싸워 그 괴수를 경악케 하였으나 원군은 오지 않고 아군 속에 배반자까지 나오는 바람에 어쩔 수 없이 패전한 것으로 생각되옵니다. 하오나 끝까지 병졸들과 참을 수 없는 어려움을 같이한 이릉은 인간으로서 극한의 역량을 발휘한 명장이라 해도 과언이 아닐 것이옵니다. 그가 흉노에게 투항한 것은 필시 훗날 황은|皇恩|에 보답할 기회를 얻기 위한 고육책|苦肉策|으로 사료되오니, 오히려 폐하께서는 이릉의 무공을 천하에 공표하시옵소서.

이것이 무제의 역린*을 건드렸습니다. 무제는 사마천이 이릉을 칭찬한 것은 당시 흉노 정벌군의 총사령관이었던 이광리를 비판한 것이라고 생각했습니다. 이릉이 결사적으로 싸우고 있는데 최고 사령관으로서 아무 일도 하지 않은 이광리를 비판한 것으로 오해한 거죠. 이광리는 무제가 총애하던 이 부인의 오빠이며 가장 믿고 있던 장수라는 것은 앞서 말씀드렸습니다.

이 일로 인해 무제는 사마천을 감옥에 가둡니다. 설상가상으로 흉노에 투항했던 이릉이 흉노군을 훈련시켜 한나라 군대와 전투할 준비를 하고 있다는 소식이 전해집니다. 무제의 분노는 폭발하였고, 감옥에 있던 사마천은 사형이 확정되었습니다. 훗날 밝혀졌지만 이때 흉노군의 실전 훈련을 담당한 자는 이릉이 아니라 이서라는 인물이었습니다.

이제 사마천 앞에는 세 가지 선택만이 남았습니다. 이대로 사형을 당하느냐, 50만 전을 내고 한 등급 아래로 감형받느냐, 아니면 남근을 제거하고 환관이 되어 사형을 면하느냐.

초 인 적 인 집 중 력 으 로 사 기 를 완 성 하 다

당시 사형을 면하는 방법은 어마어마한 돈을 내거나, 남자의 생식기를 잘라버리는 궁형|宮刑|을 받는 것이었습니다. 사마천은 선택의 기로에 섰습니다. 그러나 50만 전이라는 거액을 마련할 길은 없었습니다. 이대로 죽느냐, 아니면 남근을 제거당하고 환관으로 살아가느냐. 그는 당시 선비로서 죽음보다 더 치욕스러운 궁형을 선택합니다. 그때의 심정을, 또 다른 사형

역 린 | 逆 鱗 |
임금의 분노를 이르는 말. 용의 턱 아래에 거슬러 난 비늘을 건드리면 용이 크게 노한다는 전설에서 나온 말로 《한비자》의 〈세난편|說難編|〉에서 유래합니다.

수이자 친구였던 임안에게 보내는 편지에 이렇게 쓰고 있습니다.

내가 법에 따라 사형을 받는다고 해도 그것은 한낱 '아홉 마리의 소 중에서 터럭 하나 없어지는 것|九牛一毛|'과 같을 뿐이니 나와 같은 존재는 땅강아지나 개미 같은 미물과 무엇이 다르겠나? 그리고 세상 사람들 또한 내가 죽는다 해도 절개를 위해 죽는다고 생각하기는커녕 나쁜 말을 하다가 큰 죄를 지어서 어리석게 죽었다고 여길 것이네.

그는 이렇게 죽을 수는 없다고 생각했습니다. 그러나 막상 궁형을 당하고 보니 그것은 죽음보다도 더한 고통이었습니다. 살아남아도 고개 한번 제대로 못 들고 수치스러운 평생을 보내야 한다는 생각에 치를 떨었습니다. 대신 그는 이를 악물며 아버지의 유언이기도 한 《사기》의 완성을 다짐했습니다.

좌구명|左丘明|은 눈이 멀고 나서, 손자|孫子|는 다리가 잘리고 난 뒤에 저술에 전념하여 그 분통한 심정을 문장으로 적어 표현했네. 나 또한 변변치 못한 재주이지만 문장에 의지하여 후세에 전하고자 결심했다네. 천하에 흩어져 있는 역사적 사실과 전설을 하나씩 모으고, 과거에 살았던 인간의 행동과 사건을 깊이 관찰하여 그 성공과 실패의 원리를 규명하고, 위로는 황제로부터, 현재에 이르기까지의 역사를 통해 하늘과 사람의 경계를 연구하고, 옛날과 지금의 변화를 통해 일가의 말을 이루고자 했네. 그러나 안타깝게도 이 저술을 채 완성하기도 전에 이릉의 화를 당했다네. 이대로 미완성으로 끝내는 것은 너무도 애석하여, 극형을 받으면서까지 분노의 안색을 내비치지 않은 것이라네. 만약 이 역사서가 완성되어 사람들에게 널리 전해질 수 있다면 그것이야말로 내가 받은 치욕을 보상받는 것이네. 그렇게 된다면

아무리 이 몸이 여덟로 찢긴다 해도 결코 후회하지 않을 것이네.

　그는 자신의 처지를 좌구명과 손자에 빗대어 말하고 있습니다. 위의 글에서는 생략했지만 그는 주나라 문왕, 공자, 굴원, 여불위, 한비 등 유배되거나 형벌을 받고나서 발분하여 책을 쓴 사례를 더 들고 있습니다. 좌구명은 눈이 멀고 난 뒤에 《국어|國語|》를 썼다고 합니다. 손자는 손무 또는 그의 후예인 손빈을 가르키는데, 여기서는 손빈을 가리킵니다. 손빈은 전국시대의 병법가로서 병연이라는 친구와 함께 공부를 했는데, 훗날 병연은 손빈을 시기하여 슬개골을 자르는 빈형|臏刑|에 처합니다. 이때부터 이름을 '빈'이라고 했다고 합니다.

　그에게는 오로지 《사기》를 쓰는 것 자체가 삶이었습니다. 아버지의 유언이기도 했지만, 어느덧 그 자신의 삶이 되어버렸습니다. 이 책을 완성하지 않고서는 결코 명예를 회복할 수 없다고 생각한 사마천은 초인적인 집중력으로 《사기》 130편*을 완성합니다. 훗날 그의 바람대로 사마천이라는 이름 석 자는 청사에 깊이 새겨져 오늘에 이르고 있습니다. 이것을 일러 발분저서|發憤著書|라 합니다. 울분을 토로하여 책을 썼다는 뜻입니다.

대나무 조각 엮고 엮어서 52만 6,500자

　사마천이 평생에 걸쳐 쓴 《사기》 130편은 어느 정도의 분량일까요? 글자 수로 따지면 52만 6,500자 정도 됩니다. 요즘 일반적인 책 크기로 보자면 한 면에 650자 정도가 들어가니까, 250쪽을 기준으로 하면 대략 16만 2,500자가 들어갑니다. 이렇게 따지면 3권이 조금 넘겠네요. '에이~ 겨우 그 정도?' 라고 하시는 분이 계실 텐데, 이건 어디까지나 인쇄술이 발달한 오늘날의 기준으로 볼 때 그러한 것입니다.

당시에는 죽간|竹簡|에다 글을 썼습니다. 대나무를 가늘게 쪼개고 다듬어 그 위에 가는 붓으로 한 자 한 자 정성껏 썼습니다. 또는 칼로 긁어 기록했습니다. 이런 칼을 도필|刀筆|이라 불렀습니다. 너비는 겨우 2~3센티미터, 길이는 30센티미터 남짓, 적게는 8자, 많이 써야 20~30자를 쓸 수 있었습니다. 그런 대나무쪽을 비단끈이나 가죽끈으로 여러 개씩 묶었는데, 이것이 한자 '책|册|'의 모습입니다. 대나무를 여러 개 묶어 놓은 듯한 모양입니다. 공자가 주역 공부에 푹 빠져 가죽끈이 세 번 끊어질 정도로 책을 읽었다는 위편삼절|韋編三絶|*의 고사에 보이는 가죽끈도 바로 대나무쪽을 연결한 끈을 말합니다.

대나무쪽에다 한 자 한 자 글을 새기는 것을 상상해 보세요. 그러다가 혹시 글자가 틀리면 대나무를 깎아내고 그 위에 다시 써야 했습니다. 대나무

사 기 의   구 성

사기|史記|라는 제목은 사마천 자신이 붙인 말이 아닙니다. 《사기》 맨 마지막에 '태사공자서|太史公自序|'라는 글에서 제목을 따 태사공서|太史公書| 또는 태사공기|太史公記|라고 불렸는데, 삼국지위지의 왕숙|王肅| 전기에 '사기'라는 명칭이 처음 등장합니다.

《사기》는 모두 130편으로 되어 있습니다. 이를 크게 다섯 부분으로 나눌 수 있는데, 본기|本記| 12편, 표|表| 10편, 서|書| 8편, 세가|世家| 30편, 열전|列傳| 70편입니다. 사마천은 제130권인 〈태사공자서〉에서 이 130편의 주제를 간단히 기술하고 제목을 달아놓았습니다.

〈본기〉는 오제|五帝|로부터 한무제에 이르기까지 제왕의 정치와 행적을 연대순으로 기록한 것입니다.

〈표〉는 각 시대에 대한 역사를 도표로 만든 것입니다.

〈서〉는 일종의 문화사나 제도사와 같은 것으로, 여러 문물 제도의 변천 과정과 연혁을 담았습니다.

〈세가〉는 제왕보다 낮은 제후들에 관한 이야기입니다. 제후 가문의 내력과 사건, 전성과 몰락 과정을 담고 있습니다.

〈열전〉은 제왕도 제후도 아닌 개인의 전기인데, 가장 많은 부분을 차지하고 있어 《사기》의 핵심이라 할 수 있습니다.

쪽 하나에 글을 다 쓰면 다른 쪽과 연결하고, 그렇게 하여 한 편이 완성되면 다시 책으로 묶었습니다. 글자가 틀리지 않기 위해 어휘 하나를 선택하는 데도 매우 신중했을 것입니다. 글자 하나가 아니라 문맥이 잘못되거나 문단 전체를 고쳐 써야 했다면……. 대나무쪽 하나에 한 자 한 자 쓰는 그 과정은 상상하기 힘든 고행이었을 것입니다. 원고지 네모 칸에 글 쓰기도 힘든데 말입니다.

《사기》를 저술하기 위해 참조한 서적들도 마찬가지로 죽간에 쓰여 있었을 것입니다. 요즘 책 몇 권에 해당되는 죽간의 분량이 아마 몇 수레는 되었을 것입니다. 중국의 시인 두보는 '남자는 모름지기 다섯 수레의 책을 읽어야 한다|男兒須讀五車書|'고 했습니다. 몇 권도 아니고 왜 다섯 '수레'라고 했는지 이해가 갑니다. 요즘처럼 인터넷으로 자료를 찾을 수도 없었을 테니, 책 한 권을 쓰려면 산더미처럼 쌓인 죽간을 다 읽고 기억력에 의존하여 하나 하나 써내려가지 않으면 안 되었을 것입니다. 사마천은 죽간에 기록된 엄청난 양의 자료를 숙독하였을 테고, 스스로 전국을 돌며 눈으로 보고 체험한 것까지 모두 머릿속에 입력했을 것입니다. 그것을 소화하고 처리하여 다시 죽간에다 한 자 한 자 쓰고 묶고 엮어서 52만 6,500자의 《사기》를 완성했습니다.

위 편 삼 절 | 韋編三絕 |

위편|韋編은 가죽으로 맨 책끈을 말합니다. 그 가죽끈이 세 번이나 닳아 끊어졌다는 뜻이니, 흔히 독서에 힘씀을 이르는 말로 쓰입니다.

원래《사기|史記》〈공자세가|孔子世家|〉에 '공자가 늦게 역을 좋아하여 역을 읽어… 가죽끈이 세 번 끊어졌다|孔子晩而喜易 讀易…韋編三絕|'고 한 데서 비롯되었습니다.

다시 주제를 '이릉의 화'로 돌리면, 이를 악물며 사마천은 살아남았습니다. 살아남았지만 이미 한 번 죽었던 목숨입니다. 세상에서 가장 천대하는 환관의 몸으로 얼굴 한번 제대로 들지 못한 채 살아가고 있습니다. 그는 스스로 이릉의 화를 떠올릴 때면 '내게 죄는 없다. 이것을 어찌 죄라고 말할 수 있으리오'라고 생각했습니다. 자신의 구미에 맞지 않는다고 죄 없는 사람의 목숨을 짐승의 터럭보다 가볍게 짓밟아버리는 황제에 대한 분노로 가슴이 터지는 듯했습니다. 이 굴욕을 만회하는 길은 오로지 《사기》를 완성하는 길밖에 없다고 여긴 사마천은 《사기》의 저술을 서두릅니다. 그로부터 8년 뒤 《사기》는 마침내 완성됩니다.

그러나 사마천이 그토록 《사기》를 완성하고자 했던 이유가 이뿐이었을까요? 아버지의 유언이기 때문에, 아니면 억울한 누명을 벗기 위하여? 아니었을 것입니다. 그는 이릉의 화를 당하기 전에 이미 《사기》를 필생의 과업으로 생각하고 있었습니다. 어쩌면 이릉의 화 때문이 아니라, 이릉의 화를 겪으면서까지도 살아남아 《사기》를 완성하고자 했던 역사가로서의 사명감이 더 컸을 것입니다. 아버지의 유언이기는 했지만, 스스로 자신이 아니면 잊혀져버릴 역사를 꼭 남겨야 한다는 역사가로서의 사명감이 있었습니다.

백이·숙제라는 사람이 있었습니다. 앞서 김득신이 1억 1만 3천 번을 읽었다던 그 〈백이전〉의 주인공입니다. 그러나 백이와 숙제도 공자가 언급하지 않았으면 역사 속에 묻혀 아무도 그들의 존재를 알 수 없었을 것입니다. 공자의 제자 중에 안연이라는 사람이 있었습니다. 본명은 안회였는데, 공자가 가장 신임하던 제자입니다. 공자보다 서른 살이나 아래였으나 너무 가난한 나머지 영양실조로 공자보다 먼저 죽었습니다. 비록 요절하였지만 공자에 의해 학문을 좋아하는 사람의 전형으로 후세에 길이 남게 되었습니다. 그러나 이렇게 알려진 사람이 얼마나 되겠습니까.

사마천은 바로 그 점에 주목했습니다. 비록 어질고 어진 사람이라고 할지라도 시세에 부합하지 않은 까닭에 깜깜한 동굴 속에 파묻혀 영원히 그 이름이 잊혀진 사람이 얼마나 많겠습니까. 사마천은 스스로 역사를 기록하는 사람이 되어, 그가 남기지 않으면 영원히 잊혀져버릴 사람들을 역사에 남기려 했습니다. 그의 붓을 통해 그들의 원한과 슬픔을 달래고 후세에 길이 전하고자 했습니다. 그리하여 사마천은 열전|列傳|*이라는 새로운 형식을 만들어 파란만장한 삶을 살았던 사람들의 전기를 70편이나 썼습니다.

재야 역사가 사마천의 불온한 서적, 사기

이릉의 화가 있고 난 8년 뒤 사마천은 《사기》를 완성합니다. 그러나 그는 평생을 두고 완성한 《사기》를 발표하지 않습니다. 이미 눈치 빠른 독자들은 감을 잡았겠지만, 그의 책은 당대 군주였던 무제에 대한 비판을 담고 있었던 까닭에 함부로 발표할 수 없었습니다. 만일 사마천의 생전에 《사기》가 널

열전|列傳|

《사기》의 정수로 평가되는 중국 고대 인물들의 전기입니다. 《사기》 130편 중 70편이 열전에 해당됩니다.

사마천은 기존의 역사서 구성 방식과 달리 본기|本紀|와 연표|年表|, 열전|列傳| 등을 묶어 《사기》를 완성했는데, 이런 구성방식을 기전체|紀傳體|라고 합니다. 본기의 '기'와 열전의 '전'을 딴 이름이며 《사기》로부터 비롯되었습니다. 우리나라의 《삼국사기》, 《고려사》도 이 체제로 편찬되었습니다.

《사기》가 있기 전에 공자가 지었다는 《춘추》나 이를 해석하여 좌구명이 썼다는 《좌씨전》은 편년체|編年體|로 쓰여 있습니다. 편년체는 연도별로 순서에 맞게 엮었다는 뜻입니다.

리 읽혔더라면, 그래서 당시 군주였던 한 무제의 눈에 띄었다면, 《사기》는 당장 금서가 되었을 것이고, 사마천은 사지가 찢기는 형벌을 받고도 남았을 것입니다. 그의 일족도 모두 무사하지 못했을 것입니다. 멀리 갈 것도 없습니다. 불과 몇 십 년 전의 우리나라만 해도 체제를 비판한 서적들을 모두 금서로 지정하였고, 이를 가지고 있기만 해도 억울하게 감옥에 가두는 일이 있었습니다. 2천 년 전의 일이니 오죽했겠습니까.

그런데 사마천은 왜 이토록 무모한 일을 저질렀을까요?

그는 왕명에 따라 역사서를 편찬하지 않았습니다. 대개의 역사서가 왕명에 따라 관|官|에서 만들어졌지만, 사마천은 오로지 자신의 의지와 사명감으로 《사기》를 완성하였습니다. 그런 까닭에 사마천은 마음대로 자료를 섭렵했고 어느 누구의 간섭도 받지 않았습니다. 설령 사람의 목숨을 벌레처럼 짓밟아버리는 절대군주가 있다 해도 그의 눈치를 보지 않았습니다. 그는 자유자재로 붓을 휘둘러, 동시대 인물을 주인공으로 삼아 현대사를 거리낌 없이 써낼 수 있었습니다. 《사기》에 동시대 인물이 유난히 많이 등장하는 것도 바로 이 때문입니다.

오늘날 불후의 '고전|古典|'으로 통하는 《사기》는, 당대에는 현대사였습니다. 그는 오로지 옛일만 기록하고자 한 것이 아니라, 그가 살았던 바로 그 시대 그 역사를 담고자 했습니다. 그에게는 태사직필|太史直筆|의 정신이 흐르고 있었습니다.

나 를 죽 이 는 것 은 마 음 대 로 할 수 있 으 나 ……

옛날 춘추시대 제|齊|나라에 최저|崔杼|라는 가신이 있었습니다. 당시 군

주는 장공|莊公|이었는데, 호색한이었다고 합니다. 어느 날 장공이 최저의 집에 갔다가 그의 아내를 보고 한눈에 반해버렸습니다. 그리고 기어코 그녀를 불러내 정을 통하고 말았습니다. 이에 최저는 복수를 결심합니다.

최저는 병이 들었다고 소문을 냅니다. 장공은 절호의 기회라고 생각하고, 대담하게 최저의 집으로 가서 곧장 부인의 방으로 향했습니다. 기다리고 있던 최저는 부하들을 시켜 장공을 포위합니다. 장공이 소리칩니다.

"나는 이 나라의 왕이다. 냉큼 비켜라!"

그러자 최저의 부하들이 이렇게 대답했습니다. "지금 여기에는 음탕한 도둑놈이 있을 뿐이다. 임금은 없다." 그리고 장공을 무참하게 살해했다고 합니다. 그 후 최저는 장공의 동생을 임금의 자리에 앉히니, 그가 바로 경공입니다. 최저는 당시 임금보다 더 권세가 높은 권력자였습니다.

이때 제나라의 태사|太史|, 즉 역사 기록을 맡은 관리는 백|佰|이라는 사람이었는데, 최저는 백에게 임금이 학질을 앓다가 급사한 것으로 적으라고 합니다. 그러나 태사 백은 이 말을 듣지 않고 '최저가 군주를 살해하다|崔杼弑其君|'라고 썼습니다. 이를 안 최저는 노하여 그 기록을 찢어버리고 백을 끌어내 죽여버렸습니다.

당시 태사 자리는 그 아들이 계승하는 것이 원칙이지만 백의 아들이 어려 그 동생 중|仲|이 태사직을 이어받았습니다. 그런데 중도 역시 최저의 말을 듣지 않고 그의 형이 썼던 것과 똑같이 썼습니다. 최저는 중도 죽여버렸습니다. 중이 죽자 그의 동생 숙|叔|이 태사가 되어 그 역시 형들과 똑같이 기록하였습니다. 최저는 숙도 죽였습니다.

백에게는 세 명의 동생이 있었는데, 중과 숙이 죽자 막내 계|季|가 태사직을 이어받았습니다. 그도 역시 죽음을 무릅쓰고 형들과 똑같이 썼습니다. 최저가 그를 불러 위협을 하자, 태사 계는 의연한 태도로 이렇게 대답했습

니다.

"무릇 사실을 그대로 기록하는 것이 역사입니다. 내가 비록 죽음을 당할지라도 또 사실을 사실대로 기록하는 이가 생길 것입니다. 나를 죽이는 것은 당신 마음대로 할 수 있을지 모르겠으나 역사의 기록만은 결코 마음대로 되지 않을 것입니다."

아무리 서슬 퍼런 최저라 하여도 내리 세 사람까지는 죽일 수가 없었던지, 그 기록은 고스란히 역사로 남게 되었습니다.

이 고사를 가리켜 태사직필|太史直筆|이라고 합니다.

지 금 사 람 들 은 이 런 역 사 서 를 만 들 수 없 다

임금의 명을 받든 태사조차도 이러한데 거리낌 없는 재야 역사가 사마천은 당대의 역사를 왜곡하여 쓸 필요가 전혀 없었습니다. 그는 곡학아세|曲學阿世|, 즉 배운 것을 굽혀가면서 세속에 아부하여 출세하려 하는 것을 지극히 싫어했습니다. 《사기》에 등장하는 수많은 사람들의 면면을 보면 권세에 아부하는 사람들을 얼마나 싫어했는지 알 수 있습니다. 반면 의롭게 살다 죽어간 이들에 대한 찬사를 통해 사마천이 그들의 모습에 바로 자신의 처지를 담고자 한 것임을 알 수 있습니다.

훗날 명|明|나라 사조제|謝肇淛|라는 사람은 《사기》를 이렇게 평가했습니다.

《사기》는 두 번 다시 이루어질 수 있는 책이 아니다. 왜냐하면 《사기》는 민간에 전해지고 명산에 간직해두고자 만든 책이지, 관에서 만든 서적으로 공표될 성격이 아니기 때문이다. 그러므로 사마천은 마음대로 자료를 취사선택하였고 어느 누구의 간섭도 허용하지 않았다. 그와 같은 시대를 살았던 여러 사람들, 나아가 한 무제의 행동에 이르기까지 그 선악을 솔직하게 기록하여, 조금도 거리끼는 바가 없었다. 이런 역사서는 지금 사람이 만들 수 없을 뿐만 아니라, 어느 누구도 만들려 하지 않을 것이다.

세월이 흐르고 왕조가 바뀌면서 《사기》는 그 진면모가 드러나 불후의 역사서로 칭송되었지만, 사마천이 살았던 당대에는 감히 '어느 누구도 만들려 하지 않'은 지극히 불온하고 위험한 역사서였던 것입니다.

사마천이 《사기》를 쓴 과정은 마치 한 편의 드라마와 같지만, 원래 사마천은 당시 한나라의 충복이었습니다. 그래서 그가 쓴 《사기》가 '역사서'가 아닌 한나라의 통치 이념을 담은 '이념 서적'이라고 말하는 학자도 있습니다.

그러나 분명한 것은, 그가 한제국의 충신이었지만 궁형을 당한 이후에 한 무제로부터 한 발 떨어져 객관적으로 역사를 보기 시작했다는 것입니다. '이릉의 화'는 황실 역사가 사마천을 재야 역사가로 바꾸는 계기가 되었습니다. 개인적으로는 불행이지만, 이로 인해 심기일전하여 불후의 명작 《사기》를 쓴 기폭제가 되었으니, 어쩌면 후세 사람들에게는 큰 행운인지도 모르겠습니다.

사기를 바라보는 삐딱한 눈

사마천의 《사기》가 재야 역사가의 불온한 서적이었다면, 반고의 《한서》는 정반대였습니다. 이른바 정통 관제 역사서인 셈입니다.

《한서》는 반고의 아버지인 반표와 반고가 함께 쓴 역사서로 전한|前漢| 시대의 역사를 기록하고 있습니다. 《사기》와 더불어 대표적인 역사서로 인정받았으며, 한때 《사기》보다 더 높은 평가를 받기도 했습니다. 《한서》에서 사마천을 평가한 부분을 볼까요?

　《사기》의 역사 판단은 성인의 그것과 아주 위배되었다. 도|道|를 논하면서 노자의 사상을 우선시하되 유가의 육경을 뒤로 돌렸다. 〈유협열전〉을 쓴 반면에 은사를 배격하고 간웅을 칭송하였다. 〈화식열전〉을 기술하면서 이익을 존중하고 가난을 치욕으로 여겼다. 이것이 《사기》의 폐해이다.

　한쪽으로 치우친 생각을 편견|偏見|이라고 합니다. 《사기》를 제대로 읽어 보았다면 반고의 위와 같은 말은 지나친 편견으로밖에 볼 수 없습니다. 사마천이 가장 존경한 성인이 공자라는 사실은, 그가 제후*가 아닌데도 그를 제후의 반열에 올려 〈공자세가〉를 편찬한 것만 봐도 알 수 있습니다. 또한 《사기》는 노장의 사상 또는 유가의 사상으로 쉽게 단정할 수 없습니다. 그는 오로지 자신만의 엄격한 역사관에 의거하여 참과 거짓, 진실과 허위, 아름다움과 추함을 가리고자 했을 뿐입니다. 거기에는 다른 역사서에서는 찾아보기 힘든 뜨거운 피가 통하는 듯한 인간 중심의 역사관이 자리하고 있습니

제 후 | 諸 侯 |
상|商|나라를 치고 중원의 맹주가 된 주|周|나라는 같은 성의 형제나 친척 또는 공신들에게 각 지역을 나누어줬는데, 이들을 제후라고 하고, 제후가 다스리는 나라를 제후국이라고 합니다. 공자는 왕이나 제후가 아니므로 〈열전〉에 포함시켜야 하지만 사마천은 〈공자세가〉를 따로 만들어 공자를 제후의 반열에 올려놓았습니다.
제후와 제후국, 그리고 이런 주나라의 통치 제도를 가리키는 봉건제도|封建制度|에 대해서는 다음 이야기 《논어》에서 자세히 다루고 있습니다.

다. 무미건조한 역사적 사실의 나열이 아닌 살아 움직이는 인간의 역사를 그리다보니 그 인물 됨됨이를 평가한 결과가 때로는 노장의 사상처럼, 때로는 유가의 사상처럼 비칠 수 있었을 것입니다.

반고가 《사기》의 폐해에 대해 단적인 증거로 말한 〈유협열전〉과 〈화식열전〉을 읽어보면 오히려 사마천이 얼마나 인간중심적이고 현실적인 눈으로 역사를 바라보았는지 알 수 있습니다.

내친 김에 〈유협열전〉과 〈화식열전〉이 어떤 내용인지 직접 확인해보죠. 〈유협열전〉의 전편 격인 〈자객열전〉을 먼저 보겠습니다.

이들이야말로 의를 아는 사람들이다

'선비는 자신을 알아주는 사람을 위해 죽고 여자는 자기를 좋아하는 사람을 위해서 화장을 한다.' 어디서 많이 들어본 듯한 이 말은 《사기》 〈자객열전〉에서 비롯된 말입니다.

당시 진|晉|나라는 네 사람이 세력을 다투고 있었습니다. 지씨의 우두머리는 지백, 한씨의 우두머리는 한강자, 위씨는 위환자, 조씨는 조양자였는데, 이 중 지백의 세력이 가장 강했습니다. 지백이 어느 날 세 사람에게 땅을 일부 바치라고 강요했습니다. 한씨와 위씨는 만 호의 땅을 내주었습니다. 그런데 조양자만이 지백의 요구를 거절하고 맞서 싸우기로 작정했습니다. 지백은 화가 나서 조양자가 있던 성을 포위하고 인근 하천을 막아 그 물을 모두 몰아 성을 잠기게 하는 전략을 썼습니다. 성은 점점 물에 잠기고 있었습니다. 이때 조양자의 머릿속에 계략이 떠올랐습니다. 그는 몰래 한과 위씨에게 사람을 보내 이렇게 전했습니다.

"만일 우리가 망하면 다음은 누구 차례입니까? 입술이 없어지면 이가 시리게 됩니다. 우린 모두 지백에게 멸망당하고 말 것입니다. 우리 셋이 뭉치면 살고 흩어지면 지백에게 당하고 맙니다."

입술이 없어지면 이가 시리다는 순망치한|脣亡齒寒|의 고사는 여기서 비롯되었습니다. 이 말에 설득되어 세 사람은 힘을 합쳐 지백에 맞서 싸웁니다. 지백의 군사는 대패하고 지백 역시 죽게 됩니다.

그런데 지백의 밑에는 예양|豫讓|이라는 사람이 있었습니다. 지백이 죽자 예양은 산속으로 도망갑니다. 그리고 다짐합니다.

"사나이는 자신을 알아주는 사람을 위해 죽고 여자는 자기를 좋아하는 사람을 위해서 화장을 한다고 했다. 나를 진실로 알아준 지백이 죽었으니 내가 반드시 그 원수를 갚고 말겠다."

그 후 예양은 이름을 바꾸고 죄인들의 무리에 끼어 조양자의 집에 들어가 변소에 벽을 바르는 일을 하게 됩니다. 그는 조양자를 죽일 날만 기다립니다. 조양자가 어느날 변소에 갔다가 이상한 기운을 느끼고 주위 사람을 심문한 결과 예양의 몸에서 비수를 찾아냅니다. 조양자가 몹시 화를 내며 그 이유를 묻자, 예양은 "지백의 원수를 갚을 것이오"라고 했습니다. 조양자는 예양의 뜻을 높이 사서 죽이지 않았습니다.

그런데 얼마 후 예양은 또 다시 변장을 하고 조양자가 지나다니는 다리 아래 숨어서 기다립니다. 조양자가 다리를 건너는데 말이 놀라서 껑충 뛰었습니다. 주위를 수색하니 거기에 또 예양이 있었습니다. 조양자는 예양의 의리를 생각하여 용서하고 싶었으나 더 이상 용서할 수가 없었습니다. 예양은 조양자에게 마지막 부탁을 합니다.

"오늘 나는 두말 하지 않고 죽겠소. 다만 한 가지 바라는 것이 있다면, 당신의 옷이라도 베어 복수의 마음을 청산하고 싶소. 그렇게만 한다면 죽어도 여한이 없겠소."

조양자는 이 말을 듣고 크게 감동하여 하인을 시켜 자신의 옷을 가져오게 했습니다. 예양은 칼을 뽑아 허공에 세 번 껑충 뛰어 올라 조양자의 옷을 베면서 "이 사실을 지하의 지백에게 알리리라" 하고서는 그 칼로 자살을 하였습니다. 이 말을 전해들은 사람 중에 울지 않은 사람이 없었다고 합니다.

이것이 〈자객열전〉에 나오는 예양의 이야기입니다. 자객은 요즘 말로 '킬러' 또는 '테러리스트'입니다. 따라서 〈자객열전〉은 춘추전국시대에 활약한 테러리스트들의 이야기입니다. 그들의 공통점은 '의|義|'를 위해 목숨을 걸었다는 것입니다. 의리에 목숨을 거는 그 불꽃같은 마음에 사마천은 매료되었습니다. '이릉의 화' 때 자기 몸을 보신하기에 급급해 무제에게 아부하였던 사람들에 대한 비판의 마음이기도 합니다.

그런데 이 〈자객열전〉은 춘추전국시대의 사람들만 다루고 있습니다. 진나라와 한나라의 자객은 한 명도 없습니다. 진나라와 한나라는 강력한 통일제국입니다. 이때 이미 국가의 명운을 걸고 의리에 살고 의리에 죽는 테러리스트들은 더 이상 없다고 생각한 것 같습니다.

용 기 있 는 자 는 죽 음 을 가 볍 게 대 하 지 않 는 다

〈유협열전〉을 살짝 볼까요?

유협은 협객입니다. 협객은 호탕한 기상을 가진 사람입니다. '허리띠나 푼돈을 훔친 자는 극형에 처해지나 나라를 훔친 자는 왕이 되며, 왕이 되면 인과 의가 따른다'는 속담을 예로 들며, 조그마한 의로움에 집착하여 세상을 등진 사람과, 시대의 흐름에 몸을 맡겨 영예를 얻은 사람들을 비교해서 어느 쪽이 낫다고 말할 수 있는지 사마천은 묻습니다.

〈사기열전〉에는 맹상군, 춘신군, 평원군, 신릉군 등 휘하에 엄청난 식객을 거느리고 있던 사람들의 이야기가 나옵니다. 그러나 그들은 원래 왕족이었고 버슬과 재물의 혜택을 받고 있었습니다. 넘쳐나는 재산으로 천하의 인재를 모았던 사람들입니다.

반면 협객은 서민입니다. 비록 서민에 불과하지만 한번 약속을 하면 죽음을 두려워하지 않았으니 곤경에 처한 사람들이 그들에게 몰려들었던 것입니다. 사마천은 이 점을 높게 사서, 세상 사람들이 비록 한낱 깡패 집단으로만 생각하던 유협들의 이야기를 역사에 기록하고 있습니다.

〈유협열전〉 중 제일 먼저 등장하는 주가|朱家|의 이야기를 들어볼까요?

주가는 노나라 사람이며 한나라 고조 유방과 같은 시대에 태어났습니다. 그는 협객으로 유명한데 그가 숨겨주어 생명을 구한 사람 중에 유명인사만 해도 몇 백 명이나 되었다고 합니다. 그러나 그는 단 한번도 자기를 뽐내거나 어떤 대가를 바라지 않았습니다. 오히려 도움을 주고서는 상대방이 부담스러워할까 봐 두 번 다시 만나지 않을 정도였습니다. 도움을 줄 사람이 많으면 우선 가난하고 신분이 낮은 사람부터 도와주었습니다. 그렇게 남들에게 도움을 주다보니 재산은 거의 남아 있지 않고, 옷도 변변치 않고 타고 다니는 것도 송아지가 끄는 보잘것없는 수레밖에 없었습니다.

한번은 계포|季布|라는 사람이 주가의 집에 몸을 숨긴 적이 있었습니다. 초나라와 한나라가 천하의 패권을 두고 다툴 때 계포는 초나라 항우의 편에 있었습니다. 그는 용맹한 장수였는데 한나라 유방을 몇 번씩이나 곤경에 빠뜨렸습니다. 그러나 결국 유방은 항우를 물리쳤고 계포를 현상수배해, 천금이라는 거액의 현상금이 계포에게 걸렸습니다. 결국 그는 숨어지내다가 주가의 집에까지 이르렀습니다. 주가는 계포를 정성껏 대접하는 한편 당시 제

후의 자리에 있던 하우영의 집에 갑니다. 하우영은 천하의 협객 주가가 오자 성대하게 술자리를 만들어 대접합니다. 술을 마시던 주가가 하우영에게 넌지시 묻습니다.

"도대체 계포라는 자가 얼마나 큰 죄를 지었기에 쫓기고 있소?"

"계포는 항우의 편에 서서 몇 번씩이나 폐하를 괴롭혔소. 폐하께서는 계포를 잡으면 반드시 죽이실 생각이오."

주가가 되물었습니다.

"그렇다면 대감께서는 계포라는 사람을 어떻게 생각하오?"

"비록 폐하께 누를 끼쳤지만 훌륭한 장수이지요."

이 말에 용기를 얻은 주가가 다시 말을 이었습니다.

"주군|主君|을 위해 충성을 다하는 것은 신하의 임무입니다. 항우의 밑에서 목숨을 바쳐 일을 한 것은 그가 임무에 충실했기 때문입니다. 이제 천하가 통일된 마당에 사사로운 원한 때문에 훌륭한 사람을 죽이는 것은 옳지 않아 보입니다. 오히려 폐하의 도량이 좁다는 것을 세상에 알리는 꼴이 되지 않을까요?"

하우영은 이 말을 듣자, 주가가 계포를 숨겨두고 있음을 직감했습니다. 그런 주가의 의리와 배포에 다시금 감탄을 하고, "폐하께 말씀드려보겠습니다"라고 했습니다.

그 후 하우영은 유방에게 진언하였고, 유방은 계포를 사면시켰습니다. 그 뒤 계포는 유방을 만났으며, 유방은 그를 장군으로 기용했습니다. 유방이 죽자 그의 벼슬은 더욱 높아져 중랑장|中郎將|에까지 이르렀습니다.

계포의 이야기는 더 이어지지만 여기서 생략하고, 사마천의 평을 들어보겠습니다. 사마천은 이렇게 말합니다.

천하의 명장이었던 항우 밑에서는 누구든지 빛을 보기 어려웠다. 그러나 계포는 일찍부터 명성이 대단했다. 적진에 뛰어들어 빼앗은 적기만 해도 헤아릴 수 없다. 이러한 계포도 일단 쫓기게 되자 노예로 변장하면서까지 목숨을 이어갔다. 이는 쉬운 일이 아니다. 자기의 능력을 믿고 잠시 동안의 굴복을 능히 감수했던 것이다. 무엇보다 자신의 모든 재능을 발휘하지 못하고 죽는 것을 참을 수가 없었을 것이다. 그는 굴욕을 참아내고 결국 한나라의 명장이 되어 이름을 떨쳤다. 진실로 용기 있는 자는 죽음을 가볍게 대하지 않는다. 감정에 휩쓸려 쉽게 자살해버리는 것은 용기가 아니다. 살아서 다시 일어설 수 없다고 생각했기 때문에 죽은 것이다.

협객 주가의 이야기로 시작해서 계포에 대한 찬사로 끝을 맺습니다. 사마천은 계포 이야기를 마치 자신의 이야기인 듯 쓰고 있는 것입니다. 죽는 것은 어렵지 않지만, 죽음을 무릅쓰며 살아가는 것이 더 힘든 것임을 말하고 있습니다. 계포가 그러하듯이 사마천 자신도 굴욕을 무릅쓰고 살아남았습니다. 아직 할 일이 남아 있기 때문입니다.

반표와 반고 부자가 듀엣으로 비난했던 〈유협열전〉의 실제 내용은 이와 같습니다. '은사를 배격하고 간웅을 칭송하였다' 라고 했는데, 과연 저들이 간웅|奸雄|처럼 보이나요?

만약 사마천이 살아 있을 때 이런 비판을 들었더라면 분명 《사기》 어느 편에 반표와 반고 부자에 대한 이야기를 남겼을 것입니다. 그리고 그 내용은 공손홍과 장탕에 대한 이야기와 흡사했을 것입니다.

학문을 왜곡하여 세상에 아첨하지 마시오

공손홍 |公孫弘|과 장탕 |張湯|은 사마천과 같은 시대를 살았던 인물입니다. 당시에 아주 유능한 관리로 이름이 났고 무제가 매우 아끼던 사람들입니다. 그런데 이들을 보는 사마천의 눈이 곱지 않습니다. 비록 직접 말을 하지는 않지만 다른 사람의 입을 빌려 비판하고 있습니다.

〈유림열전〉을 보면 원고생 |轅固生|이라는 학자가 공손홍에게 이런 말을 합니다.

"공손 씨, 올바른 학문에 힘써서 할 말을 제대로 하시오. 학문을 왜곡하여 세상에 아첨하지 마시오 |務正學以言 無曲學以阿世|."

'곡학아세'라는 말은 여기서 비롯되었습니다. 이런 비난을 받는 공손홍이었지만, 그는 무제의 눈에 들어 재상의 지위에까지 오릅니다.

장탕이라는 인물은 지금의 검찰총장에 해당하는 자리에 있었습니다. 장탕에 대해서는 급암 |汲黯|이라는 인물이 통박하는 장면이 나옵니다.

"도필 |刀筆|의 관리들은 여하튼 법조문을 비정하게 적용하고 사람을 교묘하게 탄핵해서 죄에 빠뜨려, 본래의 모습으로 되돌아갈 수 없게 하고 있다. 백성한테 이기는 일만을 솜씨 좋다고 여기고 있다."

도필 |刀筆|이란 죽간에 문자를 새길 때 쓰던 칼을 가리킵니다. 이 칼로는 잘못된 문자를 긁어내거나 직접 문자를 쓰기도 합니다. 그래서 문서를 기록하거나 갈무리하는 관리를 가리키는 말로 쓰기도 합니다. 급암이 말한 도필의 관리는 현실은 제대로 보지 못하고 책상 위에서만 일을 처리하는 사람들, 이른바 '탁상 행정'을 하는 사람이거나, 지조는 없고 힘 있는 자의 뜻에 따라 움직이는 관리를 말합니다. 실제로 장탕이 그러했습니다.

장탕은 한 무제의 눈치를 살펴, 무제가 엄중히 처벌하기를 바라는 사안이면 냉정한 부하에게 그 안건을 맡겼고, 반대로 무제가 관대하게 처리하기를 바라는 사안이면 공평하고 너그러운 판단을 내리는 부하에게 맡겼습니다. 흉노를 대토벌하기 위해 국가의 재정이 바닥났을 때는 화폐를 발행하여 필요한 돈을 충당했습니다. 그러나 이로 인해 국가의 재정은 더 파탄에 이르렀습니다. 무제의 눈에는 바라는 대로 착착 일을 처리하는 장탕이 얼마나 대견했을까요. 무제는 장탕이 보고하는 자리에서 저녁식사까지 잊고 귀를 기울였다고 사마천은 적고 있습니다.

사마천은 이런 '도필의 관리'들을 참으로 미워했습니다. 일개 유학자에서 재상의 위치에까지 오른 공손홍은 비록 황제의 눈에 들어 일처리를 잘했을지는 몰라도, 자신이 책임을 지겠다는 태도는 찾아볼 수 없었습니다. 그러니 '곡학아세'한다는 비판을 들었던 것입니다.

또한 장탕은 무제의 뜻에 따르기 위해 법조문까지 세세하게 고쳐 공포정치를 조장했습니다. 장탕의 이야기는 가혹한 관리들의 이야기를 모아놓은 〈혹리열전〉에 나옵니다. 사마천은 말합니다.

"장탕은 지혜롭게 황제의 의향에 따라 좌우되었다."

칭찬인지 욕인지…….

그런데 여기서 행간의 뜻을 읽다보면 무서운 사실을 알 수 있습니다. 공손홍과 장탕에 대한 비판은 결국 당시 절대군주였던 무제에 대한 비판이었습니다. 책임지는 정치는 하지 않고 오로지 황제의 뜻만 좇아 백성에게 가혹하게 대하는 관리를 중용했던 이는 다름 아닌 무제였으니까요.

무제가 총애했던 사람들은 〈혹리열전〉에 두어 그 인간 됨을 비판하고, 오히려 당시 엘리트들의 눈에 건달 깡패처럼 보이던 이들을 〈유협열전〉에 두어 두둔했습니다. 정통 엘리트 사가 반표·반고 부자는 바로 이 점이 몹시도 못마땅했던 것입니다.

앞서 반고가 "〈화식열전〉을 기술하면서 이익을 존중하고 가난을 치욕으로 여겼다. 이것이 《사기》의 폐해다"라고 했던, 〈화식열전〉을 보겠습니다.

화식|貨殖|에서 화|貨|는 재화, 즉 재물이나 재산을 말합니다. 식|殖|은 '자라다' 또는 '키우다'라는 뜻입니다. 〈화식열전〉은 재산을 어떻게 불려나가는지를 가르쳐주는 이야기라 할 수 있습니다. 〈화식열전〉은 노자 이야기로 운을 뗍니다.

노자는 '가장 이상적인 정치는 이웃 나라가 서로 바라다보일 만큼 가까워서 닭 우는 소리와 개 짖는 소리가 마주 들린다 하여도, 백성들이 각기 제 나라의 음식을 맛있다 하고 제 나라의 의복을 아름답다 하며, 자기 고장의 풍속을 편히 여기고 자신들의 일에 만족하여 늙어 죽을 때까지 다른 나라에 서로 내왕하지 않는 것이다'라고 했습니다. 사마천은 이를 두고, '지금 세상에서 백성의 눈과 귀를 틀어막는다 해도 불가능한 일이다'라고 합니다. 이상적일지는 몰라도 현실적으로는 불가능하다는 말이겠죠.

사마천은 2천 년 전의 사람이라고는 믿을 수 없을 정도로, 상공업의 발전이 인간의 본성에 의한 것이고 이를 억제해서는 안 된다고 주장합니다. 최소한 사마천에게는 전통적인 중농억상|重農抑商|의 가치관은 없었습니다.

농사꾼은 양식을 공급하고 나무꾼은 연료를 공급하며, 기술자들은 필요한 물건을 만들고 장사꾼들은 이러한 상품을 유통시킨다. 이러한 활동을 나라에서 이래라 저래라 해서 되는 것이 아니다. 그 일에 종사하고 있는 각자가 최선을 다해 원하는 것을 손에 넣는 것뿐이다. 그러므로 물건 값이 싸면 비싼 곳에 팔고 비싼 물건은 싼 곳에서 가져다 팔면서 자기 맡은 일에 충실한 것은 물이 높은 곳에서 낮은 곳으로 흐르는 것과 같아 끊이지 않고 계속된다. 또한 물건은 부르지 않아도 절로 모여들고, 강제로 시키지 않아도 백성들은 물건을 만들어내는 것이다. 이것이 자연의 도에 부합하는 결과이다.

이뿐만 아닙니다. 사마천은 한술 더 떠서 돈이 있어야 인의|仁義|도 따른다고 말합니다.

못은 깊어야 고기가 살고 산은 깊어야 짐승이 살듯이, 사람도 부유해야만 인의|仁義|가 따른다. 부유한 사람이 세력을 얻으면 더욱 유명하게 되지만 세력을 잃으면 식객들도 모두 떠나고 아무도 따르지 않게 된다. 하물며 오랑캐들이야 어떻겠는가?
속담에 '천금|千金|의 아들은 시장에서 죽지 않는다'고 했다. 그것은 빈말이 아니다. '천하 사람들이 기쁜 마음으로 찾아오는 것도 모두 이익을 얻고자 함이고, 우르르 달려가는 것도 이익을 찾아가는 것이다'라는 말도 있다. 천 대의 마차가 있는 왕도, 백 칸짜리 집을 가진 대부도 가난을 걱정하는데, 하물며 아래 서민들이야 말해 무엇하겠는가.

정말 솔직한 사마천. 인의|仁義|도 재산이 있어야 따르고, 재산이 없어지면 따르던 사람들도 모두 사라진다고 말합니다. 그러니 이익만 존중하고 가난을 치욕으로 여긴다고 반고가 비판할 만도 했겠죠. 공자를 최고의 스승으로 여기던 사마천이 왜 이렇게 이익에 눈이 멀었을까요? 사마천의 이야기는 계속됩니다.

집은 가난한데 어버이는 늙고 처자식은 어리고, 철 따라 조상의 제사도 지낼 형편이 못 되며 의식조차 스스로 해결하지 못하면서 이를 부끄럽게 여기지 않는 사람은 구제할 수 없는 인간이다. 그래서 무일푼인 사람은 품을 팔고, 약간의 재물이라도 있는 사람들은 머리를 짜내어 어떻게 해서라도 더 벌려고 하고, 이미 많은 재산을 가진 사람들은 큰 기회를 엿보는 것이다. 이것이 재산 증식의 기본이다.

재산을 증식할 때는 위험한 방법을 피하고 안전한 길을 택하는 것이 현명한 사람들의 기본적인 생각이다. 이런 관점에서는 농업을 통하여 재산을 모으는 것이 가장 좋은 방법이고, 상업이나 공업에 의한 방법이 그 다음이요, 불법적인 방법을 사용하는 것이 가장 나쁜 방법이다. 또한 세상을 등지고 산속에 묻혀 사는 청빈한 선비나 기인도 아니면서, 줄곧 가난과 천함을 벗어나지 못하는 사람들이 입으로만 인의(仁義)를 운운함도 부끄럽기 짝이 없는 일이라 할 것이다.

대개 서민들은 상대방의 재산이 자기보다 열 배가 넘으면 그를 무시하고 헐뜯으며, 백 배가 넘으면 그를 두려워하고, 천 배가 넘으면 그의 심부름을 달게 받고, 만 배가 넘으면 그의 하인이 되고 마는데, 이것이 세상의 이치다. 대체로 가난한 사람들이 부를 얻는 방법으로는 농업이 공업만 못하고 공업은 상업만 못하다. 열심히 뜨개질을 하느니 시장에 나가 장사를 하는 것이 낫다는 말을 가난한 사람들은 깊이 새겨야 할 것이다.

그러면 그렇지, 사마천은 바로 이 말을 하고 싶었던 것입니다. 백이·숙제처럼 세상을 등지고 산속에 묻혀 사는 것도 아니고, 신선의 도를 구하는 기인도 아니면서 가난함을 벗어날 생각은 않고 입으로만 인의를 부르짖는 사람들이 한심했던 것입니다.

이어서 사마천은 촉 땅의 탁씨, 완 지방의 공씨, 조 땅의 병씨, 제나라의 조한, 선곡 지방의 임씨 등, 부자가 된 여러 사람의 예를 듭니다. 그러고나서 이렇게 말합니다.

이상에서 살펴본 사람들은 특히 유명한 부호들이다. 그들은 모두 작읍|爵邑|이나 봉록|俸祿|을 받은 것도 아니고, 교묘하게 법을 이용하거나 어겨서 부자가 된 것도 아니다. 다만 상황의 변화를 파악하고 행동함으로써 때에 맞추어 이익을 얻고, 부를 축적한 후에는 농사일로 돌아가 부를 지켰던 것이다. 처음에는 결단력과 시운|時運|에 승부를 걸어 재산을 모은 다음, 후에는 안정적인 방법으로 그 부를 지켰다. 또한 그 방법에는 나름대로의 법칙이 있고 순서가 있었던 것이다.

마치 현대의 재테크 책을 보는 듯합니다.
몇 가지 사례를 더 든 다음, 사마천은 다음과 같은 말로 〈화식열전〉을 끝맺습니다.

이로 미루어 볼 때 부자가 되는 데는 고정된 일이 없으며, 재물 또한 주인을 정해놓고 움직이는 것이 아니다. 능력이 있는 사람에게는 재물이 모이고, 못난 사람들에게서는 순식간에 흩어져 사라지고 만다. 천금을 소유한 사람은 왕자의 즐거움을 같이한다. 그들이야말로 진정 큰 재산을 가진 사람들이 아니겠는가.

가난을 벗어날 생각은 않고 입으로만 인의|仁義|를 말하는 사람들을 한심하게 생각했던 사마천. 과연 그런 서민들만 한심하게 보았던 것일까요? 이익을 좇는 것이 인간의 본성이고 재산이 있어야 사람도 모이는데, 더구나

재물은 주인을 정해놓고 움직이는 것이 아니라 능력만 있다면 누구나 모을 수 있는 것인데, 겉으로는 고고한 척하면서 일반 백성들에게는 예의염치만 강조한 지배층이나 지식인들에 대해서는 어떻게 생각했을지 궁금합니다.

흉노가 비록 작지만 강한 까닭

한나라의 최대 골칫거리는 흉노였습니다. 사마천이 치욕의 형벌인 궁형을 당한 것도 흉노와의 전쟁에서 패한 이릉을 두둔했기 때문이라는 것은 앞서 살펴봤습니다.

흉노는 기원전 3세기 말부터 약 1세기 말까지 몽골 고원과 만리장성 일대를 중심으로 활약한 유목 기마 민족입니다. 그리고 그 민족이 만든 국가를 뜻하기도 합니다. 그들은 왕을 '선우|單于|'라고 지칭했는데, 묵돌|冒頓|선우 대에 이르러 북아시아 최초의 유목 국가를 세우게 됩니다. 중국을 통일한 한나라 고조 유방은 흉노를 정벌하기 위해 몸소 전투를 벌였으나 오히려 흉노군에게 포위되어 간신히 탈출한 적이 있습니다. 이 일 이후로 한나라는 황실의 딸을 선우에게 보내 처로 삼게 하고 매년 술, 쌀, 견직물 등을 보내는 조건으로 화의를 맺게 됩니다.

묵돌선우가 죽자 그의 아들 계육|稽粥|이 즉위하는데, 노상선우|老上單于|라 칭했습니다. 당시 한나라 왕은 문제였는데, 전례에 따라 황실의 딸을 노상선우에게 보냈습니다. 이때 동행해서 흉노까지 갈 사람이 필요했는데, 환관 중행열|中行說|이 선택됐습니다. 중행열은 흉노로 가기를 매우 꺼려하여 몇 번 사양했지만 끝내 받아들여지지 않았습니다. 결국 흉노로 가게 된 그는 한나라를 증오하며 흉노에 충성을 바칠 것을 결심합니다. 노상선우는 중행

열을 고문으로 삼았습니다. 중행열은 문서 작성 방법, 국가재정제도를 정비하여 흉노의 세력을 성장시키는 데 큰 역할을 하게 됩니다.

〈흉노열전〉은 바로 이때의 중행열의 활약상을 담고 있습니다. 선우의 신임을 받게 된 중행열이 진언을 합니다.

흉노는 인구로 보면 한나라의 일개 군|郡|보다도 못합니다. 그러면서도 한나라에 필적하는 힘을 자랑할 수 있는 것은 의식과 풍습이 한나라와 달라서 한나라에게 의존할 필요가 없기 때문입니다.

선우께서 지금 흉노 본래의 관습을 버리고 한나라의 물건을 즐기시는데, 이처럼 위험한 것은 없습니다. 이러다가는 한나라 물자의 2할만 흉노가 소비하게 돼도 흉노는 완전히 한에게 종속되고 말 것입니다. 미리 대책을 강구해야 합니다.

그러므로 지금부터라도 한나라의 비단이나 면을 입는 자는 그것을 입고 가시밭 속을 달려보게 하십시오. 그렇게 하면 면이 곧 여지없이 찢어지고, 모피·수피가 얼마나 뛰어난 물건인지 알게 될 것입니다. 또한 한나라의 음식을 입수하면 즉각 버리고, 흉노의 유제품이 얼마나 편리하고 맛이 좋은가를 알려 주어야 합니다.

중행열은 경제와 문화를 보는 식견이 대단했나 봅니다. 흉노가 비록 작지만 강력한 힘을 가진 이유가 그들만의 의식과 풍습에 있다고 보고, 한나라의 경제와 문화에 종속되는 것을 경계했던 것입니다.

어느 날 한나라 사신이 중행열에게 이런 말을 했습니다.

"흉노의 풍속은 노인을 천대한다."

중행열은 때는 이때라고 생각하고 이렇게 되물었습니다.

"그렇다면 묻겠는데, 너희들 한나라 풍습으로는 젊은이가 변경 수비병으로 종군할 때 늙은 부모가 자기를 희생하고 따뜻한 의복을 주거나 맛있는 음식을 먹이지도 않는단 말이냐?"

그러자 사신이 되물었습니다.

"아니, 그것은 당연한 것 아닌가?"

이에 중행열은,

"그것이 당연하다면 흉노가 노인을 천대한다는 말이 어떻게 나오는가. 누구나 알고 있듯이 흉노는 싸움 없이는 살아갈 수가 없다. 싸우지 못하는 노약한 자가 맛있는 것을 강건한 젊은이에게 양보하는 것은 자기 몸을 지키기 위함이다. 그럼으로써 부자|父子|가 서로 오래도록 살아갈 수 있는 것이다"라고 거침없이 대답합니다.

사신 또한 한 치의 양보도 없이 받아쳤습니다.

"하지만 흉노는 부자가 한 천막 속에 거주하며, 아비가 죽으면 아들이 계모를 부인으로 삼거나, 형제가 죽으면 나머지 형제가 미망인을 자기 아내로 삼지 않는가. 게다가 흉노는 의관도 없으며 예절도 없다."

중행열은 사신을 비웃으며 이렇게 말했습니다.

"한나라의 사자여, 흉노의 풍습을 모른다면 가르쳐주지. 흉노의 생계는 모두 축산으로써 이루어진다. 사람들은 가축의 고기를 먹으며, 그 젖을 마시고 모피를 입는다. 또한 가축에게 필요한 풀과 물을 구해서 계절따라 이동한다. 그러므로 언제 전쟁이 터지더라도 말 타고 활을 쏘는 훈련이 되어 있으며, 평상시에는 편안한 생활을 즐길 수가 있다. 법은 간단하여 실행하기 쉽고 군신관계도 단순하여 한 인간의 몸처럼 움직이기 좋게 되어 있다.

부자·형제가 죽으면 남아 있는 자가 미망인을 자기 처로 취하는 것은 가계의 단절, 종족의 멸절을 막기 위함이다. 때문에 흉노는 언뜻 보기에는 문란한 것 같지만 혈통이 끊기지 않고 존속하는 것이다. 분명히 중국에서는 계모와 형제의 아내를 부인으로 맞아들이지 않는다. 하지만 그 때문에 친척끼리 점점 사이가 멀어져 나중에는 서로 다투고 죽이기까지 한다. 혁명이 일어나면 황제의 성이 바뀌는 것도 이런 이유 때문이다. 또한 예의라고 해도 오늘날에 와서는 나쁜 풍습만 나타나고 있지 않은가. 상하가 서로 원한을 품거나 시기하면서 사치만을 좇고, 그를 위해서는 생계조차 돌보지 않는 판국이 아닌가.

그리고 의식을 농경·양잠에 의지하고 국방은 성벽에 의지하고 있는데, 그렇기 때문에 만일의 경우가 생기더라도 백성들은 충분히 싸우지 못하고 평시에도 생산에 쫓길 뿐 잠시의 여유도 없는 것이다. 흙집에 사는 가련한 한인이여, 자기 나라의 실정을 알았다면 이제부터는 공연히 아는 척 안 하는 게 좋겠다."

중행열은 노상선우가 죽은 후에 그 아들인 군신선우|軍臣單于|를 섬겼습니다. 그가 선우를 보좌하는 동안 한나라는 항상 수세에 몰리게 되었고, 한나라는 종래의 조약 외에 흉노에게 해마다 공물을 보낼 것을 내용으로 하는 화의를 다시 맺게 되었습니다.

어떤가요? 한나라 최대의 골칫거리이자 주적|主敵|인 흉노에 대해 너무 우호적으로 쓴 것 같지 않나요? 요즘으로 치면, 미국에서 이라크를 두둔하거나, 이스라엘에서 팔레스타인을 두둔하는 것과 크게 달라 보이지 않습니다.

사마천은 이 이야기를 통해 도대체 무엇을 말하고자 했던 것일까요?

문화인류학자 루스 베네딕트는 그의 책 《문화의 패턴》에서 사람들의 행동을 지배하는 윤리가 사회의 관습에 따라 얼마나 다양한가를 보여줍니다. 예를 들어 어떤 원주민 부족은 '협동'을 매우 가치 있는 것으로 강조하는 데 반해, 다른 부족은 '경쟁' 을 가치 있는 것으로 봅니다.

한나라의 시각에서 본 흉노는 그야말로 미개하여 예의범절도 없는 민족입니다. 그런 민족에게 황실의 딸을 바쳐야 하고 매년 공물을 보내야 했으니 얼마나 속이 상했겠습니까. 아마 당시 대부분의 사람들이 그렇게 생각하고 있었을 것입니다. 그러나 사마천은 중행열의 입을 빌어, 흉노의 관습을 모르는 한나라 사람들에게 흉노의 관습을 일러주고 있습니다. 유목 기마 민족만의 고유한 관습이 있다는 것과 그로 인해 흉노라는 작은 나라가 대제국 한나라와 대등한 관계를 유지하고 있다는 것을 알려주고 있습니다.

문화의 다양성을 인정하고 독특한 환경과 역사적·사회적 상황에서 각 문화를 이해해야 한다는 견해를 '문화 상대주의' 라고 합니다. 사회의 환경과 맥락을 고려하여 문화를 판단하면, 모든 문화요인이 나름대로 존재이유가 있는 것입니다. 사마천은 바로 이것을 말하고자 했던 것이 아닐까요?

세 상 의   중 심 ,   중 국

문화를 올바르게 이해하기 위해서는 그 사회의 입장에서 이해하려는 태도가 필요합니다. 이것을 위에서 '문화 상대주의' 라고 불렀습니다. 문화의 상대성을 부정하는 극단적 태도는 '자민족 중심주의' 로 자기 민족의 모든 것이 타민족의 것보다 우월하다고 믿고 타민족의 문화를 배척하는 태도를 말합니다.

어느 나라든 그런 경향이 있습니다. 우리라고 해서 예외는 아닙니다. 반만년 '단일민족' 이라는 단어에는 외국인 노동자를 무시하고 배격하는 현상의 씨앗이 담겨 있습니다. 단일민족의 다른 이름은 단 한 방울의 피도 섞이지 않은 순수 혈통이라는 뜻의 '순혈주의'입니다. 순혈이 아닌 사람을 혼혈이라고 합니다. 2006년 미국프로풋볼(NFL) 슈퍼볼 최우수선수상(MVP)을 수상해 한국을 빛냈다고 한동안 집중적인 플래시 세례를 받았던 하인스 워드는 혼혈인입니다. 그러나 '혼혈'이라는 말에는 '순혈'이 아니라는 비하의 뜻이 담겨 있습니다. 현실에서는 단일민족이라는 통념이 매우 빠르게 사라지고 있습니다. 그럼에도 우리의 교과서는 아직 우리가 '단일민족'임을 강조하고 있습니다. 이것은 편견의 뿌리가 될 수 있습니다. 반성하고 극복해야 할 문제입니다.

역사와 전통을 유난히 자랑하는, 그래서 자신들이 세상의 중심이며 그 주변 민족은 모두 오랑캐라고 생각하는 사람들이 있습니다. 바로 중국입니다. '중국|中國|'은 세상의 중심인 나라라는 뜻입니다. 우리는 '중화인민공화국'이나 '중화민국'을 그냥 중국이라고 부르고 있습니다만, 역사상 단 한 번도 '중국'이라는 나라는 없었습니다. 그러나 우리는 중국이라고 부르고 있고, 은–주–춘추전국시대를 거쳐 진 시황의 진나라, 유방의 한나라 시대를 중국의 역사로 알고 있습니다. 중국 입장에서 봤을 때 우리는 동쪽 오랑캐, 바로 '동이|東夷|'입니다. 자기 나라를 세상의 중심으로 두고 주변의 다른 민족을 모두 오랑캐라고 보는 시각, 이것을 '중화주의|中華主義|'라고 합니다. 중화주의의 뿌리는 어디일까요?

역설적이게도 〈흉노열전〉에서 문화 상대주의적 생각을 드러냈던 사마천이 바로 장본인입니다. 열전 중에 〈서남이열전|西南夷列傳|〉이 있습니다. '서남이'는 중국 서남쪽의 오랑캐라는 뜻입니다. 사마천이 보기에는 대제국인 중국–당시의 한나라–이 중심이고 나머지 주변 민족은 모두 오랑캐였습니다. '동이서융남만북적'은 동쪽 오랑캐 '이', 서쪽 오랑캐 '융', 남쪽 오랑캐 '만', 북쪽 오랑캐 '적'이라는 뜻입니다. 그들의 나라는 세상의 중심

에 있고 나머지 변방의 모든 이민족은 오랑캐로 간주하는 이 역사 의식은 사마천의 《사기》에서 비롯되었습니다.

이런 까닭에 니콜라 디코스모는 《오랑캐의 탄생》이라는 책에서 중국을 탄생시킨 것은 진 시황이 아니라 역사가 사마천이라고까지 말합니다. 불굴의 혼으로 역사서의 모범을 만든 사마천의 정신을 아무리 높게 평가하더라도 그가 남긴 '중화주의'의 어두운 그림자는 걷고 봐야 할 것입니다.

말이 나온 김에 〈서남이열전〉도 한번 보고 갈까요?

한 나 라 와 야 랑 중 어 느 나 라 가 더 큰 가 ?

우리말에 '우물 안 개구리'라는 말이 있습니다. 한자어로는 '정저지와|井底之蛙|', 소견이나 견문이 매우 좁은 사람을 일컫습니다. 이 말들이 어디에서 유래되었는지는 모르겠지만, 비슷한 뜻으로 《사기》〈서남이열전|西南夷列傳|〉에 '야랑자대|夜郞自大|'라는 고사가 나옵니다.

원문이 좀 무미건조하여, 재미를 위해 약간 각색을 했습니다.

전국시대에 중국 서남부의 소수민족 중에 야랑이라는 비교적 큰 부족의 나라가 있었습니다. 전국시대 후기 초나라가 진나라에 비해 세력이 강성했을 때 야랑 등의 부족연맹은 항복하여 초나라의 신하국이 되었습니다. 이후 진의 시황제가 진나라를 통일하자 야랑국은 정식으로 진나라의 세력권으로 들어왔습니다. 진나라가 망한 후 한나라가 흉노와의 전쟁에 정신이 팔려 서남지방을 돌볼 틈이 없을 때, 야랑 등의 소수민족은 각각 왕을 칭하고 자립하게 됩니다. 당시 야랑의 수령은 다동|多同|이라는 인물이었습니다. 그는 야랑이 천하의 대국이라고 생각하고 있었습니다. 어느 날 다동이 영내를 순

시하다가 부하에게 물었습니다.

"이 세상에서 어느 나라가 제일 큰가?"

"야랑이 제일 크옵니다."

다동이 앞에 있는 높은 산을 가리키며 물었습니다.

"천하에 이보다 더 높은 산이 있느냐?"

"이보다 더 높은 산은 없사옵니다."

강가에 다다른 다동이 또 물었습니다.

"이 강이 세상에서 가장 긴 강이겠지?"

"물론이지요."

세상에서 가장 큰 나라의 왕이라고 생각한 다동은 자신이 세상에서 가장 위대하다고 생각하게 되었습니다. 그러던 어느 날 한 무제의 사자가 인도로 가던 중에 전나라를 통과하게 되었습니다. 이때 전나라 왕과 야랑의 왕이 같이 있었습니다.

먼저 전나라 왕이, "한나라와 전나라 중 어느 나라가 큰가?"라고 물었습니다.

이어서 야랑의 왕이 "한나라와 야랑 중 어느 나라가 큰가?"라고 물었습니다.

한나라의 사자가 얼마나 어이가 없었을까요. 그는 이렇게 대답했습니다.

"한나라는 수십 군|郡|을 가지고 있고, 야랑은 그 한 군만도 못합니다."

여기서 야랑자대|夜郎自大|라는 고사가 비롯되었습니다. 야랑이 스스로를 매우 크다고 생각한다는 말로, 자기의 분수도 모르고 위세를 부린다는 뜻이 있습니다.

과연 하늘의 도는 옳은가

이제 《사기》 여행을 마칠 때가 되었습니다. 겨우 몇 편의 조각난 이야기로 《사기》의 모든 것을 볼 수는 없었겠지만, 사마천이 어떠한 사람인지, 《사기》가 어떤 책인지 조금은 알 수 있었습니다. 마지막으로 《사기》 여행을 마치기 전에 반드시 봐야 할 열전이 있으니, 〈백이열전〉입니다.

앞서 사마천이 '발분저서' 하여 《사기》를 썼다는 이야기를 했습니다. 사마천 스스로 역사를 기록하는 사람이 되어, 어질게 살았지만 시세에 부합하지 못해 잊혀져간 많은 사람들의 이름을 남기려 했다는 말도 했습니다.

또한 그는 《사기》의 전편에 걸쳐 진정한 인|仁|과 의|義|가 무엇인지 묻고 있습니다. 이전의 역사가들이 결코 다루지 않았던 이야기를 모아 〈자객열전〉, 〈유협열전〉, 〈화식열전〉을 썼던 것도 바로 이 때문입니다.

이를 통해, 과연 하늘의 도|天道|라는 것이 있는지, 있다면 그것이 과연 옳은지 밝히고 싶어했습니다. 흉노 토벌전에서 나름대로 최선을 다한 이릉을 변호한 것이 무엇이 잘못이길래 죽음에 이르는 고통을 받아야 했는지, 그 이유를 알고 싶었던 것입니다.

불멸의 역사서 《사기》를 완성한 불굴의 의지의 원동력, 그리고 《사기》를 관통하는 그의 역사 문제 의식이 〈백이열전〉에 담겨 있습니다. 그래서 〈백이열전〉은 《사기열전》 70편의 제일 처음입니다.

일찍이 공자는 이런 말을 했다고 합니다.

"백이·숙제는 사람의 잘못을 추궁하지 않았으며 그런 까닭에 사람을 원망하는 일이 없었다. 그들은 인|仁|을 구하여 그것을 얻었다. 그러니 무엇을 원망할 것인가."

그러나 사마천은 여기에 강한 의문을 제기합니다. 백이와 숙제가 세상을

등지고 산속에서 고사리를 캐먹으면서 불렀다는 채미가|采薇歌|를 보면 공자의 말과 다른 점이 있다는 것입니다.

오늘도 서산에 올라
고사리를 캐노라
폭력으로 폭력을 보답하고도
그 잘못을 모르는 무왕
신농, 순, 우의 좋은 시절은
자취 없이 사라졌구나
이제 우린 어디로 가야 하나
아아, 이제는 가리라
우리의 운명이 다하였구나!

이렇게 해서 수양산에서 굶어 죽었는데, 과연 두 사람의 마음에 원한이 없었겠냐고 사마천은 묻습니다.

그런데 백이와 숙제는 왜 세상을 등지고 수양산에 들어가 고사리만 캐먹다가 굶어 죽었을까요? 백이·숙제는 고죽국이라는 나라의 왕자였습니다. 왕은 맏이인 백이 대신 동생인 숙제에게 대를 잇게 할 생각이었습니다. 그런데 아버지가 죽자 숙제는 형 백이에게 자리를 양보하고, 백이는 아버지의 뜻에 따라야 한다면서 거절하고는 도망하여 숨어버렸습니다. 숙제도 역시 자기 생각을 고집하다가 도망해 숨어버립니다. 고죽국은 하는 수 없이 그 다음 동생을 임금으로 삼았습니다.

백이와 숙제는 여기저기 숨어 살다가, 훗날 주나라 문왕이 되는 서백창|西伯昌|이라는 사람이 노인들을 잘 돌본다는 소문을 듣고 주나라를 향해 떠났

습니다. 그러나 주나라에 도착해보니 이미 서백창은 죽고 없었고, 그 뒤를 이은 무왕이 은나라 주왕을 타도하기 위해 군사를 일으켜 출정하고 있었습니다. 당시 고죽국이나 주나라는 모두 은나라의 제후국이었습니다. 은나라의 왕이 군주라면, 고죽국과 주나라는 은나라 왕이 임명한 제후가 다스리는 나라였습니다. 주나라 무왕이 은나라 주왕을 정벌한다는 것은, 결국 신하의 나라가 임금의 나라를 쳐부수겠다는 것이었습니다.

이에 백이·숙제는 왕이 탄 말을 가로막고 무왕에게 충고합니다.

"아버지가 돌아가셔서 채 장례도 끝나기 전에 무기를 손에 잡으니 어찌 효라고 할 것이며, 또한 신하로서 임금을 죽이려 하니 어찌 인仁이라고 할 수 있겠소?"

왕을 수행하던 신하들이 백이와 숙제를 죽이려 했습니다. 하지만 무왕을 보좌하고 있던 강태공은, 그들이 의로운 사람들이니 부축하여 보내라고 말했습니다.

결국 무왕은 은나라를 멸망시키고 주나라가 천하를 다스리게 되었습니다. 백이와 숙제는 이를 매우 부끄럽게 여겨 주나라 땅에서 나는 곡식을 먹지 않고 수양산에 숨어 들어가 고사리를 캐먹으며 연명했습니다. 그때 불렀던 노래가 채미가입니다.

그런데 우리나라에 채미가의 업그레이드 버전을 노래한 사람이 있었습니다. 조선 전기의 문신이자 학자였던 성삼문. 세조가 단종을 폐위하고 왕위에 오르자 이에 항거하여 지었다는 시조, 일명 '절의가絕義歌'입니다.

수양산首陽山 바라보며 이제夷齊를 한恨하노라
주려 주글진들 채미採微도 하난 것가
비록애 푸새엣 거신들 긔 뉘따헤 낫나니

현대어로 풀이하자면, '백이와 숙제가 숨어 살았다던 수양산을 바라보며 백이와 숙제를 원망하노라. 차라리 굶어 죽을 것이지 고사리는 왜 캐먹었냐. 비록 산에서 자라는 것이지만 그것이 누구의 땅에서 난 것이더냐 라고 할 수 있겠네요.

그는 결국 두 팔, 다리, 머리를 묶은 수레를 사방에서 끌어 찢어 죽이는, 끔찍한 '거열형|車裂刑|'으로 생을 마감했습니다.

백이와 숙제는 굶어 죽고, 우리의 성삼문은 사지가 찢겨 죽었습니다.

사마천은 묻습니다. 하늘의 뜻에는 사사로움이 없고 언제나 착한 이의 편이라고 했는데, 그렇다면 백이와 숙제는 과연 착한 사람이었는가? 만약 그들이 어질고 품행을 바르게 했는데도 결국 굶어 죽었다면, 그것은 무슨 뜻인가? 옳고 그름이란 과연 무엇인가?

그러면서 공자의 제자 안회|顔回|와 포악한 강도 도척|盜拓| 이야기를 덧붙입니다.

공자는 70여 제자 중에서 오로지 안회만을 가리켜 학문을 즐길 줄 아는 사람이라고 칭찬했습니다. 그러나 정작 안회는 끼니조차 제대로 이어갈 수 없어 일찍 세상을 뜨게 됩니다. 반면 날마다 무고한 사람을 죽이고, 사람의 간을 빼서 회를 쳐서 먹고, 포악한 수천 명의 무리를 이끌고 천하를 어지럽혔던 도척은 오히려 아무런 천벌을 받지 않고 제 목숨을 온전히 누리고 살았습니다.

사마천은 또 묻습니다. 과연 하늘의 도라는 것은 옳은 것인가, 잘못된 것인가! |天道是耶, 非耶|

중국의 유교 사상에는 혁명의 사상이 있었습니다. 혁명에는 두 가지 방법이 있었는데, 하나는 선양|禪讓|의 방식이고 하나는 방벌|放伐|의 방식입니다. 선양은 순순히 왕위를 물려주는 것, 즉 무혈혁명을 말하고 방벌은 무력

으로 왕위를 빼앗는 것입니다. 전설 속의 왕인 순임금이 우임금에게 왕위를 잇게 한 것이 선양의 예이고, 주나라 무왕이 은나라 주왕을 토벌한 것이 바로 방벌에 해당됩니다.

백이·숙제는 혁명을 하더라도 선양에 의해 왕위를 계승하는 것만이 도리라고 보았습니다. 그러니 쿠데타를 일으키려는 군대를 겁도 없이 가로막고 신하가 어찌 군주를 죽이냐고 호통칩니다. 아무리 명분이 있더라도 신하가 임금을 칠 수는 없다는 논리입니다.

그런데 훗날 공자는 이렇게 세워진 주나라를 이상적인 나라라고 말합니다. 그러면서도 백이와 숙제의 의연한 죽음만큼은 우러러 받듭니다. 주나라가 부패한 은나라를 정벌한 것도 잘한 것이요, 백이·숙제가 그것을 끝까지 반대하며 스스로의 지조를 지킨 것도 본받을 만하다는 것입니다.

그러나 이런 역사를 통해 사마천은 무엇이 옳은 것인지 그른 것인지, 과연 천도라는 것이 옳은 것인지 아닌지 답을 내리지 못합니다. 다만 고지식하리만치 우직하게 자신의 생각을 지키고 양보하지 않았던 백이·숙제의 정신을 경탄했던 것만큼은 분명합니다. 그래서 〈백이열전〉을 열전의 제일 앞에 두었던 것입니다.

사기가 남긴 말말

《사기》에서 비롯된 고사는 셀 수 없이 많습니다. 개중에는 '완벽', '궤변', '야합', '와해'와 같이 우리 주변에서 일상적으로 쓰이는 말도 있습니다.

완벽|完璧|

완벽|完璧|은 완전할 완, 둥근 옥 벽자를 사용합니다. '완전한 구슬'이라는 의미입니다. 〈염파·인상여열전〉에 나옵니다.

인상여|藺相如|는 조|趙|나라의 명신입니다. 조나라 혜문왕은 우연히 천하 제일의 보물이라는 '화씨의 구슬|和氏之璧|'을 얻게 됩니다. 이 소식을 들은 진|秦|나라 소양왕은 화씨의 구슬을 진나라 성 15개와 바꾸자고 제의를 합니다.

누가 봐도 거짓말인 이 제안을 조나라는 수용할 수도 거부할 수도 없었습니다. 수용하자니 거짓말인 게 뻔하여 구슬만 빼앗길 테고, 거부하자니 이를 구실로 진나라가 쳐들어올까 봐 이러지도 저러지도 못하고 있었습니다. 이때 인상여가 이 일을 맡아 구슬을 가지고 진나라로 떠납니다. 당시 인상여는 이름 없이 남의 집 식객으로 있던 자였습니다.

인상여는 왕에게 이렇게 말합니다.

"제가 구슬을 가지고 가겠습니다. 성이 조나라로 들어오면 구슬은 진나라에 두고, 성이 들어오지 않으면 신은 구슬을 완전하게 조나라로 가지고 돌아오겠습니다|城不入, 臣請完璧歸趙|." 여기서 '완벽'이라는 말이 생겨났습니다.

진나라로 간 인상여는 소양왕에게 구슬을 건네줍니다. 그러나 처음부터 땅을 줄 생각이 없었던 소양왕은 15개의 성에 대해서는 일언반구|一言半句|도 하지 않습니

다. 인상여는 진나라가 땅을 줄 생각이 없음을 눈치 채고 왕에게 이런 말을 합니다.

"사실 그 구슬에는 흠이 있습니다. 제가 가르쳐 드리지요."

그러자 왕이 구슬을 인상여에게 돌려줍니다. 바로 이때, 인상여는 구슬을 들고 기둥 근처로 가서 머리털을 곤두세우고 분노에 찬 목소리로 말합니다.

"대왕께선 구슬을 얻을 욕심으로 조나라에 사신을 보냈습니다. 사신의 제안을 듣고 대부분의 사람들이 그 뜻을 따르지 말자고 했지만 저는 반대했습니다. 서민들 사이에도 속고 속이는 것을 가장 수치로 여기는데 하물며 중원의 대국인 진나라가 속이지는 않을 것이라 생각했습니다. 겨우 구슬 하나로 진나라와의 우호 관계가 금이 가서는 안 될 것이라고 말했습니다.

이리하여 제가 닷새 동안이나 목욕재계하고 조나라 왕의 친서와 구슬을 가지고 온 것입니다. 그러나 대왕은 구슬만 갖고 약속한 성을 내줄 생각이 없습니다. 저는 구슬을 드릴 수 없습니다. 만약 저를 죽이려 한다면 지금 당장 기둥에 구슬을 던지고 제 머리도 부딪쳐 죽어버릴 것입니다."

이렇게 위협하자 진나라 왕도 어찌할 수 없어, 자신도 닷새 동안 목욕재계하고 구슬을 받고 약속한 땅을 내어주기로 했습니다. 그러나 인상여는 이 약속이 지켜지지 않을 것임을 알고, 하인에게 허름한 옷을 입혀 구슬을 품 속에 숨겨 조나라로 달아나게 합니다. 이렇게 하여 구슬은 온전하게 조나라로 돌아가게 되었습니다. 구슬을 완벽한 상태로 돌려보낸 거죠.

남아 있던 인상여는 어떻게 되었을까요?

닷새 후 진나라 왕이 구슬을 달라고 하자 인상여는 구슬을 돌려보냈다고 하면서 이렇게 말합니다.

"진나라는 역대로 약속을 제대로 지킨 왕이 없습니다. 저도 왕에게 속임을 당해 조나라의 국보인 구슬을 잃을까 봐 미리 사람을 시켜 구슬을 돌려보냈습니다. 진나라는 강하고 조나라는 약합니다. 지금 진나라의 15개 성을 조나라에 주신다면 조나라가 감히 구슬을 쥐고 있겠습니까?"

진나라 왕은 분했지만 명분이 없어 오히려 최고의 대우를 하여 인상여를 돌려보냈습니다. 귀국한 인상여는 이름 없는 식객에서 단번에 재상 자리까지 올라가게 됩니다.

문경지교 | 刎頸之交 |

인상여의 이야기가 나왔으니, '문경지교' 또는 '문경교우'에 대해서도 그냥 넘어갈 수가 없겠습니다.

당시 조나라의 대장군은 염파 | 廉頗 | 장군이었는데, 그 명성이 제후들 사이에 쟁쟁한 명장이었습니다. 그런데 어느 날 인상여가 갑자기 재상의 자리에 오릅니다. 한마디로 벼락출세한 셈이죠. 염파는 비록 겉으로는 드러내지 않았지만 속으로 인상여를 깔보고 있었습니다.

그러던 어느 날 인상여는 또 한 번의 재치 있는 지혜로 진나라와의 담판에서 혜문왕의 위신을 세워줍니다. 이 일로 인해 벼슬이 더욱 높아져 상경 | 上卿 | 에 이르렀으니, 이는 염파 장군보다 높은 자리였습니다.

수많은 전쟁터에서 공을 세운 자신에 비해 한낱 혀끝으로 최고의 재상자리에 오른 인상여를 곱게 볼 수가 없었습니다. 염파는 기회를 엿보고 있었습니다. 틈만 나면 인상여를 면전에서 모욕주려고 벼르고 별렀습니다. 이를 눈치 챈 인상여는 의식적으로 염파를 멀리했습니다. 먼 발치에서 보이기만 해도 다른 길로 돌아가거나 숨어버렸습니다. 혹시 조정에서 같이 있을 기회가 있을라치면 병을 핑계로 나가지 않았습니다.

상황이 이러하니 인상여의 측근들은 왜 잘못도 없는데 비겁하게 도망을 다니느냐고 묻습니다. 심지어 그의 곁을 떠나려는 부하도 생겨났습니다. 인상여는 이렇게 말합니다.

"그대들은 염파 장군과 진나라 왕 중 누가 더 두려운 존재라고 생각하는가?"

"그거야 진나라 왕이 더 무섭지요."

"그렇게 무서운 진나라 왕을 나는 면전에서 꾸짖고 그의 신하들에게 크게 모욕을 주었다. 내가 아무리 모자란 사람이라 해도 염파 장군을 무서워하겠는가? 다만 내 생각으로는, 지금 진나라가 감히 조나라를 공격해오지 못하는 것은 염파 장군과 나, 이 두 사람이 있기 때문이다. 만일 우리 두 사람이 서로 싸우게 되면 둘 모두 망하고 나라도 위태롭게 된다. 내가 염파 장군을 피하는 까닭은 나라의 위기를 먼저 생각하고 사사로운 감정을 뒤로 돌리기 때문이다."

나중에 이 말을 전해 들은 염파 장군은 웃통을 벗고 가시 회초리를 짊어지고 인상여의 집으로 찾아갑니다. 당시에는 잘못을 사죄할 때 회초리로 때려달라는 의미로 웃통을 벗는 관습이 있었습니다. 그 후로 두 사람은 목이 떨어져도 변치 않을 만큼 우정을 나누는 사이가 되었다고 합니다. '목벨 문', '목 경' 자를 쓴 문경지교|刎頸之交|는 바로 여기서 유래되었습니다.

'궤변', '야합', '와해'의 유래는 《사기》를 직접 읽어보거나, 백과사전을 찾아보시기 바랍니다. 요즘은 인터넷 백과사전이 있어 쉽게 알아볼 수 있습니다.

이미 본문에서 구우일모, 곡학아세, 순망치한, 야랑자대와 같은 말의 유래도 살펴보았습니다. 그 외에도 맥수지탄, 과유불급, 일모도원, 낭중지추, 모수자천, 관포지교, 계명구도 등 《사기》는 그야말로 고사성어의 보고입니다. .

사 기 입 문 을 위 한 추 천 도 서

《사기1, 2, 3》, 사마천 지음, 김진연 편역, 서해문집, 2002

《인간 사마천》, 하야시다 신노스케 지음, 심경호 옮김, 1997

원 문 에 가 깝 게 더 읽 어 보 시 려 면

《사기열전》, 사마천 지음, 김원중 번역, 을유문화사, 2002

《사기》, 사마천 지음, 정범진 외 번역, 까치출판사, 1995

《사기본기》, 사마천 지음, 이인호 편역, 사회평론, 2004

《사기》, 사마천 지음, 이인호 엮음, 살림출판사, 2004

하나를 읽고 열을 배우는 **독서퍼즐**

[가 로 열 쇠]

1. 고려 인종 때 김부식 등이 왕명으로 편찬한 역사책. 중국의 정사는 모두 《사기》의 기술 형태를 따른 것이며, 우리나라의 대표적 사서인 《○○○○》나 《고려사》도 《사기》의 영향을 받았다.

4. 야만스러운 종족이라는 뜻으로, '침략자'를 업신여겨 이르던 말. 사마천은 《사기》를 통해 중국을 세계의 중심으로 설정하고, 그 주변지역을 ○○○로 규정하는 역사의 플롯을 처음으로 제시했다.

5. 어진 임금이 다스리는 태평한 세상, 또는 그 시대. 요임금과 순임금이 다스리던 '요순시대'는 ○○○○를 의미한다.

7. 뜻밖의 재난이나 사고 따위로 죽음. 소진은 진나라에 맞서 나머지 6국이 연합하는 합종책을 유세하며 6국의 재상을 지냈으나 동문인 장의의 등장으로 결국 ○○○○한다.

8. 중국 전국시대 말기 법치주의를 주창한 인물의 이름 또는 그 일파가 쓴 논저. 《사기》에서는 〈노자, ○○○열전〉에서 노자와 함께 다루고 있다.

9. 임금 또는 최고 지배자. '○○가 영명하고 성스러운데도 그 덕이 널리 선전되지 않으면 그것은 신하의 불찰이다.'〈태자공자서〉

10. 당나라 현종의 비. 흔히 중국의 4대 미녀라면 서시, 왕소군, 초선, ○○○를 꼽는다.

11. 한 집안의 시조, 조상. 사마천은 〈자서〉에서 그의 ○○가 모두 뼈대 있는 명문가임을 나타내고 있다.

12. 국가의 기원이나 신의 사적, 유사 이전의 민족사 등의 신성한 이야기. 《사기》에서는 ○○시대인 삼황의 시대는 다루고 있지 않다.

13. 군주와 제후 사이의 주종 관계를 바탕으로 하여 확립되었던 정치 제도. 주 무왕이 서주를 건국한 후 천하 통치를 안정시키기 위해 혈연적 관계를 기반으로 만든 통치조직.

14. 적은 수효로 많은 수효를 맞겨루지 못함. 무제의 명을 받고 북방의 흉노원정에 갔다가 ○○○○ 상황에서 투항한 이릉을 변론하다가 사마천은 궁형을 당했다.

16. 본명은 강상. 주나라 무왕을 도와 은나라 주왕을 멸망시켜 천하를 평정했다. 그의 고사를 바탕으로 오늘날 '낚시하는 사람'을 지칭하는 말로 쓰이기도 한다.

18. 남의 사주를 받고 사람을 몰래 찔러 죽이는 사람. 사마천은 〈○○열전〉에서 춘추전국시대 5명의 ○○을 다루고 있다.

[세 로 열 쇠]

1. 중국 고대의 전설적인 제왕. 신농, 복희씨, 수인(여와)과 황제, 전욱, 곡, 요, 순 등을 통칭하는 말.

2. 실제 현장에 가서 보고 조사함. 사마천은 생전에 다섯 번에 걸쳐 천하를 ○○하였는데 철저한 직업의식 없이는 도저히 불가능한 일이었다.

3. 역사책을 편찬하는 형식의 한 가지. 《사기》로부터 비롯되었다. 개인의 전기를 모아서 한 시대의 역사를 구성한다. 이와 대비되는 말로 편년체가 있다.

6. 사람으로서 응당 지켜야 할 도리나 본분. 전국시대에 접어들면서 주 황실을 받들고 오랑캐를 무찌른다는 ○○○○은 사라지고 네가 죽어야 내가 산다는, 오로지 사력을 다한 생존의 싸움만 남게 되었다.

8. 한 무제 때 위만조선을 멸망시키고 이를 통치하기 위해 설치했다는 4개의 행정구역.

10. 중국 대륙 중앙부를 횡단하는 중국에서 가장 긴 강. '오월동주' 고사의 주인공 오왕 부차가 죽자 오나라 백성은 그의 애인 서시를 ○○○에 빠뜨렸다는 야사가 전해진다.

11. 학식은 있으나 벼슬을 하지 않는 사람 또는 학덕을 갖춘 사람. 사마천은 당시 ○○로서는 죽

는 것보다 더 치욕스러운 궁형을 받으면서까지 끝까지 살아남아 《사기》를 완성했다.

12. 믿어서 증거나 근거로 삼을 수 있는 정도나 성질. 사마천은 전설적인 삼황의 존재가 ○○○ 이 없다고 여겨 《사기》에 기록하지 않았다.

13. 변란 따위를 알리기 위하여 봉홧둑에서 올리는 횃불. 주의 유왕은 미녀 포사를 웃게 하기 위해 국가 비상 사태에나 쓸 수 있는 ○○를 장난 삼아 피웠다.

14. 정치상의 권력이 중앙 정부에 집중되어 있는 체제. 진나라 이사는 진 시황을 도와 강력한 ○○○○○를 위한 철저한 법치를 실행했다.

15. 나라의 경제력을 넉넉하게 하고 군사력을 튼튼하게 하는 일. 월나라 대부 범려는 월왕 구천을 도와 ○○○○을 시행하여 오나라를 멸망시킨 일등공신이다.

17. 본명은 구. 유가, 유교의 원조. 〈중니제자열전〉은 ○○와 그의 제자 73인에 관한 내용이다.

19. 길이, 부피, 무게 따위의 단위를 재는 법. 진 시황은 중국을 통일한 후 문자와 ○○○을 통일했다.

열정 전도사 공자의 어록

논어

배우고 때맞춰 익히니 또한 즐겁지 아니한가. 벗이 있어 먼 곳으로부터 찾아오니 또한 즐겁지 아니한가. 사람들이 알아주지 않아도 부끄럽지 않으니 또한 군자가 아니겠는가.   — 공자

대학교 전공 과목 중에 고문|古文|이 있었습니다. 우리는 그것을 고문|拷問|이라고 불렀습니다. 따분하고 졸립고 재미없고, 그래서 그 시간은 정말 고문 받는 시간이었습니다. 시험도 순전히 암기 위주였습니다. 하기야 한자를 외우지 않고 공부할 방법이 없겠지만, 아무튼 엄청난 고문이었습니다.

어느 날 논어의 몇 문장을 배웠습니다.

교수님께서 말씀하셨습니다. "자왈, 학이시습지하니 불역열호아, 유붕이 자원방래하니 불역낙호아, 인부지이불온하니 불역군자호아."

중학교 때인가 고등학교 때부터 몇 번을 배웠는지 모를 저 문장. "공자께서 말씀하셨다. 배우고 제때 익히니 어찌 기쁘지 않으랴. 친구가 먼 곳에서 찾아오니 어찌 즐겁지 않으랴. 사람이 나를 몰라줘도 화내지 않으니 어찌 군자가 아니랴."

아무런 느낌도, 감동도 없는 저 말을 왜 또 배워야 하는지 몰랐습니다. 배우고 익히니 기쁘다고? 공자는 공부를 좋아하나보다. 친구가 오니까 즐겁다고? 그럴 수도 있겠지. 남이 나를 몰라줘도 성내지 않으니 나는 군자다? 그래, 참을성이 좀 많다고 자기더러 군자란다. 공자도 참 웃기는 사람이네.

도대체 저 말이 무어 그리 대단하다고 배우고 또 배운단 말인가. 고전 중의 고전이라고 불리는 《논어》의 첫 문장이 겨우 저 정도란 말인가. 이런 생각이 들지 않을 수 없었습니다. 《논어》는 페이지를 넘기고 넘겨도 귀에 쏙쏙 들어올 만한 멋진 문장을 발견하기 어려웠습니다. 그저 그런, 누구나 할 수 있을 것 같은 그런 말들뿐이었습니다. 봄날 오후에 밀려오는 참기 힘든 졸음처럼 《논어》와 공자에 대한 기억은 가물가물하게 잊혀지고, 그렇게 저는 대학을 졸업했습니다.

공자와 《논어》에 대한 고리타분하고 따분한 인상이 획기적으로 바뀐 건, 제가 사회에 나와서 전공과 무관하게 그냥 재미로(!) 공자와 《논어》 관련 책을 읽고나서부터입니다. 공자라는 사람에 대한 상상 속의 선입견이 깨졌습니다. 2미터가 넘는 거구, 우락부락한 인상, 툭 튀어나온 머리, 입바른 소리만 하는 것 같지만 한없이 인간적인 면모, 초인적인 강인함과 정신적인 고결함을 지닌 인간 공자에 대해 조금씩 알게 되면서부터 모든 것이 새로워졌습니다. 공자가 새롭게 보이니 《논어》 또한 새로워졌습니다.

그리고 어느 순간, 공자는 더 이상 나를 고문하는 사람이 아닌, 또 한 분의 스승으로 제 곁에 서 있는 것이었습니다.

마음 같아서는 당장 인간 공자에 대해 이야기하고 싶지만, 순서상 그럴 수 없습니다. 인간 공자를 말하기 전에 그가 살았던 그때 그 시절의 이야기를 먼저 해야 합니다. 그리고 공자가 살던 시대를 이야기하기 위해 또 더 먼 옛날 이야기를 할 수밖에 없습니다. 《논어》만이 아니라 앞으로 다룰 중국의 여러 고전을 만나기에 앞서 기본적인 역사 지식은 꼭 필요합니다. 자그마치 5천 년 전까지 거슬러 올라갈 것입니다. 그러나 역사를 알아가는 것은 생각보다 재미있습니다.

신 화 속 의 인 물 1 - 삼 황

공자가 살던 시대는 예측불허의 시대였습니다. 자고 일어나면 전쟁이고, 또 자고 일어나면 왕이 바뀌고 나라의 이름도 바뀌었습니다. 농사를 짓다가도 '모여라!' 하면 바로 창을 들고 모여 전쟁을 치러야 했던 시대입니다. 그것에 비하면 지금 우리는 참으로 행복한 시대를 살고 있는 셈입니다.

역사상 전쟁이 없던 때가 별로 없지만 유독 심했던 때가 있으니, 중국에서는 그 시기를 일러 춘추전국시대 |春秋戰國時代| 라고 합니다.

이 말은 후세 사람들이 붙인 이름입니다. 공자가 늘그막에 역사서를 하나 썼는데 그 책 이름이 《춘추|春秋|》입니다. 그 책에서 다루었던 시기를 춘추시대라고 불렀습니다. 공자가 죽고, 훗날 진나라가 중국을 통일하고, 또 얼마 안 있어 한나라가 중국을 통일합니다. 그때 유향이라는 사람이 춘추시대 이후의 역사를 다룬 《전국책|戰國策|》을 썼습니다. 훗날 역사가들이 이 두 시기를 함께 일러 춘추전국시대라 했습니다.

춘추전국시대를 논하려면 역사를 조금 더 올라가봐야 합니다. 이왕 올라가는 김에 끝까지 올라가보죠. 어차피 동양고전을 이해하기 위해서는 중국 역사에 대한 기초 지식이 꼭 필요하니까요. 특히 사서삼경이라 불리는 《논어》, 《맹자》, 《중용》, 《대학》, 《시경》, 《서경》, 《주역》을 제대로 알기 위해서 삼황오제로부터 춘추전국시대까지의 역사만이라도 꼭 알아야 합니다.

우선 전설 속의 삼황오제 이야기입니다.

삼황이란 신농씨, 복희씨, 수인씨를 가리키는데, 전설 속의 인물들입니다. 사마천은 이들의 존재를 의심하여 《사기》에서 아예 다루지도 않았습니다. 그러나 신화나 전설 속에는 그 이야기가 말하고자 하는 의미가 있습니다.

원시인류는 불을 사용할 줄 몰랐습니다. 훗날 오랜 시행착오 끝에 불을 발견하고, 또 직접 불을 만들어 사용할 수 있게 됩니다. 이 불을 발명한 사람이 바로 수인씨|燧人氏|*라고 합니다. 또 상당한 시간이 흐른 후에 사람들은 끈

수인씨|燧人氏|

수인씨의 수|燧|는 '부싯돌 수' 자입니다. 불을 발견하고, 음식을 불로 익혀 먹는 법을 알아냈다고 전해집니다.

수인씨와 더불어 복희씨|伏羲氏|, 신농씨|神農氏|를 삼황이라 일컫습니다. 복희씨의 복|伏|은 엎드리다, 숨다는 뜻이 있습니다. 숨어서 사냥을 하거나 물고기를 잡는 것에서 연유한 것이 아닌가 생각됩니다. 신농씨는 문자 그대로 농사의 신입니다.

으로 그물을 만들고 활을 만들어 물고기를 잡고 사냥을 하게 됐습니다. 이것을 가르쳐 준 사람이 복희씨伏羲氏라고 합니다. 또 오랜 시간이 흘러 사람들에게 농사짓는 법을 가르쳐 준 이가 있으니, 이 사람이 신농씨神農氏입니다. 신농씨는 재주가 많아 농사뿐만 아니라 의학, 음악, 점술 분야에 두루 뛰어났다고 합니다.

이 이야기를 믿는 사람은 아마도 없을 것입니다. 삼황의 이야기는 먼 옛날 인류의 진화 과정을 나타내는 전설일 뿐입니다. 고대인들이 태고시대의 상황을 상상한 것입니다. 그냥 재미로 알아두시면 됩니다.

오제 이야기는 삼황에 비해서는 조금 더 후대의 일이니 사실이 많이 반영되었을 수 있습니다. 그래도 역시 전설 속의 이야기입니다. 마치 곰이 마늘을 먹고 사람이 되어 아들을 낳았는데 그분이 바로 우리의 시조 단군이었다는 식입니다. 신라의 시조 박혁거세와 고구려의 시조 주몽은 알에서 태어났습니다. 박혁거세는 말이 낳은 알에서, 주몽은 물의 신 하백의 딸 유화가 햇빛을 받아 임신하여 낳은 알에서 태어났다고 합니다.

삼황의 시기는 역사적으로 보면 초기 원시공동체에서 씨족사회로 넘어가던 때입니다. 지금으로부터 약 5천 년 정도 된 것 같습니다.

신 화 속 의 인 물 2 - 오 제

오제는 황제, 전욱, 곡, 요, 순을 이르는 말입니다. 곡, 요, 순은 앞에 '임금 제帝' 자를 붙여 제곡, 제요, 제순이라고 합니다. 중국의 문헌을 보면 '요순'이라는 표현이 매우 많이 나옵니다. 살기 좋았던 시절, 유토피아를 말할 때 으레 요순 시절이라고 하고, 그와 같은 이상적인 정치 모습을 '요순의 치

|治|'라고 합니다.

사실 삼황오제 시대는 역사상 꽤 괜찮은 시기였던 것 같습니다. 역사적으로 보면 씨족 공동체 사회였습니다. 같은 신을 믿는 혈연끼리 부락을 만들어 살던 때였는데, 모든 게 평등하던 때입니다. 수장이 되었다고 해서 특별히 개인적인 이득을 얻지도 않았습니다. 수장은 씨족의 여러 사람들을 위해 수고하는 그야말로 일꾼이었습니다. 선거 때만 갑자기 툭 튀어나와 여러분의 일꾼이 되겠다고 해놓고, 막상 당선되면 사람들 위에 군림하는 오늘날의 정치인의 모습을 상상하면 안 됩니다. 여러 사람이 추천한 사람에게 수장을 하라고 강요하는 식이었습니다. 따라서 수장의 지위를 뺏고 빼앗는 일은 없었습니다.

빈부와 신분의 차별 속에 살 수밖에 없었던 후세의 많은 사람들은 이때를 이상향으로 그리고 있습니다. 이 시기가 전설 속의 삼황오제 시대입니다. 삼황오제 중에서도 황제와 요, 순이 유명합니다.

약 4천 년 전, 황하와 장강 유역에 많은 부락이 살고 있었는데, 그중 한 부락의 수장이 황제|黃帝|였습니다. 좀 멀리 떨어진 부락에 염제|炎帝|라는 수장이 있었습니다. 염제는 전쟁의 신 치우|蚩尤|라는 수장과 한 판 싸우게 되었는데 염제가 패하고 맙니다. 염제는 황제에게 원수를 갚아달라고 간청합니다. 황제 또한 예전부터 치우 부락의 행태가 마음에 들지 않아 없애버리려고 벼르고 있던 때라 염제 부락과 연합해서 치우 부락과 결전을 치르게 됩니다. 이 장소가 탁록이어서 '탁록대전'이라고 합니다.

탁록대전에서 황제-염제 연합군이 승리를 합니다. 그러나 얼마 후 황제와 염제 사이에도 갈등이 생겨 싸우는데, 황제가 염제를 물리치고 드디어 그 일대 부락 연맹의 수령이 됩니다. 전설 속의 황제는 못하는 게 없습니다. 수레, 배, 게다가 옷을 만드는 방법까지 모두 황제가 발명했다고 합니다.

신화는 전해내려오는 여러 이야기가 혼합된 것입니다. 너무 따지고 들면 논리적으로 맞지 않습니다. 신화에서 농사의 신 신농씨는 불의 신, 태양의 신이기도 하여 염제와 동일인처럼 취급됩니다. 이때의 염|炎|자가 불탈 염 자입니다. 불의 신이 농사의 신과 동일인이 된 것은 당시 농업이 산과 들에 불을 질러 화전을 일구어 이루어졌고 태양이 농작물의 생장을 주관하기 때문입니다. 염제는 고구려 벽화에도 많이 등장합니다. 베트남에서는 시조신으로 숭배합니다. 아마도 황제를 섬기는 부족에게 패해서 남쪽으로 쫓겨난 부족이 훗날 고구려와 베트남 지역에서 살게 된 것 같습니다.

황제와 치우의 대결은 동양신화에서 신들의 주도권 쟁탈을 위한 최대의 전투 장면입니다. 치우는 동방의 구려|九黎|라는 신족의 우두머리로 생김새 또한 범상치 않았다고 합니다. 구리로 된 머리에 쇠로 된 이마, 사람의 몸과 소의 발굽에 4개의 눈과 6개의 손을 갖고 있으며, 주식은 모래와 돌이었다고 합니다. 이 엽기적인 모습은 그가 타고난 싸움꾼이었고 그의 부족이 당시 강한 무력을 보유하고 있었다는 것을 말합니다. 신화 속에서 치우는 염제 계열의 신으로 등장하기도 합니다. 동방계의 염제와 치우, 서방계의 황제가 중원의 패권을 놓고 한판 대결을 한 것입니다. 서방계 신의 대표 황제 승!

요와 순은 성군의 대명사입니다. 그들도 부락 연맹의 수령인데, 요를 이어 수

순 임금에게 왕위를 물려준 요 임금

령을 한 사람이 순입니다.

요는 농업을 중시하였으며 1년을 366일로 하고 3년에 한 번 윤달을 둔 것도 요 임금 시대의 일이라고 알려져 있습니다. 그러나 요 임금의 최대 업적은 후계자를 자식에게 넘기지 않고 덕이 높고 능력이 뛰어난 순에게 넘겼다는 것입니다. 요즘 식으로 보자면 '전문경영인'에게 가업을 넘겨준 것과 비슷합니다.

요 임금이 뒤를 이을 사람을 찾기 위해 여러 부락의 수령을 모아놓고 추천을 받습니다. 이때 추천된 인물이 순입니다. 순의 나이 약 30세였다고 합니다. 그러나 요 임금은 순 임금에게 왕위를 물려주고 30년 후에 세상을 떠납니다. 자그마치 30년에 걸친 후계자 수업을 한 셈입니다. 그러나 어찌된 영문인지 순은 요 임금이 죽자 도망을 갑니다. 요 임금의 아들인 단주가 왕위를 이어야 한다고 말하고는 황하 남쪽으로 피신한 것입니다. 그러나 수령들이 찾아와 사정을 하니 어쩔 수 없이 임금 자리에 올랐다고 합니다. 그의 나이 61세 때의 일이라고 전해집니다.

이렇게 임금의 자리를 세습이 아니라 덕 있는 사람에게 물려주는 것을 선양|禪讓|이라고 합니다. 지난 시간에 《사기》〈백이열전〉을 이야기하면서 선양과 방벌에 대해 설명한 적이 있습니다.

그런데 조금 달리 보자면 어쩔 수 없이 선양을 하게 된 건 아닐까 생각합니다. 아들한테 물려주고 싶어도 그만한 힘이 없었다는 것이죠. 부족 내에서 권력이 한 사람에게 집중되지 않았으니 사실 딴 생각을 할 수도 없었겠죠. 아니면 그 자리가 너무 귀찮고 힘든 일이라 서로 꺼렸을지 모릅니다. 그래서 도망쳐버리는 겁니다. 순도 나중에 우에게 선양을 했는데, 우 임금 역시 순의 아들에게 제위를 양보하고 도망을 갔다고 합니다. 그리고 수령들이 찾아가 사정을 해서 임금의 자리에 올랐다고 합니다. 현대인의 생각에서 보자면 도저히 이해할 수 없는 일입니다.

중국 역사상 최초의 국가, 하나라

삼황오제의 씨족 공동체 사회에서는 함께 일하고 함께 나눠가졌습니다.
사냥을 하고 농사를 짓기도 했겠지만 그 양이 넘치지 않았습니다. 비슷하게
나눠가졌습니다. 그러다가 차차 분배에 격차가 생기기 시작합니다. 부족 간
의 싸움에서 공을 세운 사람은 전쟁 포로를 데려다 일을 시킵니다. 힘이 있
는 자가 노동력까지 많이 가지게 되어 점차 빈부의 차가 생기게 됩니다. 이
렇게 되면 수장은 여러 사람이 억지로 시켜서 마지못해 하는 명예직이 아닙
니다. 수장이 되면 권력과 부를 가질 수 있어, 이 자리를 두고 싸우게 되었습
니다. 한번 수장의 자리를 빼앗으면 남에게 주지 않고 자식에게 물려줍니
다. 씨족 공동체의 기초가 무너지고 세습의 시대로 들어가게 됩니다. 중국
역사에서 우 임금 시기가 이에 해당됩니다.

기록으로 보면 우 임금이 백익이라는 사람에게 임금 자리를 물려주었으
나 백익이 이를 거절해서 우 임금의 아들 계|啓|가 수령이 되었다고 합니다
만 믿을 수 없습니다. 한 이야기에서 누구는 도망가도 끝까지 쫓아가서 빌
고 빌어 임금이 되게 해놓고선, 우 임금이 차기 후계자로 지목한 백익에게
는 왜 그러지 않았는지 이유가 불분명합니다.

점차 생산력이 발전함에 따라 서로 나눠가지고도 남는 생산물, 즉 잉여
생산물이 생기게 되고, 부락의 수령들은 권력을 이용하여 이 잉여생산물을
소유하기 시작하면서 씨족 공동체 사회가 무너지게 된 것입니다. 권력의 집
중과 분배의 불평등이 생긴 것입니다. 우의 아들 계가 왕위를 계승한 것도

바로 이런 힘 때문이었을 것입니다. 훗날 사람들이 그때의 역사를 미화하기 위해 우 임금이 백익이라는 자에게 임금 자리를 물려주었는데, 백익이 거절해서 하는 수 없이 아들 계가 왕이 되었다는 식으로 썼을 것입니다. 왜냐하면 전설 속에서 우 임금은 성군이기 때문입니다. 그렇게 좋은 사람에게 세습의 시조라는 불명예 딱지를 붙이기 싫었던 게 분명합니다.

그러나 힘이 있다고는 하지만 아직은 다소 미약했나봅니다. 계가 왕이 되자 여러 부락에서 반발하여 크고 작은 싸움이 계속되었다는 기록을 보면 충분히 짐작할 수 있습니다. 계는 무력으로 반발 세력들을 물리치고 임금의 자리를 굳힙니다. 그 후로 임금의 자리는 세습되었고 그때마다 임금의 자리를 둘러싼 싸움은 그칠 날이 없었습니다.

원시 씨족 공동체가 무너지고 세습이 되기 시작한 이때, 즉 우의 뒤를 이어 계가 임금이 되어 다스렸던 부락 연맹을 중국 역사에서는 하|夏|나라라고 합니다. 중국 역사상 최초의 국가인 셈이고, 전쟁 포로 등의 노예가 힘든 일을 대신하던, 최초의 노예제 국가이기도 합니다.

우로부터 시작된 하 왕조는 17대 폭군 걸왕 때 멸망합니다. 역사에서 마지막 왕은 대개 무능하거나 폭군입니다. 그리고 폭군 곁에는 늘 임금의 총기를 흐리는 여자, 경국지색의 미녀들이 등장합니다. 경국지색|傾國之色|* 이란 나라를 기울어지게 만드는 미인이라는 뜻입니다. 결국 여자 때문에 나라가 망했다는 식의 결론입니다. 믿거나 말거나.

뼛조각이 중국 고대사의 비밀을 밝히다

하나라에 대한 유적은 현재 없습니다. 그래서 아직까지는 전설 속의 나라입니다.

유적이 남아 있는 중국 역사상 최초의 왕조는 상|商|입니다. 은|殷|이라는 이름으로 더 잘 알려져 있는데, 상나라 수도가 은이어서 그렇게 붙여진 것입니다.

상나라의 역사는 《사기》에도 나오지만, 사마천 역시 상나라가 망하고 1천 수백 년이나 지난 시대의 사람이니 그 내용을 의심하는 사람들이 많았습니다. 문자 기록은 있는데 아무런 유적이 없었으니까요. 그러다가 아주 우연한 기회에 결정적 증거가 발견됩니다. 바로 한약방 뼛조각 사건. 뼛조각 하나가 전설 속의 상나라를 역사로 끌어냅니다.

때는 1899년. 청일전쟁이 끝난 지 5년이 지난 때입니다. 국자감|國子監|의 장관 왕의영|王懿榮|에게 유악|劉鶚|이라는 비서가 있었습니다. 국자감

경국지색 | 傾國之色 |

경|傾|은 기울어진다는 뜻이니, 경국지색은 나라를 기울어지게 만든 미녀를 말합니다. 그만큼 예쁘다는 말이기도 하지만 말의 뉘앙스는 좋지 않습니다.

미녀 혼자서 나라를 기울어지게 할 수 없으니 경국지색이라 하면 늘 함께한 임금이 세트로 등장합니다. 중국 역사 속의 경국지색을 시대 순으로 보자면 대략 다음과 같이 나열할 수 있습니다.

하나라 걸왕의 매희, 은나라 주왕의 달기, 주나라 유왕의 포사, 오나라 부차의 서시 등. 하나라 걸왕 때의 매희는 경국지색의 전형이자 후대의 모범(?)이 되었습니다. 땅을 파 술로 못을 만들고 온 산에 고기를 걸어 놓은 일명 '주지육림|酒也肉林|'의 주인공입니다. 은나라 주왕의 애첩 달기는 여기서 한 발 더 나아가 '포락지형|炮烙之刑|'을 즐겼다고 합니다. 기름을 바른 구리 기둥을 숯불에 달구어 그 위를 죄인들이 걷게 하여 타죽어가는 모습을 즐겼다고 합니다. 주나라 유왕은 애첩 포사를 즐겁게 해주기 위해 장난삼아 봉화에 불을 지피기를 반복했다고 합니다. 봉화는 적이 쳐들어왔을 때 주위 제후국들의 도움을 받기 위한 것인데, 정작 외적이 쳐들어왔을 때 아무도 달려와주지 않아 나라가 망했다고 합니다.

매희, 달기, 포사와는 달리 서시는 중국의 양귀비, 초선, 왕소군과 더불어 4대 미녀에 포함됩니다. 최초의 여성 첩보원이기도 합니다. 오월동주|吳越同舟|, 와신상담|臥薪嘗膽| 고사의 주인공인 오나라 왕 부차를 안심시키려고 월나라의 대부 범려가 직접 뽑아 보낸 여인입니다. 부차가 서시에 푹 빠져 있는 동안 쓸개를 씹으며 복수를 다짐했던 월나라 왕 구천은 오나라를 치고 복수에 성공하게 됩니다.

이란 오늘날 국립대학에 해당되니까, 국자감 장관은 오늘날 서울대 총장쯤 됩니다. 왕의영은 말라리아에 걸려 고생하고 있었는데, 당시 말라리아에 특효약으로 용골|龍骨|이라는 게 있었습니다. 용의 뼈라고 하니 이름은 참 거창한데 별로 비싼 약재는 아니었습니다. 그것을 갈아 가루로 만들어 먹으면 낫는다고 했습니다. 어느 날 왕의영의 집 하인이 그 용골을 구해 왔는데, 마침 그때 유악이 있었습니다. 유악은 도대체 무슨 약인가 싶어 그 뼈를 살펴봤는데 거기에 무슨 문자 같은 것이 새겨져 있는 것을 발견했습니다. 뭔가 심상치 않음을 느낀 유악은 그것을 왕의영에게 가져가고, 두 사람 모두 금석학|金石學|에 조예가 깊은 터라 곧 연구에 들어갑니다. 이것이 전설 속의 상나라를 역사로 끌어낸 갑골문|胛骨文|이 세상에 알려진 사건입니다.

이런 갑골문이 대량 발견된 곳은 상나라의 수도 은이 있던 자리입니다. 이곳을 은허|殷墟|라고 합니다. 갑골이란 귀갑수골|龜甲獸骨|이라는 뜻인데, 거북이 껍질과 동물 뼈라는 뜻입니다. 거북이 배나 등의 껍데기와 동물 뼈에 기록된 문자라고 해서 갑골문자라고 하는 것입니다.

중 국 최 초 의 혁 명 가 - 탕

이제부터가 중요합니다. 상|商|나라와 그 뒤를 잇는 주|周|나라 건국 이야기는 동양 고전을 이해하는 데 필수입니다. 주나라 무왕이 상나라를 치러 가는 길에 백이와 숙제가 가로막았지만 끝내 막을 수 없어 수양산에 들어가 고사리를 캐먹다가 죽은 것은 이미 《사기》에서 살펴봤습니다. 주역|周易|은 주나라 때 완성되었습니다. 공자는 입만 벙긋하면 주례|周禮|로 돌아가자고 했습니다. 주나라 때의 예의가 통하던 시절이라는 뜻입니다. 과장을 좀

하자면, 동양 고전에서 상과 주의 이야기를 빼면 남는 게 없을 정도입니다.

하나라의 마지막 왕은 걸왕입니다. 상의 마지막 임금인 주왕과 더불어 폭군의 대명사로 불립니다. 두 사람을 합쳐 걸주|桀紂|라고 합니다. 요순|堯舜|과는 완전히 대비되는 인물입니다. 그러나 역사는 이긴 자의 기록이니, 그들이 정말 인간 이하의 폭군이었다고 곧이곧대로 믿기는 어렵습니다. 폭군이기 때문에 의로운 사람이 나서서 정벌하여 새로운 왕조를 세웠다는 논리는 역사서를 보면 지겹게 반복되는 레퍼토리입니다.

어쨌든 하나라를 치고 새롭게 중원의 강자가 된 나라는 상나라입니다. 이때의 왕이 탕왕이었고 그 곁에는 명 재상 이윤이 있었습니다. 이윤은 노예 출신이지만 탕왕의 눈에 들어 일국 최대의 재상이 되었고, 이후 몇 대에 걸쳐 왕을 보필했습니다.

탕왕이 죽고 그 뒤를 이은 왕 태갑은 어릴 적부터 왕궁에서 잘 먹고 잘 살아서인지 왕위에 오르자마자 방탕한 생활에 빠집니다. 정사는 돌보지도 않습니다. 이윤은 이러다가 하나라 걸왕 꼴이 되겠다 싶어 왕을 감금합니다. 이를테면 가택 연금 상태. 천자를 가택 연금시켜 놓고 이윤이 모든 나랏일을 맡아 봅니다. 이 정도면 쿠데타가 일어나거나 뭔가 뒤집어지는 일이 일어날 만한데, 드라마틱하게도 태갑은 가택 연금 상태에서 개과천선하게 됩니다. 태갑이 확실히 달라졌음을 확인하고 이윤은 그를 다시 천자에 오르게 합니다. 이윤은 최고의 권력자였습니다.

세월은 흘러 상나라도 부침을 거듭하며 천도를 다섯 번이나 합니다. 천도는 수도를 옮기는 일입니다. 정말로 엄청난 일입니다. 지금도 서울을 옮기려면 온 나라가 들끓을텐데, 당시는 지금과는 비교도 되지 않을 정도로 지역주의가 강했습니다. 혈연과 지연으로 똘똘 뭉친 사회에서 수도를 옮긴다는 것은 혁명이나 마찬가지였습니다. 천도가 잦았다는 것은 그만큼 상나라의 역사가 순탄치 않았다는 방증입니다.

그러다가 제20대 왕 반경|盤庚|이 수도를 은|殷|으로 옮깁니다. 이후 이 수도는 약 200년 동안 상나라가 망할 때까지 유지됩니다. 갑골문이 발견된 은허는 바로 이곳입니다.

탕왕이 하나라를 칠 때의 자세한 이야기는 《상서|尙書|》에 나와 있습니다. 《상서》는 훗날 사서삼경의 하나인 《서경|書經|》으로 불리기도 합니다.

탕왕은 백성들을 모아놓고 하나라를 칠 수밖에 없는 이유를 설명합니다. '나'라는 사람이 하나라를 치는 것이 아니라, 하나라가 부패하여 '하늘|天|'이 나로 하여금 그들을 치게 하는 것이라고 말합니다. 웃기죠? 전혀 증명할 길이 없는 '하늘의 뜻'. 얼마나 명분이 없었으면 그랬을까 하는 생각이 듭니다. 미국의 부시가 전 세계의 평화를 위해 이라크를 침공한다는 것과 별반 다를 바가 없어 보입니다.

백성들도 바보가 아니어서, 하나라가 우리에게 별 해를 끼치지도 않는데 왜 농사까지 내팽개치고 그들을 정벌하냐고 합니다. 그러자 탕왕은 말합니다. 걸왕이 너무나 흉포해서 하나라 백성이 하루라도 빨리 나라가 망하기를 바라고 있으니 더 이상 지체할 수 없다고 합니다.

그러면서 마지막 말은 이와 같습니다. "나를 도우면 큰 상을 내리고, 나를 따르지 않으면 처자식까지 모두 죽여버릴 것이다." 이렇게까지 나오는데 어쩌겠습니까? 백성들은 돌도끼와 돌창, 돌화살을 들고 하나라로 쳐들어가서 던지고 때리고 하면서 하나라를 피바다로 만들었을 것입니다. 이때가 신석기시대와 청동기시대에 걸친 시기니 주된 무기는 돌도끼나 돌창 등이었을 겁니다. 흔히 사극에서 볼 수 있는 쇠로 만든 칼이나 창 따위는 없었을 것입니다.

상나라의 마지막 왕은 주왕|紂王|입니다. 앞서 말한 폭군의 대명사인데,

조금 의심스러운 것이 있습니다. 하나라 마지막 왕인 걸왕과 너무나도 비슷합니다. 마치 쌍둥이 같습니다.

하나라 걸은 유시씨를 토벌하여 말희라는 미녀를 얻습니다. 상나라 주는 유소씨를 토벌하고 미녀 달기를 얻습니다. 둘 다 이 미녀에게 푹 빠져 정사를 돌보지 않다가 망합니다. 걸은 상나라 탕왕에게, 주는 주나라 무왕에게. 그런데 걸은 탕을 잡았다가 놓아준 적이 있고, 주도 주나라의 문왕(무왕의 아버지)을 잡았다가 놓아준 적이 있습니다. 이야기가 너무 비슷해서 둘 중 하나는 분명 지어낸 이야기인 것 같습니다. 그리고 은허에서 발굴된 갑골문을 아무리 분석해봐도 달기라는 이름은 보이지 않습니다.

강태공, 무왕을 도와 주나라를 세우다

상나라가 중원 정권이라면 지방 정권 중에는 주나라가 있었습니다. 지방 정권인 주나라가 부족 연맹의 수령이 다스리는 부족을 쳐서 중원 지역을 통일합니다. 상나라가 하나라를 칠 때의 상황과 크게 다르지 않습니다.

우리가 중국의 역사를 볼 때 주의해야 할 것은, 하 → 상 → 주 → 춘추전국시대 → 진 → 한 등과 같이 왕조가 이어졌다고 착각하기 쉽다는 것입니다. 지금이야 중화인민공화국이라는 단일 체제에 거대하게 묶인 나라가 되었지만, 고대에는 지금과 같이 강력한 중앙집권이 불가능했습니다. 하나라가 있을 때 주변에 여러 부족들이 있었고 그중에 상나라도 있었습니다. 이상나라가 중원의 하나라를 쳐서 그 대표가 된 것입니다. 물론 이때도 상나라의 세력이 미치지 않는 범위가 더 컸습니다. 상나라 때도 지금의 중국 땅에 상나라만 있었던 것이 아니라 수많은 부족 또는 나라가 있었습니다. 그

중의 하나가 주나라입니다. 춘추전국시대를 거쳐 진나라 때부터는 비교적 강한 통일제국을 만들지만, 그래도 오늘날과 같은 강력한 중앙집권체제로 볼 수는 없습니다.

지금의 섬서성 부근의 고원지방에 농경민족인 주|周| 부족이 있었습니다. 이 부족의 시조는 후직이라고 하는데, 요순시대에 농사를 담당했다는 신화 속의 인물입니다. 후직으로부터 시작한 주 부족은 이후 고공단보 때에 이르러 이민족의 침입으로부터 피해 기산 기슭에 자리잡았다고 합니다. 고공단보는 조카 서백창|西伯昌|에게 수령 자리를 물려주었고, 창은 훗날 강태공을 만나 상나라의 법률과 제도를 정비하게 됩니다. 창이 죽고 그 뒤를 무왕이 이었는데, 무왕은 강태공의 도움을 입어 상국인 상나라를 물리칩니다. 이것이 주나라입니다. 무왕의 아버지 창은 문왕으로 불리게 됩니다.

동양고전을 읽다보면 귀에 익숙하지 않은 이름들이 난무하는데 너무 신경 안 쓰는 게 좋습니다. 핵심적인 몇 사람만 알고 있으면 됩니다. 주나라 건국과 관련해서는 강태공과 무왕 정도만 기억해도 됩니다.

상나라에 명 재상 이윤이 있다면, 주나라에는 강태공이 있었습니다. 우리가 잘 아는 낚시꾼 강태공, 바로 그 사람입니다. 본명은 강상|姜商|입니다.

문왕이 사냥을 나갔다가 강가에서 낚시를 하던 노인을 발견하고 대화를 나눠보니 보통 사람이 아님을 알았습니다. 문왕의 할아버지 때부터 주 부족을 강성하게 키울 인재를 애타게 기다리고 있던 터라, 그를 태공망|太公望|이라고 불렀습니다. 태공|太公|이 왕의 아버지나 할아버지를 뜻하는 말이니, 태공망은 할아버지가 그토록 바라던 사람이라는 뜻입니다. 민간에서는 그냥 태공이라고 불렀고, 성을 붙여서 강태공이라 불렀습니다.

문왕이 죽고 무왕은 강태공을 최고 참모로 해서 상나라를 치러 갑니다. 그런데 겁도 없이 이 앞을 가로막는 자가 있었으니, 너무나 유명한 《사기》〈백이열전〉의 주인공 백이와 숙제입니다.

무왕이 나라를 세웠지만 아직 기반이 튼튼하지 못했습니다. 게다가 무왕이 2년 만에 죽었는데, 그의 아들 성왕은 겨우 열세 살이었습니다. 무왕의 동생인 주공 단이 천자를 대신해 정사를 다스렸습니다. 이 혼란한 틈을 타 동쪽 땅 몇몇 부락에서 반란이 일어났습니다. 그러나 강태공이 나서서 이를 모두 진압했습니다. 이들은 대개가 주나라 조정을 인정하지 않는 옛 상나라의 귀족들이었습니다. 주공 단은 이들이 또 난을 일으킬 우려가 있다고 생각해 중원에서 멀리 떨어진 동쪽 땅에 새 도성을 만들어 조정에 반대하는 자들을 모두 이주시켰습니다. 물론 군사를 풀어 감시하게 했습니다. 이 도성이 낙읍|洛邑|인데, 이로써 주나라는 도성이 두 개가 되었습니다.

주공 단은 어린 왕을 보필해 집정한 7년 동안, 주나라 조정의 기틀을 잡고 여러 법률과 제도를 정비했습니다. 그리고 성왕이 스무 살이 되자 모든 권력을 넘겨줬습니다. 공자는 이 주공 단을 매우 우러러보았으며, 주공 단은 이후 유교 학자들에 의해 성인으로 추앙받게 됩니다.

중원의 큰집, 작은집

상나라를 물리친 주나라는 제후들에게 땅을 분배합니다. 건국의 일등공신인 강태공은 제|齊|나라, 무왕의 동생인 주공 단에게는 노|魯|나라를 떼어줍니다.

제후란 천자가 떼어준 땅을 다스리는 천자의 친인척 귀족을 말합니다. 말이 제후지 실제로는 작은 왕이었습니다. 천자가 땅을 떼어주는 것을 분봉|分封|이라 하고, 그 땅을 봉토|封土|라고 합니다. 그리고 이렇게 천자가 중심이

되고 혈연 친척들에게 지역을 나눠줘 다스리게 한 주나라의 제도를 봉건제도|封建制度|라고 합니다.

그러나 건국 공신들만 제후로 임명한 것은 아닙니다. 아직 남아 있는 고대 성왕, 이를테면 신농, 황제, 요, 순의 자손들에게도 땅을 나눠줍니다. 순의 자손은 진|陳|의 제후에 봉합니다. 멸망당한 상나라 후손들도 배려합니다. 상나라 후손에게는 송|宋|을 내어줍니다. 그러나 망한 나라의 떠돌이 백성을 보는 시선은 싸늘했나봅니다. 고사성어 중에 송양지인|宋襄之仁|, 수주대토|守株待兎|에 등장하는 어리석은 사람은 다름 아닌 송나라 사람입니다. 송양지인은 송나라 양공이 초나라와 싸우는데, 먼저 공격하여 이길 수 있었음에도 불구하고 선제공격은 정정당당하지 않다고 거부하다가 결국은 패하고 만 이야기를 말합니다. 송나라 양공이 베푼 어리석은 인|仁|이라는 뜻입니다. 수주대토는 너무나 잘 알려진 고사입니다. 어느 날 우연히 토끼가 나무를 들이받고 죽은 일이 있었는데, 그것을 본 송나라 농부가 일은 하지 않고 토끼가 또 달려와 죽기만을 기다렸다는 뜻입니다.

상나라가 정벌한 하나라의 후손들은 기|杞|의 제후로 삼았습니다. 기우|杞憂|는 하늘이 무너질까 봐 걱정하는 매우 어리석은 사람을 가리키는데, 본 뜻은 기나라 사람의 어리석은 걱정이라는 뜻입니다. 나라가 망한 것도 서러운데, 살아남은 사람들은 이렇게 세상의 조롱거리가 되었습니다.

이야기를 다시 돌려, 원래 봉건제도는 주나라 국가체제를 말하는 것이었습니다. 씨족·혈연 관계를 중심으로 여러 지역의 땅을 나누어 다스린 방법입니다. 서울과 경기도는 천자가 직접 다스리고, 첫째 동생은 경상도, 둘째는 전라도, 외삼촌은 강원도, 뭐 이런 식입니다. 원래 경기|京畿|는 천자가 있는 곳으로부터 500리 이내의 지역으로서, 천자가 직접 다스리는 곳을 뜻하는 말입니다. 우리나라의 '경기도'라는 말에도 이런 뜻이 담겨 있습니다.

이때 동생과 외삼촌 등이 제후|諸侯|에 해당되고 그들이 다스리는 곳을 제후국이라고 합니다. 주나라 초기에 분봉된 제후국은 70여 개나 되었습니다. 여러 자치주가 모여 하나의 나라를 이루는 미국처럼 일종의 연방제 국가라고 할 수 있습니다. 연방제이긴 하지만 천자의 나라 주나라가 중심에 있습니다.

봉건제도는 종법제도|宗法制度|에 의해 유지되었는데, 이때의 종|宗|은 흔히 종가|宗家|라고 할 때의 그 종입니다. 종가 또는 종갓집은 한 문중에서 맏이로만 이어온 큰집을 말합니다. 그래서 종갓집은 한 문중의 대표이며 최고였습니다. 이것을 나라로까지 확대하면, 주나라는 중국 전체의 종갓집이고 나머지 제후국은 작은집인 셈입니다. 명절 때 모두들 큰집으로 모여 조상의 제사를 지내듯이, 천자가 필요로 할 때 제후들은 그 뜻을 따라야 했습니다. 주나라의 종법제도는 매우 엄격하였습니다. 제후국은 천자의 뜻에 따라 군대를 파견하기도 하고, 성과 궁전을 쌓을 때는 반드시 사람을 파견하여 일을 도와야 했습니다. 정기적으로 업무를 보고해야 했고, 그렇지 않을 때에는 신하를 파견하여 문안을 해야 했습니다.

종갓집에도 종류가 있습니다. 최초의 시조로부터 계속해서 맏이의 맏이로만 이어져 내려온 집안을 대종|大宗|이라고 합니다. 그런데 둘째아들의 집안은 어떻게 될까요? 셋째네 집안은? 이렇게 맏이를 제외한 나머지 집안은 그 뿌리를 찾기가 복잡해 고조·증조·할아버지·아버지·아들까지 5대조만 묶었습니다. 그 안에서 대표를 소종|小宗|이라고 했습니다.

훗날 공자가 보기에는 주나라의 이런 체제가 무척 안정되고 이상적으로 보였나봅니다. 그의 평생의 과업은 주례|周禮|의 복원이었다고 해도 지나친 말이 아닙니다. 그러나 역사를 되돌리는 것이 어디 가능한 일이었겠습니까? 주나라의 종법제도가 무너지고 봉건제도가 무너진 것이 어디 사람들의

마음이 사악해져서겠습니까? 예의가 사라졌기 때문이겠습니까?

이웃사촌이라는 말도 있듯이, 아무리 혈연관계라고 해도 오랫동안 보지 못한 친척보다는 가까운 이웃에게 더 정이 가게 마련입니다. 하물며 시간이 흐르면서 혈연관계가 복잡해지면 이 종법제도에 기반한 봉건제도는 점차 그 구심점을 잃어가게 됩니다. 중앙으로 모이는 구심력은 약해지고, 뛰쳐나가려는 원심력은 점점 강해집니다. 명목상 중심만 있고 나머지는 다 뛰쳐나가 제멋대로 행동하는 세상이 오게 됩니다. 천자가 모이라고 해도 모이지 않습니다. 이 시기를 춘추시대라고 합니다. 전국시대가 되면 중심 자체를 인정하지 않습니다. 그래서 묶어서 춘추전국시대라고 부르는 것입니다.

춘 추 전 국 시 대 의   도 래

주나라는 약 280년간 비교적 안정적으로 유지되었습니다. 그러나 그 안정이 더 이상 지속될 수는 없었습니다. 사회의 변화를 볼 때 놓치지 말아야 할 것은 사회 경제사적 의미입니다. 이 말이 어렵게 느껴질 수도 있겠지만, 사회가 변한 원인을 단순히 사람의 마음이나 심성에서 찾지는 말자는 것입니다. 위에서 핏줄을 중심으로 한 주나라 종법제도가 오래 지속될 수 없다고 말했지만, 주나라 중심의 봉건제가 춘추전국이라는 극심한 혼란기를 거쳐 진, 한 등으로 이어지는 통일제국이 들어서는 데는 보다 근본적인 사회 경제적 이유가 있다는 것입니다.

옛 역사책에는 주나라 유왕이 애첩 포사에게 푹 빠져서 정신을 못 차려 제후들이 주나라에 등을 돌린 것으로 되어 있습니다. 하나라 걸왕, 상나라 주왕의 이야기와 너무 비슷합니다. 이런 류의 이야기는 이제 지겹기까지 합니다. 포사는 성격도 좋지 않았나 봅니다. 예쁘긴 한데 웃지를 않습니다. 하도 웃질 않으니 유왕이 별별 수를 다 씁니다. 마침내는 위급할 때 이웃 나라 제후들에게 도움을 요청하기 위해 만든 봉화에 불을 붙여 제후들이 헐레벌떡 뛰어오게 만듭니다. 몇 번 장난을 치니 나중에 진짜 견융족이 침입해왔을 때 아무도 도와주지 않았다고 합니다. 양치기가 거짓말을 자주 해서 나중에 양이 늑대에게 모두 잡혀먹었다는 이야기와 비슷합니다.

이야기를 재미있게 꾸며서 그런 것이지, 내용을 잘 들여다보면, 핵심은 중앙정부가 위급한 상황인데도 제후들이 군대를 파견하지 않았다는 것입니다. 이 시기에 이미 제후들의 세력은 중앙정부가 감당하지 못할 만큼 커졌습니다. 여자 때문에 정신 못 차렸던 왕 한 사람 때문에 생긴 문제가 결코 아닙니다. 역사는 이긴 자의 기록이기 때문에 전 왕조의 마지막 왕은 언제나 이렇게 인간 망종이나 말짜로 기록됩니다. 도가 지나치면 의심이 갈 수밖에 없습니다.

어쨌거나 유왕과 포사는 견융족에 의해 죽습니다. 유왕의 아들 평왕은 폐허가 된 도성을 버리고 동쪽의 낙읍으로 수도를 옮깁니다. 동쪽으로 옮겨 갔다고 해서 이때를 동주|東周| 시대라 부르고, 그 이전을 서주|西周| 시대라고 합니다. 동주 시대에는 아무도 주나라를 따르지 않았습니다. 작은집이 큰집을 완전히 무시하는 셈입니다. 속된 말로 콩가루 집안이 된 겁니다. 이 시기를 일러 춘추시대라고 합니다.

춘추시대는 농업 혁명기이기도 합니다. 청동기에서 철기시대로 넘어갈 즈음인데, 철기가 농기구로도 쓰이기 시작했습니다. 철기와 우경의 발달로 제2의 농업 혁명이 일어납니다. 우경은 농사에 소를 이용한 것을 말합니다. 소는 사람보다 힘이 세서 땅을 보다 깊게 팔 수 있었습니다. 땅을 깊게 파는 것을 심경이라 하는데, 양분을 섞고 땅을 부드럽게 하여 나쁜 땅을 개량할 수 있었습니다. 참고로 제1의 혁명은 구석기에서 신석기로 접어들면서 수렵에서 농업으로 생활방식이 전환되는 시기를 말합니다.

우경과 심경으로 생산량은 늘어납니다. 제후들은 점점 더 많은 것을 가지게 되고 중앙정부의 눈치를 보는 게 귀찮아졌을 것입니다. 혼자서도 잘 먹고 잘 살 수 있다는 생각이 들었을 것입니다. 주나라가 건국된 지 300년 가까이 되면서 혈연으로 섞인 피의 농도가 묽어진 것 같습니다. 천자의 눈치 보는 게 귀찮아지다가 나중에는 아예 무시해버리고 오히려 천자 자체를 인정하지 않게 됩니다. 이 시기를 전국시대라고 합니다.

전국시대 戰國時代 , 말 그대로 전쟁이 그칠 날이 없던 때를 말합니다. 일본에도 전국시대가 있었습니다. 천황을 중심으로 공경 公卿 들이 정사를 보던 조정의 실권이 점차 약해지고 무사, 즉 사무라이들에 의한 권력 투쟁이 빈번했던 시기를 일컫습니다. 도쿠가와 이에야스, 도요토미 히데요시 등 귀에 익은 이름들이 활동하던 때입니다. 절정에 달했던 때가 1500년대 후반입니다. 중국의 춘추전국시대는 이와 비교할 수 없을 정도로 아주 오래 전인 기원전의 이야기입니다. 지금 우리는 기원전, 예수가 태어나기 전의 일을 이야기하고 있습니다.

중국 사서에서 춘추시대와 전국시대를 가르는 기준은, 제후국 중의 하나인 진 晉 나라(훗날 중국을 통일하는 진 시황의 진 秦 이 아님)의 3대 가문인 한씨, 위씨, 조씨가 나라를 나눠 각각 한, 위, 조나라를 세울 때를 말합니다. 그러나 사회 경제사적으로 볼 때 춘추시대와 전국시대를 뚜렷이 나눌 기준은 거의 없습니다. 그냥 묶어서 춘추전국시대라고 불러도 상관없습니다.

춘추시대에 잘나가던 다섯 제후를 춘추오패 春秋五覇 , 전국시대에 잘 나가던 일곱 나라를 전국칠웅 戰國七雄 이라고 합니다. 전국칠웅 중의 하나인 진 秦 나라가 중국 전역을 통일하기까지 무려 550년 동안 싸움이 그칠 날이 없었습니다. 공자가 죽고도 250년이나 후의 이야기입니다. 공자가 살던 시기는 중국 전역이 교전 지역이었습니다.

중국판 소피스트 '사'의 출현

이처럼 춘추전국시대에 이르러 많은 변화가 있었습니다. 나라가 여러 개로 쪼개지듯 신분제에도 변화가 있었습니다. 바로 사|士|라는 새로운 신분이 등장한 것입니다. 어쩌면 제가 《논어》를 소개하기 전에 이렇게 장황하게 중국 역사를 이야기하는 이유가 여기에 있는지도 모릅니다. 사|士|를 떼어놓고서는 공자와 《논어》를 이야기할 수 없기 때문입니다.

사농공상|士農工商|이라는 말을 많이 들어와서인지, 흔히 사|士|를 최고의 계층으로 착각하는 경우가 있습니다. 그러나 사농공상 모두 왕과 귀족의 지배를 받는 피지배 계층이었습니다. 다만 피지배 계층에서 사|士|의 위치는 조금 독특한 면이 있습니다.

이전까지 신분은 크게 귀족과 평민으로 나눌 수 있었습니다. 물론 당시에는 귀족이니 평민이니 하는 말은 없었습니다. 요즘 말로 치자면 그러하다는 것입니다.

평민은 직접 일을 해서 세금을 바칩니다. 귀족은 평민이 바친 세금을 먹고 삽니다. 결국 직접 농사를 지어 생산하는 계층과 이 중의 일부를 세금으로 받아 사는 두 계층밖에 없었습니다. 귀족 중에서 가장 높은 위치는 물론 왕입니다.

당시 중국의 왕은 천자|天子|라 했습니다. 천|天|은 신들의 왕입니다. 부족마다 각기 숭배하는 신이 있었는데, 이를 토템이라 합니다. 모든 부족들

을 대표하거나 그 위에 군림해야 하는 대표 왕은 어느 한 부족의 신을 숭배할 수가 없었습니다. 그래서 신들 중의 최고의 신, 신 위의 신으로 '하늘'을 삼은 것입니다. 그 하늘의 아들이 바로 천자|天子|입니다. 하늘은 형체는 없지만 만물의 창조자이자 통치자입니다. 천자는 단 한 사람, 주|周|의 왕만이 곧 천자였습니다.

천자가 자신의 땅 일부를 친척들에게 나누어주는데 이를 봉토|封土|라고 하고, 이 봉토를 관리하는 자를 제후|諸侯|라고 한다는 것은 앞서 이야기한 적이 있습니다. 제후는 실제 왕이나 마찬가지였는데, 제후에도 등급이 있었다고 합니다. 최고의 제후가 공|公|, 그 아래 후|侯|, 백|伯|, 자|子|, 남|男| 등의 순입니다. 서양 봉건시대의 귀족의 작위를 우리말로 번역할 때 공작, 후작, 백작, 자작, 남작으로 번역하는 것은 바로 이 때문입니다. 앞서 주나라를 건국한 무왕

지배	천자 天子	왕 王
	제후 諸侯	공 公
	대부 大夫	경 卿
피지배	사 士	
	서인 庶人	민 民

의 아버지를 서백창이라고 했습니다. 이때 창은 이름이고 서백|西伯|은 작위인데, 서쪽의 백|伯|이라는 뜻입니다. 왕의 친인척들보다는 급이 좀 떨어지지만 그래도 은나라의 최고위 관직이었겠죠. 은나라의 녹봉을 받고 있는 자가 어떻게 왕을 배신하여 쿠데타를 일으키냐며 길을 가로막았던 자가 백이와 숙제라는 이야기도 했습니다.

제후는 실제 왕이나 마찬가지이므로 그 아래 신하가 있었는데, 그중 최고의 지위가 대부였습니다. 제후는 대부에게 땅을 떼어주어 거기서 세금을 거둬들이게 했습니다. 이 땅을 식읍|食邑|이라고 합니다. 대부는 제후의 신하이기는 하지만 자신의 군대를 갖춘 나라 안에서 작은 왕의 지위를 누렸습니다. 여기까지가 바로 귀족이라 부를 수 있는 지배층입니다. 공통점은 자기

소유의 땅이 있고, 여기서 나는 세금을 주된 수입원으로 한 것입니다.

그 외에는 모두 서인|庶人|, 요즘 말로 평민, 백성, 서민이었습니다. 몸으로 일하는 계층입니다. 식읍에서 일을 하고 그중 일부를 세금으로 바치는 생산자들입니다.

그런데 춘추전국시대에 귀족과 서인 사이에 사|士|라는 새로운 계층이 생겨납니다. 사|士|에게는 식읍이 없습니다. 그러니까 세금을 받을 수 있는 귀족은 아닙니다. 그렇다고 몸으로 농사를 짓지도 않습니다. 직접 생산하는 것도 없습니다. 사|士|는 요즘으로 치자면 봉급을 받고 일하는 전문가에 해당됩니다. 당대의 지식인이기도 하고, 관료이기도 합니다. 왕과 제후, 대부의 경제 비서관, 군사 참모, 행정 관료의 역할을 했으니까요. 사|士|라는 말은 이전부터 쓰였지만, 봉급을 받는 전문 지식인으로서의 사는 이 시기에 와서 형성됩니다. 최초의 전문적인 사|士| 그룹이 공자와 그의 제자들입니다. 요즘 말로 '공선생 컨설팅 연구소' 또는 '공선생 학원' 정도 될 것입니다.

공자는 스스로 제후가 되거나 천자가 되기를 꿈꾼 적은 한번도 없습니다. 그러나 끊임 없이 대부의 위치에 올라 정치를 하기를 바랍니다. 때로는 대부의 자리를 탐내다가 제자로부터 면박을 당하기도 합니다. 결과적으로 그는 단 한번도 사|士|의 신분을 벗어난 적이 없습니다.

이 시기에 등장한 공자를 포함한 여러 사상가들과 학파를 아울러 제자백가|諸子百家|라고 합니다. 여기서 자|子|는 학자를 뜻하고, 가|家|는 학파를 뜻합니다. 수많은 학자와 학파들이 성행했던 시기가 바로 춘추전국시대입니다. 뒤에서 학|學|의 의미를 설명할 때 자세히 말하겠지만, 제자백가의 출현은 춘추전국시대라는 과도기·격변기였기에 가능했습니다. 노예제 사회에서는 배워서 신분상승을 하는 것은 꿈도 못 꾸었으니까요.

사 vs. 소피스트

춘추전국시대에 사|士|라는 새로운 계층이 형성되고 있을 때, 지구 반대편에서는 그리스 전역을 떠들썩하게 만든 소피스트가 등장합니다.

소피스트라고 하면 궤변론자라고 생각합니다만, 소피스트는 원래 현자|賢者|이자 지자|知者|라는 뜻입니다. 지혜로운 사람이면서, 요즘 용어로 말하자면 지식인입니다. 소피스트는 기원전 5~4세기경에 그리스에서 활약한 지식인을 뜻하는 말입니다. 그러나 소크라테스와 그의 제자들에 의해 지혜로운 자에서 궤변론자로 전락하게 됩니다. 소피스트 스스로는 '일신|一身|을 위해서나 국가를 위해서 선|善|을 도모하고, 언론이나 행위에서도 유능한 사람이 되는 길'을 청년들에게 가르친다고 자부하였습니다만, 소크라테스는 특유의 문답법으로 그들이 말하는 선은 그들에게 없음을 밝힙니다. 소크라테스와 그의 제자들에게 소피스트는 말만 번지르르하게 하는 궤변론자일 뿐입니다. 그들을 진정한 철학자|哲人|로 만들어야 한다는 것이 소크라테스의 생각이었습니다. 소피스트를 궤변론자에서 철인|哲人|으로!

춘추전국시대의 사|士|도 지식인입니다. 제후와 대부들 아래에서 그들을 위한 전문적인 일에 종사합니다. 다들 나름대로의 철학과 목적을 가지고 일을 합니다. 그러나 공자가 보기에 그들은 소인|小人|일 뿐입니다. 그들을 대인|大人|, 곧 군자|君子|로 거듭나게 만들어야 한다는 것이 공자의 생각입니다. 사|士|를 소인에서 군자로!

이 외에도 소크라테스와 공자, 소피스트와 사|士|, 플라톤·아리스토텔레스와 맹자·순자. 이들을 비교해보면 흥미 있는 공통점이 많습니다.

공자와 소크라테스가 살았던 시대는 말의 중요성이 매우 부각된 때입니다. 춘추전국시대에는 왕의 말 한마디에 사람의 목숨이 달아났습니다. 제후와 대부라고 다를 바가 없었습니다. 그들은 말 잘하는 사람이 필요했습니다. 사l±l가 바로 이런 역할을 했습니다.

공자가 죽고 10년 후에 지구 반대편에서 소크라테스가 태어납니다. 소크라테스가 살던 그리스는 민주제가 실시되긴 했지만 재판은 오로지 한 번에 끝나는 단심제였습니다. 한 번의 판결로 사람의 목숨이 왔다갔다 하던 때입니다. 도시로 사람들이 몰려들었고, 이들 사이에 소송이 빈번했습니다. 재판에 이기기 위해서는 말 잘하는 능력이 필요했습니다. 이는 선택이 아니라 살아남기 위한 필수 능력이었습니다. 말 잘하는 능력, 변론술은 소피스트의 특기였습니다.

춘추전국시대와 그리스 시대는 생산력이 발전한 시기입니다. 원시 공동체의 평등 사회는 지난 지 오래고, 가진 자와 못 가진 자의 경계가 명확했습니다. 가진 자는 더 가지게 되었고, 그러다보니 그것을 관리할 전문적인 인력이 필요하게 됩니다. 가진 자보다 못 가진 자가 많으니 그들을 다루기 위한 능력도 필요했습니다. 제후와 대부 몇 사람이 해결할 수 있는 한도를 넘어섰습니다. 그래서 전문가가 필요했습니다. 그 역할을 사l±l와 소피스트가 수행한 것입니다.

공 자 v s . 소 크 라 테 스

소피스트를 궤변론자에서 철인으로, 사l±l를 소인에서 군자로 만들고자 했던 소크라테스와 공자는 닮은 점이 참 많습니다.

우선 그들은 자신의 말을 직접 책으로 남기지 않았습니다. 공자의 제자들은 스승의 말을 묶어 《논어》를 만들었습니다. 그리고 소크라테스의 제자 플라톤은 그의 작품 곳곳에서 스승을 주인공으로 세워 그의 말을 전했습니다. 〈소크라테스의 변명〉, 〈파이돈〉, 〈프로타고라스〉 등의 《대화편》이 그것입니다. 우리는 제자 또는 제자 집단의 기억에 의해 만들어진 작품을 통해 공자와 소크라테스의 언행을 짐작할 뿐입니다.

두 사람은 생김새도 특이합니다.

공자는 짱구 머리입니다. 머리 가운데가 움푹 파였다고 합니다. 키는 2미터 10센티의 거구. 상상 속의 공자 이미지와의 충돌을 피할 수 없습니다. 공자 아버지는 군인이었습니다. 피는 속일 수 없나 봅니다. 소크라테스의 용모도 만만치 않았습니다. 키는 작고 코는 들창코였던 것 같습니다. 어느 날 한 소피스트가 '쓸모 있는 것이 아름답다'고 주장합니다. 그러자 소크라테스가 말합니다. "그렇다면 나야말로 가장 아름답다. 내 콧구멍은 커서 공기가 잘 통하니 말이다." 소크라테스의 주특기인 농담으로 기죽이기의 진수를 보여주는 대목입니다. 이 말에서도 드러나듯, 그는 범상치 않은 용모, 직설적으로 말하면 추한 용모의 사나이였습니다.

용모는 그러했지만 그들의 체력과 정신력은 실로 강했습니다. 공자는 나이 50대 중반에, 젊은이도 하기 힘든 세일즈를 하러 다닙니다. 이때 세일즈는 무슨 물건을 파는 게 아니라 자신을 써달라는 것입니다. 나를 쓰면 이 나라를 안정되고 강한 나라로 만들 수 있다고 유세하며 다닙니다. 무려 14년 동안 여행을 합니다. 그것도 일촉즉발의 전쟁 지역을 말입니다. 어지간한 정신력과 체력이 아니고서는 도저히 불가능합니다. 소크라테스는 거의 주신|酒神|의 경지였다고 합니다. 소크라테스와 술을 마셔 이긴 사람이 없었다고 하니, 보통의 체력은 아니었던 것 같습니다. 감옥에서 스스로 독배를 들고 죽어갈 때도 한 치의 흐트러짐이 없었다고 합니다. 범인이 상상하기 힘든 정신력의 소유자였습니다.

고매한 인품을 지녔다고 해서 가정을 잘 돌보았던 건 아닌 것 같습니다. 공자도 이혼을 했고, 그의 아들도 이혼을 했고, 또 손자인 자사 | 子思 | 도 이혼을 했습니다. 이혼한 것 자체를 나쁘게 볼 필요는 없지만, 난세를 극복하고자 했던 그도 결국은 가정에서만큼은 그리 성공한 것 같지는 않습니다. 큰 뜻을 가진 공자를 평범한 부인이 이해하지 못했다고도 볼 수 있습니다. 그러나 한편으로는 돈에 무관심하고, 예절은 숨막히도록 엄격하고, 식성도 까다롭고, 없는 살림에 제자들만 들락날락거렸으니 질릴 만도 했겠다는 생각이 듭니다. 결혼도 하지 않고 성스럽게 죽어간 예수와 부처에 비하면, 좋게 말해 너무나도 인간적인 모습이라 할 수 있습니다.

소크라테스는 그래도 중산층 출신입니다. 공자보다는 경제적 출발이 좋았습니다. 그런데 친구가 받은 '소크라테스보다 현명한 사람은 없다' 는 신탁*을 들은 후로는 자신보다 더 지혜로운 사람을 찾기 위해 길거리에서 시장에서, 온종일 길가는 사람을 붙들고 이야기를 하며 하루를 보냅니다. 다른 사람들이 보기에 쓸 데 없이 오지랖 넓은 사람으로 비쳤을 것이 분명합니다. 아내가 보기에 얼마나 한심했을까요? 가지고 있던 재산은 다 써버리고 길거리에서 지나가는 사람 붙들고 말싸움이나 하고 있으니. 아내의 바가

신 탁 | 神 託 |

옛날에는 인간이 판단하기 어려운 문제를 곧잘 신(神)에게 물었습니다. 이때 신이 응답한 것을 신탁이라고 합니다.

신탁의 초기 형태는 점(占)입니다. 신의 뜻을 직접 알 수 없어서 점을 쳤습니다. 《주역》은 이러한 신탁의 결과를 모아놓은 책입니다. 신탁과 점에 대한 자세한 내용은 《주역》편을 참조하세요.

서양사에서 가장 유명한 것은 고대 그리스의 델포이 지방의 신탁으로, 멀리 외국에서까지 신탁을 받고자 찾아오는 사람들이 있었다고 합니다. 소크라테스의 말로 알려진 '너 자신을 알라' 는 말은 원래 델포이의 아폴론 신전(神殿) 현관 기둥에 새겨져 있던 것이라 합니다. 소크라테스는 인간의 지혜가 신에 비하면 하찮은 것에 불과하다고 생각했습니다. 무엇보다 먼저 자기의 무지(無知)를 아는 것이 중요하다고 생각하여 이 격언을 자신의 철학적 활동의 출발점에 두었던 것입니다.

지는 그칠 날이 없었습니다. 소크라테스의 아내가 어찌 악처가 되지 않을 수 있었겠습니까?

생명을 위협하는 적이 많았다는 것도 공통점입니다. 그럴 수밖에 없던 것이 사람을 바로잡는 것이 그들의 필생의 과업이었기 때문입니다. 잘못되었다는 것을 알려주는 것이 그들의 주된 임무이자 주특기였습니다.

공자는 인생 그 자체가 파란만장합니다. 남들이 손자를 보고 집에서 세월을 소요할 나이에 전 세계를 떠돌아다닙니다. 온 나라가 전쟁중이었던 춘추전국시대에 말입니다. 이 나라 저 나라 옮겨가며 제후에게, 대부에게 바른말만 하고 돌아다닙니다. 바른말은 귀에 거슬리는 법입니다. 몇 번의 죽을 고비를 맞습니다. 그러나 다행히 천수를 누리고 죽습니다. 자세한 이야기는 뒤에서 하겠습니다.

소크라테스는 천수를 누리지 못하고 결국 죽고 맙니다. 소크라테스의 젊은 시절 행적은 모호합니다. 기록이 부족하기 때문입니다. 우리에게 낯익은 건 늙은 소크라테스가 아테네의 거리나 체육관에서 사람을 행복하게 하는 것은 무엇인가, 착하다는 것은 무엇인가, 용기란 무엇인가에 관하여 묻고 있는 모습입니다. 이런 대화의 끝은 언제나 '아직도 그것은 모른다'라는 무지|無知|의 고백을 서로 인정하는 것으로 끝납니다. 이때 상대방은 소크라테스가 말은 저렇게 해도 실은 알고 있을 거라는 인상을 받는 경우가 많았는데, 이를 '소크라테스의 아이러니'라고 합니다. 소크라테스가 말하고 싶었던 건, 나도 모르지만 당신이 알고 있다고 믿는 것 역시 틀렸다는 것이었습니다. 자신의 무지를 폭로당한 사람들은 소크라테스의 음흉한(?) 수법에 분노하게 됩니다. 말할 때마다 적을 한 사람씩 만들고 다닌 셈입니다. 결국 그는 '젊은이를 타락시키고 아테네의 신을 부정했다'는 말도 안 되는 죄목으로 사형을 당합니다.

휴~ 힘드시죠? 공자를 알기 위해 너무나 많이 에둘러 왔습니다. 이제 본격적으로 공 선생님의 이야기를 시작합니다.

《논어》에 보면, 공자가 직접 이런 말을 합니다.

"나는 어려서 미천하였기 때문에 자질구레한 일을 두루 잘하게 되었다."

공자의 생에 대해 잘 모르는 사람은 공자가 가문 있는 집안의 꼬장꼬장한 노인네 정도로 생각하고 있으나, 사실은 전혀 다릅니다. 홀어머니 밑에서 가난하게 자란 시골 촌뜨기였습니다. 게다가 오늘날 농구선수처럼 키는 2미터가 훌쩍 넘고 얼굴은 우락부락했습니다. 그런 그가 만세의 목탁으로 칭송을 받기까지 이어지는 삶은 한 편의 드라마입니다. 개천에서 용 난 격입니다.

범상치 않은 외모의 공자|孔子|의 자|子|는 원래 남자를 부르는 통칭이었지만 후대로 내려오면서 스승이나 덕이 있는 남자를 부르는 말로 굳어지게 되었습니다. 그래서 공자라고 하면 '공 선생님' 정도의 의미가 됩니다.

공자의 이름은 공구|孔丘|, 구|丘|는 '언덕 구' 입니다. 평평한 땅에서 조금 튀어나와 있는 부분이 언덕입니다. 공자가 태어났는데 가만히 보니 머리가 툭 튀어나왔길래, '그래 이름은 언덕!' 아마 이렇게 지었나 봅니다. 우리 식으로 표현하자면 '짱구'. 나쁘게 말하면 무식, 좋게 말하면 재치가 돋보이는 작명입니다. 이에 질세라 공자도 역시 아들을 낳았는데, 그때 누가 산후조리를 하라고 잉어를 가져왔나봅니다. 그래서 지은 이름이 잉어|鯉|. 아버지는 짱구, 아들은 잉어. 그 집안, 정말 이름 짓기가 귀찮았나봅니다. 인디언의 작명법이 생각납니다. 영화 〈늑대와 춤을〉에서 캐빈 코스트너의 상대역이었던 인디언의 이름은 '주먹 쥐고 일어서', 족장 이름은 '열 마리 곰',

전사 이름은 '머리에 부는 바람'이었습니다. 이것을
공자가 지었다면 '악기|握起|', '십웅|十熊|', '두
상풍|頭上風|'이라고 했을지도 모릅니다.

공자의 아버지는 제나라와의 전투에서 공
을 세운 적이 있는 하급 장교였습니다. 공
자의 체격은 아버지를 그대로 물려받은
듯합니다. 그러나 공자가 세 살 때 별
세하여 홀어머니 밑에서 가난하게 자
랐습니다. 조상을 거슬러 올라가자면
은나라까지 올라갑니다. 《예기》를 보면,
'그런데 구는 은나라 사람이다|而丘也殷人
也|'라는 구절이 나옵니다.

공자

주나라가 은나라를 정복한 다음 은나라 사람들은 대대로 송나라에 살게
됩니다. 그러다가 공자의 할아버지 때에 난을 피해 온 가족이 노나라로 이
주하게 되었습니다. 따라서 공자가 아주 먼 과거를 들먹이며 은나라 사람이
라고 말했지만, 사실 태어난 건 노나라였습니다.

아버지를 일찍 여읜 데다가 어머니는 정실이 아니었나 봅니다. 공자의 탄
생과 관련하여 《사기》에서는 '야합|野合|'이라고 표현하고 있습니다. 들판
에서 합쳤다는 뜻인데, 어딘지 모르게 비정상적이었다는 뉘앙스가 풍깁니
다. 순서로 봐도 세 번째 부인이었습니다. 성은 안씨입니다. 당시 아버지의
나이가 65세인 데 반해 어머니는 18세였다고 합니다. 나이차가 거의 50년입
니다. 그러니 정식 결혼을 했다 손 치더라도 '야합'이라고 비난받았을 것입
니다.

아버지는 세 살 때 돌아가시고, 공자 나이 열일곱 살 때 어머니마저 세상

을 떠났습니다. 어머니는 아버지의 무덤이 어디인지를 가르쳐주지 않았습니다. 일부러 가르쳐주지 않은 것이 아니라 아마도 몰랐던 것 같습니다. 본가와는 멀리 떨어져 살았고 '야합'으로 맺은 관계여서 남편의 장례식에도 초청을 받지 못했던 것 같습니다. 그러니 무덤이 어디인지 알 수 없었을 수밖에요. 이런 어려운 환경에서 공자가 독학하여 후세의 목탁이 되었으니, 공자 어머니 안씨야말로 자식 교육을 제대로 시킨 어머니의 모범입니다. 어진 어머니 상으로는 '맹모삼천지교'로 유명한 맹자의 어머니가 있는데, 이 이야기는 맹자를 추종하는 후세 사람들이 지어낸 이야기입니다.

공자의 어머니는 무녀|巫女|였다는 설이 있습니다. 그래서 공자가 어려서부터 굿하는 데 일가견이 있었다고 합니다. 사마천은 《사기》에서 '공자는 어릴 때 소꿉장난하기를 좋아했는데, 항상 도마와 목기 등의 제사그릇을 벌여놓고, 예|禮|에 맞는 복장을 입고 놀았다'고 쓰고 있습니다. 아마 이때의 예|禮|가 굿거리가 아닌가 생각됩니다. 또는 장례 전문가 집안의 출신이라고도 합니다. 당시의 장례는 매우 까다롭고 번거로워서 전문가의 도움이 필요했던 것 같습니다. 장례 전문가를 유|儒|라고 했습니다.

다시 돌아가서 《논어》의 구절을 보면, '어려서 미천하였기 때문에 자질구레한 일을 두루 잘하게 되었다'라고 했습니다. 잘나가는 집안의 아들이었다면 어렸을 때 공부만 했을 것입니다. 그러나 이런저런 기술을 배우고 익힌 것은 아마도 집이 가난하여 잡일을 하지 않을 수 없었기 때문일 것입니다. 집은 가난하고 신분도 보잘것 없었습니다.

한번은 이런 일이 있었습니다. 공자가 열다섯 살 때의 일입니다.

계씨|季氏| 집안에서 무슨 잔치가 있었던 모양입니다. 공자도 참석을 했습니다. 그런데 양호|陽虎|라는 작자가 이렇게 말합니다.

"계씨는 사|士|를 대접하려 한 것이다. 감히 네가 올 자리가 아니다."

《사기》〈공자세가〉에 나오는 말입니다. 공자가 사|士| 계층에도 미치지 못하는 일반 서인|庶人|이었음을 보여주는 말입니다. 그런데 앞서 공자와 그의 제자들을 사|士| 집단이라고 했는데, 어떻게 천한 위치를 벗어나 사|士|가 되었을까요? 앞에서도 이미 말했듯이 사와 서인은 모두 피지배계층입니다. 그러니 그 안에서는 신분 이동이 가능했던 것입니다. 그러면 공자는 어떻게 미천한 신분에서 사|士|로서 대접을 받게 될까요?

답은 너무나도 간단합니다. 미친 듯이 공부해서!

학 문 에   뜻 을   두 고   오 로 지   공 부 하 다

공자는 늘 제자들을 몰고다녔습니다. 움직이는 사설학원이었습니다. 학원이라는 표현이 좀 거부감이 있다면 '컨설팅 연구소'라는 표현은 어떨까요? 자신을 써줄 임금을 찾아 온 나라를 돌아다니며 정치 컨설팅을 했으니까요. 학원 원장이든 컨설팅 연구소 소장이든 우두머리가 되기 위해서는 제자들을 사로잡는 그 무엇이 있어야겠죠. 《사기》의 〈공자세가〉, 《논어》 등에 나타난 공자의 언행을 보면, 그는 정말 박학다식했던 것 같습니다. 게다가 결코 온순할 것 같지 않은 인상과 체격에도 사람들이 줄줄 따랐던 것을 보면, 어딘가 모르게 풍기는 인품 또한 매우 뛰어났던 것 같습니다.

아버지도 없이 홀어머니 밑에서 이것저것 잡일을 해가며 살았던 공자가 어떻게 수천의 사람들이 따르는 대형 학원의 원장이 되었을까요? 그가 보아왔던 것은 어머니로부터 전수받은 굿이나 제사 때 행하는 의식 정도밖에는 없었을 텐데요.

공자의 성격이자 특기를 한마디로 표현하자면, '호학|好學|'입니다. 배우

는 것을 진심으로 좋아하여, 일찍부터 문자를 터득하였고 닥치는 대로 문헌을 살펴보았다고 합니다. 공자가 15세에 학문에 뜻을 두었고, 30세에 홀로 섰으며, 40에 흔들림이 없었고, 50에 하늘의 뜻을 알게 되었고, 60에 들은 것은 모두 이해하게 되었고, 70에 마음이 내키는 대로 해도 도리에 어긋나지 않았다는 것은 매우 잘 알려진 이야기입니다. 여기서 지학, 이립, 불혹, 지명, 이순, 종심이라는 말이 생겨났다는 것도 익히 알고 있는 내용일 것입니다. 나중에 학|學|을 이야기할 때 더 자세히 다루겠습니다.

그가 15세에 학문에 뜻을 두었다는 것은 아마도 앞서 이야기한 양호 사건 때문이 아니었나 봅니다. 잔칫집 문전에서 "우리는 선비들을 초대한 것이지 너같이 미천한 놈을 초청한 것이 아니다"라는 말을 들었으니 그 충격이 오죽했겠습니까. 미천한 신분을 어떻게든 탈피해야겠다고 생각했을 것이고, 가진 것이 없는 그에게 방법은 오로지 공부밖에 없었을 것입니다.

공 자 학 원 전 성 시 대

주경야독으로 공부하여 그의 인품과 학문은 많은 사람들의 주목을 받게 됩니다. 주머니 속의 송곳은 가만히 있어도 뚫고 나오는 법입니다. 공자 나이 서른이 지나자 많은 사람들이 그에게 자식을 보내 배우게 합니다. 유명한 학원에 자식들을 서로 보내려는 부모의 마음이었겠지요. 그렇게 공자 학원은 서서히 커져갑니다. 노나라뿐 아니라 다른 나라에까지 그 명성이 퍼지기 시작합니다.

명문학원이 되었다고 수강생을 차별하지는 않았습니다. 귀족과 평민을 막론하고 누구든 받았습니다. 《논어》에 보면, '속수|束脩| 이상의 예를 행한

사람이면 내 일찍이 가르치지 않은 적이 없다'라고 적혀 있습니다. 속수|束脩|는 포 한 묶음을 뜻하니, 포 한 묶음만 가져와도 다 받아줬다는 뜻입니다. 그 시절 중국에서는 윗사람의 제자가 되기를 청할 때 반드시 예물을 지참했다고 합니다. 군자라면 보석을, 대부라면 양을, 사|士|라면 꿩, 그리고 보통 서민은 거위나 닭 한 마리를 잡아갔다고 합니다. 그런데 포 한 묶음이라니, 그저 최소한의 예만 갖추면 누구든지 받아줬다는 말이며 그만큼 천한 출신이라도 가리지 않았다는 뜻입니다. 심지어 공자의 보디가드였던 자로|子路|는 처음에 공자를 만나자마자 시비를 걸고 한 대 때리려고 했습니다. 공자가 예로써 대하여 후에 스스로 제자가 되었다고 《사기》는 적고 있지만, 자로는 동네 건달이었음이 분명합니다. 그런 제자를 둔 덕에 공자는 "내가 자로를 얻게 된 후부터 내 귀에 험담이 사라지게 되었다"고 했습니다. 조폭 같은 건달을 데리고 다닌 이후로 아무도 공자에게 대들 생각을 못했다는 말입니다. 《논어》에서 공자에게 대드는 장면이 나오면 어김없이 그 주인공은 자로입니다.

자로 이야기를 조금 더 하겠습니다. 공자가 어떻게 사람의 인생을 바꾸어 놓았는지, 자로의 예를 보면 확실히 알 수 있습니다. 자로는 공자가 14년 동안이나 천하를 유랑할 때 항상 곁에 있었습니다. 어려운 일이 있을 때마다 스승 공자의 보디가드 역할을 했습니다. 때로는 공자에게 대들기도 하고 심술을 부리기도 했지만, 그는 한번도 스승의 곁을 떠나지 않았습니다. 귀국 후 자로는 공자의 곁을 떠나 위나라 대부 공회라는 사람의 식읍을 관리하는 일을 합니다. 그런데 공회가 위나라 권력 다툼의 와중에 붙잡혀 곧 죽게 되는 상황까지 갑니다. 자로는 홀로 그 위험한 곳으로 잠입해서 큰 소리를 칩니다. "공회를 풀어놓아라!" 그러나 곧 날쌘 자객 두 사람의 칼을 맞고 쓰러집니다. 머리에 썼던 갓이 땅에 떨어졌습니다. 순간 그는 최후를 직감합니다. '여기서 죽는구나.' 그는 떨어진 갓을 다시 쓰고 단정하게 갓끈을 매며 말합니다. "군자는 죽더라도 갓을 벗을 수 없다." 그리고 최후의 칼이 그의 심장을 찔렀을 것입니다.

지금은 유교의 고지식함을 비꼬는 말로 쓰는 저 말이 실은 이런 죽음의 순간에 자신의 삶을 행복하게 정리하며 뱉은 비장한 한마디였습니다. '내 비록 죽지만 이제야 군자가 무엇인지 알겠다. 이제 나는 군자로서 갓끈을 묶은 채로 행복하게 죽을 것이다.' 아마 이렇게 생각했을 것입니다. 저는 이 대목에서 눈물이 울컥 쏟아졌습니다. 다시는 저 말을 장난삼아 냉소조로 이야기하지 않겠다는 다짐까지 했습니다.

교육계에서 널리 쓰는 말로, '교육은 교사의 질을 넘을 수 없다'는 말이 있습니다. 교사의 자질이 그만큼 중요하다는 뜻입니다. 그 시대 최고의 스승을 둔 제자들* 역시 그 면면이 뛰어났습니다. 자로뿐 아니라 공자에게는 훌륭한 제자들이 참 많았습니다. 공자가 세상을 떠나자 그들은 스승의 말을 기억하여 기록하고, 스승이 그랬던 것처럼 그들도 제자를 가르칩니다. 공자가 지금까지 많은 사람들의 입에 오르내리는 것도 다 우수한 제자들을 길러냈기 때문입니다.

공 문 십 철 | 孔 門 十 哲 |

공자의 여러 제자 중에서 가장 뛰어난 제자 10명을 흔히 공문십철이라고합니다. 《논어》 〈선진편|先進篇|〉에 공자가 진채|陳蔡|의 들판에서 위난을 당하였을 때 함께 있던 제자들 10명의 이름을 든 것에서 유래했습니다.

공자는 덕행이 뛰어난 제자로 안연|顔淵|, 민자건|閔子騫|, 염백우|冉伯牛|, 중궁|仲弓|을 들었습니다. 언어에 밝은 제자로는 재아|宰我|, 자공|子貢|을 들고, 정치에 뛰어난 제자로는 염유|冉有|와 계로|季路|가 있다고 했습니다. 마지막으로 문학에는 자유|子游|, 자하|子夏|가 뛰어나다고 했습니다. 공자가 분류한 덕행, 언어, 정치, 문학을 사과|四科|라고 하는데, 이 때문에 공문십철을 사과십철이라고도 부릅니다.

30대 중반에 공자는 주나라에 잠깐 다녀오기도 합니다. 그가 이상으로 생각했던 주나라의 현재 모습을 보며 견문을 넓히기 위해서였습니다. 그때 노자를 만났다는 일화는 유명합니다. 당시 노자|老子|는 말 그대로 노인네였습니다. 노자에게는 세상을 바꿔보겠다는 공자의 의욕이 측은해보였나 봅니다. 노자는 공자에게 옛 사람들이 남긴 죽은 말에 구애되지 말고 자유롭게 생각하라고 당부합니다. 그리고는 참다운 현자는 그 재능을 속에 깊숙이 감추고 함부로 현자인 체하지 않으니 겉으로는 마치 어리석은 것처럼 보인다고 덧붙입니다. 너무 아는 체하지 말고 살아가라는 뜻일 겁니다. 그래도 부족했던지, 세상이 알아주지 않으면 간신히 겨우살이를 하는 것만으로도 만족하라고 일러둡니다.

공자는 노나라로 돌아와 제자들에게 이렇게 말합니다.

"새가 잘 날고, 물고기가 잘 헤엄치고, 짐승이 잘 달리는 것은 나도 잘 알고 있다. 달리는 것은 그물로 잡을 수 있고, 헤엄치는 것은 낚시로 낚을 수 있다. 날아가는 것은 활로 떨어뜨릴 수 있다. 그러나 풍운을 타고 하늘로 올라가는 용은 어떻게 할 수가 없다. 노자는 한 마리 용과 같다."

그런데 이상하게도 이후로 공자 학원의 수강생은 더 늘어났다고 합니다. 바야흐로 공자 학원 전성시대였습니다.

공 자 ,   노 나 라 를   떠 나 다

그러나 아무리 학원생 수가 많아도 그의 마음은 늘 허전했습니다. 사설 학원장으로 명성을 날리는 것이 그의 목표가 아니었기 때문입니다.

공자의 일평생 소원은 주나라 초기의 문물제도, 곧 주나라 문화를 복원하

는 것이었습니다. 당시에도 존재했던 이름뿐인 주나라를 다시 강대국으로
만들겠다는 것이 아니라, 역사 속의 주나라 문화를 제대로 배워 계승 발전
시키고 싶었습니다. 다른 어느 누구도 하지 않으니 자신의 손으로 직접 복
원하여 이상적인 사회를 만들고 싶었습니다. 그러나 이 학원장을 써주는 사
람은 없었습니다. 노나라에서 꿈을 펼치고 싶건만, 제대로 알아보고 그 능
력을 써주는 이가 없었습니다.

공자가 살던 당시의 노나라는 삼환|三桓|의 세상이었습니다. 삼환은 계손
씨, 맹손씨, 숙손씨 등 세 가문을 한데 이르는 말인데, 노나라는 이 세 가문
이 좌지우지했습니다. 노나라 왕 소공은 허수아비였습니다. 소공이 참다못
해 방자한 계손씨네 집안을 치려다가 오히려 삼환의 역습을 받아 제나라로
쫓겨납니다. 요즘 말로 외국으로 망명한 것입니다. 이제 노나라는 완전히
삼환의 세상이 되었습니다.

공자도 제나라로 떠납니다. 물론 제자가 서너 명 따라붙었을 것입니다.
임금이 떠났다고 함께 떠난 건 아닙니다. 노나라에 있어봤자 자신을 불러줄
사람이 없다고 생각한 모양입니다. '가혹한 정치는 호랑이보다 무섭다'는
뜻의 가정맹어호|苛政猛於虎|라는 고사는 이때 만들어졌습니다. 제자들과
제나라로 가던 중에 무덤 앞에서 흐느끼는 여인을 발견합니다. 공자의 제자
자로|子路|가 다가가 그 까닭을 물으니, 시아버지와 남편, 아들이 모두 호랑
이에게 잡아먹혔다는 것입니다. 그런데 왜 그 무서운 곳을 떠나지 않느냐고
했더니 그 여인네 말하기를, 이곳에는 사람을 해치는 호랑이는 있지만 세금
을 혹독하게 물리고 노역을 심하게 시키는 못된 벼슬아치는 없다고 말합니
다. 이에 공자가 제자에게 한 말이, '가혹한 정치는 호랑이보다 무섭다'는
것이었습니다. 이 고사는 〈예기〉에 나오는 것인데, 정말 있었던 일인지 아
니면 후대에 지어낸 이야기인지 알 길이 없습니다.

제나라로 간 공자는 제나라 임금인 경공|景公|을 만나보려 합니다. 그러나 뜻대로 안 된 모양입니다. 자신의 이름이 널리 알려졌다고 생각했건만 기회는 쉽게 오지 않았습니다. 이때의 이야기를 《사기》에서는, 공자가 음악에 심취해서 세 달 동안 고기 맛을 잃었다고 적고 있습니다. 공자가 음악에 일가견이 있다는 건 알지만, 남의 나라에 가서 세 달 동안 음악에 푹 빠져 있었다는 건 아무래도 이해가 잘 안 됩니다. 만나고는 싶은데 불러주질 않으니 집에서 음악이나 듣고 있었던 건 아닌지.

공자의 황금시대

결국 공자는 다시 노나라로 돌아옵니다. 학원은 여전히 성업중입니다. 공자가 잠깐 주나라에 가서 노자를 만난 건 이때의 일입니다.

앞서 말했듯이, 그후로 공자 학원은 전성시대를 맞습니다. 그러면서도 이제나 저제나 언제쯤 나를 써주는 이가 있을까 공자는 애를 태우고 있었습니다. 정말 많은 사람들을 만났습니다. 그러나 기회는 쉽게 오지 않았습니다. 그렇게 20년 가까운 세월이 흘러가버렸습니다. 속된 말로 사람은 오래 살고 봐야 한다고 했는데, 공자의 경우가 딱 어울리는 말입니다. 공자 나이 51세, 초로의 나이에 드디어 꿈에도 그리던 벼슬을 얻게 됩니다. 19세 때 '위리', 21세 때 '승전리'라는 말단 관리를 한 것이 전부인 그에게 비록 늦었지만 드디어 기회가 온 것입니다. 아마 눈물이 울컥 나오지 않았을까요?

그에게 주어진 관직은 중도재|中都宰|. 중도라는 지역을 다스리는 관리로, 오늘날 도지사나 시장에 해당되는 것입니다. 다만 노나라 수도인 곡부가 아니라 지방 도시였습니다. 그는 백성들의 생활 방식과 장례 절차를 예

에 맞게 정하고, 강한 자와 약한 자의 책임을 다르게 하고, 남녀가 같은 길로 다니지 못하게 하고, 길에 떨어진 물건이라도 함부로 줍지 못하게 하는 등의 정책을 폈다고 합니다. 이것이 모범이 되어 서쪽 지방 다른 제후도 따라 했다고 합니다. 능력을 인정받은 공자는 1년 만에 토지와 민사를 맡아보는 사공|司空|으로 승진합니다. 여기서 또 인정을 받은 공자는 마침내 형벌을 맡는 최고 책임자, 오늘날 대법원장 겸 법무부 장관에 해당되는 사구|司寇|에 오르게 됩니다.

사구에 오르자 그는 드디어 맘속에 품었던 이상을 실현하려고 합니다. 우선은 삼환의 세력을 제거하고 임금을 중심으로 한 정권의 회복과 군사력의 통일을 꾀합니다. 삼환의 세 도성을 허물어버리려 합니다. 비록 마지막 한 성을 허물지는 못했지만, 이 사건으로 인해 왕권은 크게 강화되었습니다. 그리고 다음 해 재상의 일까지 겸하게 됩니다. 이 자리에 오르자마자 그는 노나라의 정치를 어지럽히는 소정묘라는 대부를 처형합니다. 노나라는 점차 안정을 찾아갑니다.

노나라가 힘이 강성해지자 이웃 나라인 제나라는 위협을 느끼게 됩니다. 어떻게 하면 공자를 제거할까 고민하다가, 내부 교란 술책을 쓰기로 작정합니다. 노나라 임금과 대부로부터 공자를 고립시키려는 계획입니다. 제나라는 그 나라에서 가장 예쁜 미녀 악사 80명을 뽑아 잘 치장한 말 120필과 함께 노나라에 선물로 보냅니다. 요즘으로 치면 최고의 섹시 댄스 여가수 80명에 최고급 승용차 120대를 선물로 보낸 겁니다. 노나라 임금과 대부들은 이 섹시 댄스 가수들에게서 눈을 떼지 못하고 고급 승용차에 눈이 멀어 정사를 돌보지 않게 됩니다. 공자는 노나라에 더 이상 미래가 없다고 생각하고 노나라를 떠납니다. 공자의 나이 56세 때의 일입니다.

당시의 정황을 보면 순전히 공자가 자의로 떠난 것은 아닌 것 같습니다. 개혁은 반동을 수반하는 법입니다. 공자의 개혁에 반감을 가진 세력, 특히 계씨 세력에 의해 공자가 정치적 위기에 몰렸던 것 같습니다. 공자로서도 자신의 고국인 노나라에서 그 이상을 펼치고 싶었지만, 더 이상 있다가는 어떤 위험이 닥칠지 모르는 상황이었습니다. 그래서 결국 그를 알아주는 나라로 망명할 것을 결심한 것입니다. 이렇게 고국을 떠난 공자가 다시 노나라로 돌아왔을 때, 그의 나이는 69세. 자그마치 14년 동안 천하를 유랑한 후입니다.

천하라고 해봐야 당시 공자가 갈 수 있었던 주위 몇몇 나라에 불과했지만 말처럼 쉬운 상황이 아니었습니다. 온 나라가 전쟁중이었던 춘추전국시대에, 현대로 말하자면 끝을 모르는 세계대전이 한창인 때에 공자는 위험을 무릅쓰고 나라와 나라의 경계를 넘나듭니다. 결코 늘그막에 한가하게 세계 유람을 한 것이 아닙니다. 그는 이상적인 정치를 펼쳐 보일 기회를 얻기 위해, 어느덧 노령의 나이조차 잊어버렸습니다. 아무리 노나라의 기존 정치 세력과 대립하여 망명 아닌 망명을 떠났다고는 하지만, 현실을 바꿔보겠다는 열정이 아니고서는 도저히 불가능한 고난의 여행이었습니다. 현실에 순응하고자 하는 나태함이 전혀 느껴지지 않습니다.

사실 공자도 처음부터 이렇게 오랜 세월이 걸릴지 전혀 몰랐을 것입니다. 어딘가 자기를 알아주는 사람이 분명히 있어, 그 나라에서 자신이 지금까지 말해왔던 바를 실제로 구현하고 싶었던 것입니다. 그런데 그것이 마오쩌둥의 대장정|大長征|*과도 같은 고난의 길일 줄이야.

우리는 공자와 《논어》를 이야기할 때 근엄한 공자의 모습만을 떠올립니다. 서당에 앉아 아이들을 가르치거나, 무슨 학교 같은 건물에서 젊은이들을 가르치는 모습을 상상합니다. 공자에 대해 제대로 배운 적이 없으니 공자가 노령의 나이에 온갖 죽을 고비를 넘겨가며 천하를 주유하던 시기에 대해 잘 알지 못합니다. 이야기를 한없이 길게 할 수 없으니, 기회가 된다면 공자의 생애를 다룬 다른 책들을 읽어보시기 바랍니다. 공자에 대한 섣부른 편견이 사라질 것입니다.

14년간의 유랑 생활 – 실은 정치적 망명 생활을 끝내고 노나라로 돌아온 이듬해 공자의 외아들 잉어, 공리|孔鯉|가 죽습니다. 이 시기를 전후하여 공리의 아들 공급|孔伋|이 태어납니다. 공급이 곧 《중용|中庸|》을 지었다는 자사|子思|입니다.

다음 해에 공자가 그렇게 총애하던 애제자 안연이 젊은 나이에 세상을 등집니다. 아들이 죽고, 아들보다 더 애지중지했던 안연마저 죽습니다. 이때 공자는 "아, 하늘이 나를 버리셨구나. 하늘이 나를 버리셨구나" 하며 통곡했습니다. 어찌나 심하게 울었던지 옆에 있던 제자들이 놀랄 정도였다고 합니다. 공자 나이 70세. '마음이 하고자 하는 대로 따라도 법도를 넘어서지 않았다'는 칠십이종심소욕불유구|七十而從心所欲不踰矩|라고 했던 그때입니다. 2년 후, 공자가 '저 녀석은 제 명에 죽지 못할 것이다'라고 했던 자로|子路|가 먼저 세상을 떠납니다. 앞에서 이야기한 것처럼 '군자는 죽더라도 갓을

대 장 정 | 大 長 征 |
중국의 마오쩌둥이 지휘하는 홍군|紅軍|이 국민당군과의 전투에서 밀려, 장시성에서 산시성의 북부까지 자그마치 1만 2천 킬로미터를 걸어서 이동한 행군을 말합니다. 1934년에서 1936년 사이의 일로, 30만 명이 출발했으나 마지막에 도착한 병력은 3만 명에 불과했습니다. 그러나 이렇게 살아남은 세력이 주도가 되어 훗날 장제스의 국민당 정부를 타이완으로 몰아내고 1949년 중화인민공화국을 수립하게 됩니다.

벗을 수 없다'며 비장하게 죽었습니다. 안연과 자로는 공자가 떠돌이 생활을 하던 14년간 한번도 떨어지지 않았던 유일한 제자들입니다. 그런 그들이 죽자, 공자도 시름시름 앓더니 이듬해에 74세를 일기로 세상을 떠납니다.

공자의 죽음은 예수의 부활도 아니고, 붓다의 열반도 아니었습니다. 그는 보통 사람으로 왔다가 보통 사람으로, 그렇게 저세상으로 갔습니다.

압축파일 《논어》

이제 드디어 《논어》를 들여다볼 차례입니다.

삼황오제로부터 춘추전국시대까지의 역사 이야기, 그리고 공자 이야기. 《논어》를 알기 위해 참으로 많은 길을 거쳐 왔습니다. 도대체 《논어》가 뭐길래 우린 이렇게까지 먼 길을 돌아왔을까요?

《논어》에 실린 공자의 사상은 대부분 14년간의 망명 생활을 끝내고 고향으로 돌아와서, 대략 68세부터 73세까지의 4~5년에 걸친 말년의 생각이 주를 이루고 있습니다. 파란만장했던 그 시대와 공자의 생애를 전혀 모른 채 《논어》의 첫 장을 넘기면 피식 웃음부터 나올 것입니다. 허탈한 웃음 또는 비웃음이. 아무런 사전 지식이 없이 《논어》가 참으로 대단한 경전이라고 하여 무작정 그 첫 장을 들춰본 사람이라면 예외 없이 그러할 것입니다.

첫 장을 펼치면 이런 글이 나옵니다.

공자께서 말씀하셨다. "배우고 때맞춰 익히니 또한 즐겁지 아니한가? (뜻을 같이하는) 벗이 있어 먼 곳으로부터 찾아오니 또한 즐겁지 아니한가? 사람들이 알아주지 않아도 부끄럽지 않으니 또한 군자가 아니겠는가?"

子曰, "學而時習之, 不亦說乎? 有朋自遠方來, 不亦樂乎? 人不知而不慍, 不亦君子乎?"

자왈, "학이시습지, 불역열호? 유붕자원방래, 불역낙호? 인부지이불온, 불역군자호?" 〈학이1-1〉*

이 편의 이름은 〈학이|學而|〉입니다. 우리말로 풀이하자면 〈배우고〉편입니다. 첫 문장 '학이시습지 ……' 의 첫 두 글자를 딴 것입니다. 2편의 제목은 〈위정|爲政|〉편입니다. 우리말로 〈정치를 하되〉편입니다. 이 장은 '자왈, 위정이도, 비여북신……' 으로 시작하는데, '자왈' 은 너무 많이 등장하는 말이어서 그 다음 두 글자를 따서 편명으로 삼은 것입니다. 최초에 누가 지었는지 모르겠지만 참으로 성의 없어 보입니다.

내용도 그냥 보면 별 것 아닙니다. 아주 평범한 말이나 대화들이 체계도 없이 불쑥 튀어나옵니다. 대화가 이루어진 상황이나 장소에 대한 언급도 거의 없어 후세 사람들에게 엄청난 숙제거리를 안겨주었습니다.

논어는 창작이 아니라 채록입니다. 공자가 직접 집필한 것이 아니라, 제자들이 기억을 되살려 공자의 말을 기록한 것입니다. 성경도 그러하고, 불경도 그러합니다. 공자가 실제 했던 말조차 그가 처음 한 말이 아니라 당시 일상적으로 쓰이던 말을 되풀이했던 것이 많습니다. 예를 들어, "자신이 바

〈 학 이 1 - 1 〉의 의 미

《논어》는 대략 500여 개의 짧은 글이 다음과 같이 20편으로 나누어져 있습니다.

1) 학이 2) 위정 3) 팔일 4) 이인 5) 공야장 6) 옹야 7) 술이 8) 태백 9) 자한 10) 향당 11) 선진 12) 안연 13) 자로 14) 헌문 15) 위령공 16) 계씨 17) 양화 18) 미자 19) 자장 20) 요왈

이러한 제목은 특별한 뜻이 있는 것이 아니라 그저 글의 첫머리의 두세 자를 따서 명명한 것입니다. 본문에서 1-1이라고 표기한 것은 〈1. 학이〉 편의 첫 번째 장이라는 뜻입니다. 만약 〈2. 위정〉 편의 11장에서 인용한 문장이라면 〈위정2-11〉로 표기합니다.

라지 않는 것을 남에게 시키지 말라"와 같은 말은 공자가 직접 지어냈다기보다는 이미 그 당시 교양 있는 사람들이 널리 썼던 말일 것입니다. 이것저것 섞어놓았으니 제대로 읽어봐도 제목을 짓기가 만만찮습니다. 각 편의 제목이 저렇게 될 수밖에 없었던 이유가 수긍이 가기도 합니다.

앞뒤 전후 사정에 대한 설명도 없이 뜬금없이 등장하는 공자의 말을 이해하기 위해서는, 압축을 풀어야 합니다. 압축된 말 속에 담긴 뜻을 풀지 않고서는 그 진의를 이해할 수 없습니다. 게다가 한자|漢字|라는 것 자체가 글자 하나에 수많은 뜻을 함축하고 있으니 더욱 해석이 난감할 때가 많습니다. 당시에 인쇄술도 없었으니 사람들은 그 글자를 죽간에다가 한 자 한 자 옮겨 적었을 것입니다. 최대한 글자 수를 줄이려고 노력했을 것입니다. 생각을 압축하고, 말을 압축하고, 글까지 압축하여 담았으니 《논어》는 한마디로 압축파일인 셈입니다.

그런데 더욱 문제는 그것이 2,500년 전의 압축파일이라는 것입니다. 정성껏 압축을 풀었는데 원래의 글 자체가 이미 암호 수준입니다. 겨우겨우 해석을 해놓고 보면, 해석하는 사람에 따라 그 어감이 조금씩 다릅니다. 《논어》 해설서가 셀 수 없이 많은 것은 바로 이 때문입니다.

조금 있다가 다루겠습니다만, 지금은 학|學|과 습|習|을 학습이라는 말로 묶어 사용하고 있지만 예전에는 학과 습의 용법이 달랐습니다. 그리고 그 의미도 오늘날 쓰이는 의미와 조금 다릅니다. 인민|人民|이라는 말도, 인|人|과 민|民|의 의미를 달리 사용했습니다. 군자|君子|는 도대체 어떤 사람인지, 예|禮|는 오늘날 말하는 예절|禮節|이라는 뜻과 무엇이 다른지……. 풀어놓으니 말은 되는 것 같은데 정작 진정한 뜻을 알기가 어렵습니다. 이 책에서는 고문|古文|의 해석 방법을 따지지는 않을 것입니다. 제가 여러 책을 참조하여 가장 적합한 해석이라고 생각한 것을 기준으로 이야기를 풀어나가

겠습니다.

　그러나 합의해야 할 것이 하나 있습니다. 고전을 읽을 때 무엇보다 중요한 것은 '현재의 눈으로 과거를 재단하지 않기'입니다. 사극을 보면 왕과 신하, 그리고 백성이 등장합니다. 지금의 눈으로 보면 우리 손으로 뽑지 않은 왕이 절대 권력을 행사하면서 백성의 생사를 쥐락펴락하는 것이 이해가 안될 수 있습니다. 복장도 그렇습니다. 소매도 바짓가랑이도 치렁치렁한 것이 도무지 이해가 안 되는 거추장스러운 옷을 입고, 수염을 기르고, 머리는 평생 자르지도 않고, 사시사철 갓을 쓰고 있습니다. 만약 아직도 절대 왕권을 행사하려는 사람이 있다면 국민들이 들고 일어서서 그 시도를 막아낼 것입니다. 아직도 거추장스러운 옛 옷을 입고 학교에 다니거나 회사에 다니는 사람이 있다면, 며칠 못가서 그만둬야 할 것입니다. 그렇다고 해서 옛날 사람들을 모두 바보 같고 멍청한 사람이라고 매도할 수는 없습니다. 당시 그런 신분질서와 복장은 너무나 당연한 것이었기 때문입니다.

　공자가 초기 주|周|나라의 문화로 돌아가자고 외쳤다고 해서, 그를 노예주 계급을 옹호하는 보수주의자라고 몰아칠 수는 없습니다. 《논어》에서 군자|君子|와 소인|小人|을 항상 대비해서 설명한다고 해서, 이분법과 흑백론의 원조라고 매도할 수는 없습니다. 그가 그런 말을 한 진정한 의도를 알아차리는 것이 먼저이고, 그것이 현재에 어떤 의미를 가지는지를 생각해봐야합니다. 과거의 말들 속에서, 지금에도 여전히 유효한 보편적인 그 무엇을 찾아내는 것, 그것이 우리가 고전을 읽는 근본적인 이유일 것입니다.

　지금부터 《논어》 강독에 들어갑니다. 강독은 뜻을 밝히면서 읽어가는 것을 말합니다. 그러나 이 책에서는 《논어》의 전편을 순서대로 다루지는 않습니다. 또 그럴 필요도 없습니다. 각 편이 서로 밀접하게 연관되어 있는 것도 아니니 굳이 순서대로 할 필요가 없습니다. 대신 몇 개의 주제를 정하여, 그 주제에 해당되는 문장을 골라 읽고 그 뜻을 음미하는 시간을 마련해볼까 합니다.

그 첫 번째 주제가 '학습과 실천' 입니다.

[논어 강독 1] 학습과 실천

《논어》 20편은 〈학이〉편으로 시작합니다. 그러나 앞에서 말했다시피 〈학이〉편이 맨 처음 나오는 특별한 이유는 없습니다. 〈학이〉편이니까 배움에 관한 내용이겠거니 짐작하겠지만, 그렇지도 않습니다. 뒤에는 효|孝|에 대해 이야기하기도 하고, 예|禮|에 대해 말하다가 정치에 대해 말하는 등 그야말로 체계가 없습니다. 배움에 대한 말은 오히려 《논어》 전편에 군데군데 흩어져 있습니다.

우선 《논어》 하면 떠오르는 〈학이〉편, 첫 문장을 보겠습니다.

공자께서 말씀하셨다. "배우고 때맞춰 익히니 또한 즐겁지 아니한가? (뜻을 같이하는) 벗이 있어 먼 곳으로부터 찾아오니 또한 즐겁지 아니한가? 사람들이 알아주지 않아도 부끄럽지 않으니 또한 군자가 아니겠는가?"
子曰, "學而時習之, 不亦說乎? 有朋自遠方來, 不亦樂乎? 人不知而不慍, 不亦君子乎?"
자왈, "학이시습지, 불역열호? 유붕자원방래, 불역낙호? 인부지이불온, 불역군자호?" 〈학이1-1〉

앞에서 살펴봤듯이, 공자는 자수성가한 사람입니다. 아버지도 없이 홀어머니 밑에서 가난하게 자랐습니다. 나이 열다섯에 동네 잔치에 갔다가 문전박대를 당했습니다. "계씨는 사|士|를 대접하려 한 것이다. 감히 네가 올 자

리가 아니다"라고 했던 양호의 말이 어쩌면 죽을 때까지 가슴에 사무쳤을지 모릅니다.

> 공자께서 말씀하셨다. "나는 열다섯 살에 학문에 뜻을 두고, 나이 삼십에 홀로 섰으며, 마흔 살에 미혹됨이 없었고, 쉰 살에는 천명을 알았고, 예순 살에는 귀가 순해졌고, 일흔 살에는 마음이 원하는 바를 따라도 법도에 어긋남이 없었다."
>
> 子曰, "吾十有五而志于學, 三十而立, 四十而不惑, 五十而知天命, 六十而耳順, 七十而從心所欲不踰矩."
>
> 자왈, "오십유오이지우학, 삼십이립, 사십이불혹, 오십이지천명, 육십이이순, 칠십이종심소욕불유구." 〈위정2-4〉

공교롭게도 공자가 학문에 뜻을 두었다는 열다섯 살 때가 바로 문전박대를 당한 서러움이 있었던 그때입니다. 그 후로 공자는 오로지 스스로 배우고 익혀서 만세의 목탁이 되었습니다. 누가 보더라도 공자를 공자답게 만든 것은 다름 아닌 학|學|에 대한 열정입니다.

예나 지금이나 공부의 목적 중 하나는 신분상승입니다. 배우는 것 자체가 기쁜 것도 사실이지만, 별로 가진 게 없는 사람들은 공부를 하여 좋은 데 취직하거나 공무원이 되어 안정적으로 사는 것을 꿈꿉니다. 공자가 살던 그때도 마찬가지였습니다. 공자 문하에 삼삼오오 모여드는 제자들 중에는 공부 자체에 뜻이 있어 오는 이도 있었겠지만 대개는 공부를 하여 관직에 진출하는 것이 주된 목적이었습니다. 그 점에 있어서는 공자도 다르지 않습니다. 공자도 평생에 걸쳐 군주와 대부 앞에서 유세를 하며 정계 진출을 꿈꾸었습니다. 그 꿈이 좌절되어 결국 스스로 은퇴 선언을 하고, 국내 최대 사설 학원장으로 여생을 마감한 것입니다.

　그런데 왜 하필 공자가 살던 때에 와서야 공부하는 사람들이 부각되고, 유가니 도가니 묵가니 하는 제자백가가 출현했을까요? 관학을 대신한 최초의 사학인 공자 학원은 왜 이때 생겨났을까요?

　이미 앞서 살펴보았듯이, 공자가 살던 춘추전국시대는 종법제도가 무너지고 청동기에서 철기시대로 넘어가던 격변기였습니다. 노예제 사회나 철저한 종법제도와 같이 엄격한 신분 위계가 있을 때에는 학습이 의미가 없었습니다. 공부를 한다고 신분이 상승될 여지가 전혀 없었으니까요. 《논어》의 첫머리에서 '학습'을 이야기하는 것 자체가 이미 기존의 엄격한 위계질서에 금이 가고 있는 사회적 격변기임을 말해주는 것입니다.

　다시 원래의 문장으로 돌아가서 원문의 의미를 살펴보겠습니다.

　저는 '학이시습지'를 '배우고 때맞춰 익히니'라고 번역했습니다. 오늘날에는 학습|學習|이라는 단어로 쓰이고 있지만, 대개의 한자어가 그러하듯이 처음에는 한 글자로 그 뜻을 대신하였습니다. 학|學|과 습|習|의 의미가 서로 다르게 사용된 것입니다.

　여기서 유의해야 할 것은 시|時|와 습|習|의 의미입니다. 시|時|는 '제때에' 또는 '때맞춰'라는 의미입니다. '때때로'라고 번역하는 경우가 많지만, 그러면 뜻이 이상해집니다. '때때로'는 '가끔'이라는 뜻입니다. 배우고나서 가끔, 생각나면 익힌다는 그런 의미가 아닙니다. 또한 습|習|이라는 말역시 단순히 '익히다'라고 해서는 안 됩니다. 대개 복습한다는 의미 정도로 생각하고 있는데, 그렇게 해석해서는 곤란합니다. 공자 시대에 요즘과 같이 국·영·수 과목이 있어, 수업 시간에 그것을 배우고 집에서 틈날 때마다 복습하고, 나중에 시험 치고……. 이런 상황이 아니었습니다. 춘추전국시대라는 격변기를 통해 '배움|學|' 그 자체가 처음으로 대두된 때였습니다. 배움

이라는 게 처음 생겼는데 무슨 변변한 커리큘럼이 있었겠습니까. 공자가 말년에 기존의 책들을 엮어 《시경》, 《서경》, 《주역》 등 육경을 편찬하기는 했으나, 이것이 유가의 커리큘럼으로 정식 채택된 것은 훗날의 일입니다. 그래서 습|習|의 의미를, 그냥 복습한다는 뜻이 아니라 '실천하다'로 해석하는 것이 옳은 것 같습니다. 배운 것을 때맞춰 실천하니 얼마나 즐거운지 모르겠다는 말로 받아들여야 할 것입니다. 배운 것을 실천해보고 나서야 전에 배운 것을 제대로 알 수 있다는 의미일 것입니다. 배웠던 것을 이제 확실히 알았으니 얼마나 기쁘겠습니까!

이와 비슷한 예를 하나만 더 보겠습니다.

공자께서 말씀하셨다. "배우되 (경험에 비추어) 생각하지 않으면 어둡고, (경험에 비추어) 생각하되 배우지 않으면 위태롭다."
子曰, "學而不思則罔, 思而不學則殆"
자왈, "학이불사칙망, 사이불학칙태" 〈위정2-15〉

여기서 해석하기 어려운 것은 바로 사|思|입니다. 대개는 그저 '생각한다' 정도로 받아들여서, 배워서 나름대로 생각하여 정리해야만 자기 것이 된다는 뜻으로 받아들입니다. 그런데 배운 것을 생각만 해도 자기 것이 될까요? 여기서도 사|思|를 실천의 의미로 읽어야 뜻이 명확해집니다. 즉, 배운 것을 자신의 경험에 비추어 생각해보아야만 한다는 것입니다. 어린아이에게 사랑과 이별의 고통을 열심히 가르친들, 아이가 아무리 머리를 굴려 생각해도 그 의미를 제대로 알 리 만무합니다. 나중에 커서 사랑을 직접 해보고, 이별의 고통을 겪어보고 나서야 그 의미를 진정 이해하게 될 것입니다. 배우되 경험에 비추어 생각하지 않으면 어둡다는 말은 바로 이런 뜻입

니다. 동시에 자신의 얕은 경험적 지식만을 믿고 배우기를 게을리 하는 사람에 대한 경고를 함께 하고 있습니다.

결국 공자는 배운 것은 실천을 통해서야 그 뜻이 명확해진다는 것을 가르치고 있습니다. 그런데 왜 배우는 걸까요? 너무나도 당연하겠지만, 배우는 것은 곧 알기 위함입니다. 그렇다면 '아는 것'은 도대체 뭘까요? 뚱딴지 같지만, 바로 이런 뚱딴지 같은 질문이 철학의 근본 주제이기도 합니다.

《논어》 강독, 두 번째 주제는 '앎이란 무엇인가?' 입니다.

[논어 강독 2] 앎이란 무엇인가?

아는 것은 과연 무엇이고 알아가는 과정은 어떠한지에 대해 따지고 드는 학문을 '인식론'이라고 합니다. 인식론은 서양 철학의 일부이자 매우 중요한 분야입니다.

그러나 《논어》는 철학책이 아닙니다. 우리가 '철학'이라고 부르는 이 학문은 그리스에서 비롯된 사유 방법이자 학문입니다. 이미 잘 알다시피, 철학은 그리스어 필로소피아|philosophia|에서 유래했으며, 필로는 '사랑하다' '좋아하다'라는 뜻의 접두사이고, 소피아는 '지혜'라는 뜻입니다. 즉 '애지|愛知|의 학문'이 필로소피아입니다. 그러나 그리스적인 의미의 철학은 동양에 없습니다. 다만 오늘날 철학이라는 학문에 비추어 동양의 전통 문화와 사상을 분석하여 서양의 철학에 비견되는 공통적인 요소를 발견할 수는 있을 것입니다. 이미 서양의 철학적 사고에 익숙한 까닭에, 서양식 철학의 틀로 동양의 과거를 보는 것도 흥미 있는 일입니다. 쉽지는 않지만 일단 시도해보겠습니다.

공자께서 말씀하셨다. "유야! 너에게 앎에 대해 가르쳐주겠다. 아는 바를 안다고 하고 모르는 것을 모른다고 하는 그것이 앎이다."

子曰, "由! 誨女知之乎, 知之爲知之, 不知爲不知, 是知也."

자왈, "유! 회여지지호, 지지위지지, 부지위부지, 시지야." 〈위정2-17〉

유|由|는 공자의 제자인 자로|子路|의 본명입니다. 《논어》에 이름이 거론 되었다면, 이 사람은 공자와 매우 밀접한 관계였거나, 후에 제자를 많이 두 어 《논어》 편찬에 강력한 영향력을 행사한 사람입니다. 자로는 전자의 경우 입니다. 공자의 주유천하 14년 동안 한번도 공자 곁을 떠나지 않은 제자입 니다. 처음에 건달이었다가 공자의 인품에 반해 제자가 된 것은 앞서 이야 기한 바 있습니다. 용맹스러웠으나 성격은 불같았습니다. 대체로 힘으로 상 대를 제압하는 사람은 모르는 것도 안다고 우기는 경향이 있습니다. 자로가 그러했나 봅니다. 평소에 그런 성향을 곁에서 지켜보던 공자가 자로를 불러 다놓고 조용조용 타이르는 장면 같습니다.

자로의 이름을 지그시 부르더니, 대뜸 아는 것이 무엇인지를 가르쳐주겠 다고 합니다. 그래놓고서는, 아는 것을 안다고 하고 모르는 것을 모른다고 하는 것이 바로 아는 것이라고 말합니다. '아는 것'에 대한 정의를 내려줄 줄 알았는데, 전혀 엉뚱한 대답입니다. 정작 '아는 것'이 무엇인지는 알려주지 않았습니다. 동어반복입니다. '아는 것을 안다', 즉 'A=A'라는 것을 전제하 는 말입니다. 이것은 공자의 말버릇이자 주특기입니다. 예를 들어, 제자가 인|仁|이란 무엇인지 묻습니다. 그러면 공자는 "인|仁|은 애인|愛人|이니 라"라고 말합니다. 또 다른 자리에서는 "자신을 극복하여 예|禮|로 돌아가면 인|仁|을 이룰 수 있다"라고 말합니다. 《논어》 전체를 통해 단 한번도 인|仁| 이 무엇인지 설명해주지 않습니다. 그런데 사람들은 인|仁|을 《논어》의 근본 가치이자 개념이라고 말합니다. 정작 공자는 인이 무엇인지 속 시원하게 말

한 적이 없는데 말입니다.

삐딱하게 보면, 공자야말로 무엇 하나 제대로 알고 있는 것이 없는 사람입니다. 공자의 수제자들이 엮었다는 《논어》가 아무런 체계도 논리도 갖고 있지 않다는 것은, 공자 스스로가 그러하지 않았나 의심이 가는 대목입니다.

그러나 앞서 우리는 '현재의 눈으로 과거를 재단하지 않기'를 합의했습니다. 자본주의 문화와 사고에 익숙한 현재의 눈을 버리고, 공자가 말하고자 한 그 의미가 무엇인지를 먼저 물어야 할 것입니다.

공자는 아는 것이 무엇인지, 그 정의에 대해서는 애초부터 별 관심이 없었습니다. 그 말이 태생적으로 갖고 있는 한계를 이미 안 것 같습니다. 논어에 수없이 등장하는 인|仁|이니, 도|道|니, 군자|君子|니 하는 말을 단 한번도 시원스레 정의한 적이 없으니 말입니다.

노자의 《도덕경》에서 가장 유명한 구절은 첫 장을 펼치자마자 나오는 '도가도비상도'라는 구절입니다. '도를 도라고 말하는 것은 참된 도가 아니다'와 비슷한 뜻인데, 해석이 만만치 않습니다. 노자의 말은, 세상의 근본 이치가 있는데 그것을 일러 도|道|라고 하지만 도를 도라고 말하는 순간에 이미 도가 아니라는 말입니다. 말하는 저도 헷갈립니다.

저도 비유로써 설명해보겠습니다.

누가 옆에서 아이스크림을 먹고 있는 친구에게, "야, 아이스크림 참 맛있겠다"라고 했다면 그 아이스크림이 정말 맛있게 보인다는 말이기도 하지만, 한편으로는 나도 좀 먹자고 요청하는 것이기도 합니다. 언어는 이처럼 근본적으로 불명확하고 불완전할 수밖에 없습니다. 지금 당장 국어사전을 펴들고 '알다'는 단어를 찾아보세요. 여러 뜻이 있지만 그중 하나가 '그러하다고 믿거나 생각하다'라고 되어 있습니다. 이번에는 '그러하다'를 찾아보세요. '(모양이나 모습이) 그와 같다'라고 되어 있습니다. 이번에는 '같다'를 찾아보세요. '다르지 아니하다' 라고 되어 있습니다. 마지막으로 '다르다' 를 찾으면? '같지 않다' 라고 되어 있습니다. 더 이상 언어로써 정의할 수 없는 단계에 이르게 됩니다. '같다' 라는 말을 모르고서는 '다르다' 라는 말을 알 수 없고, '다르다' 라는 말을 모르고서는 '같다' 라는 말을 알 수 없는 상황에 이르게 됩니다. 결국은 '같다' 와 '다르다' 를 동시에 이해하지 못하고서는 '알다' 라는 말을 알 길이 없습니다.

아마도 공자는 이러한 무한 반복적이고, 어쩌면 무의미한 '규정' 대신에, 살면서 꼭 필요한 실천적인 '자세' 를 말하고자 했을 것입니다. 앎 자체의 규정이 아니라 앎에 대한 우리의 도덕적인 자세를 요구하고 있는 것입니다.

굳이 서양의 철학적 개념으로 설명하자면, 《논어》에 나타난 공자의 모든 논리는 아리스토텔레스가 말한 '실천적 지혜(praxis)' 라고 할 수 있습니다.

공자의 의도를 어느 정도 이해했다면, 공자의 다음 말을 보고 공자가 진정으로 무엇을 말하고자 했는지 유추해볼 수도 있을 것입니다.

> 공자께서 말씀하셨다. "내가 아는 것이 있는가? 나는 아는 것이 없다. 만약 어떤 농사꾼이 나에게 물으면 내 마음은 텅 비어 아무것도 모른다. 나는 다만 (묻는 핵심의) 양면(긍정과 부정)을 따져 물음으로써 알려줄 뿐인 것이다."
> 子曰, "吾有知乎哉? 無知也. 有鄙夫問於我, 空空如也. 我叩其兩端而竭焉."
> 자왈, "오유지호재? 무지야. 유비부문어아, 공공여야. 아고기양단이갈언."
> 〈자한9-7〉

소크라테스도 자기는 아무것도 모른다고 생각했습니다. 다만 자신이 모른다는 것을 알고 있을 뿐이라고. 그래서 다른 사람과의 논쟁의 결론은 늘

'아직 그것은 모른다'였습니다. 무지|無知|에 대한 고백을 서로 나누며 토론의 끝을 내는 것입니다.

위의 문장은 마치 소크라테스가 지구 반대편으로 건너와 공자로 변장하여 직접 한 말이 아닌가 의심스러울 정도로 똑같습니다.

[논어 강독 3] 아는 것과 행동하는 것

결국 공자에게 '아는 것' 자체는 중요하지 않습니다. '아는 것'이 무엇을 뜻하든지 그것은 공자의 관심 밖입니다. 공자의 관심은 오로지 아는 것을 어떻게 실천할 것인가에 달려 있습니다. 아니, 실천이 뒷받침되지 않는 앎이란 결국 모르는 것과 다를 바가 없다고 생각한 것입니다. 그래서 세 번째 주제는 '아는 것과 행동하는 것'으로 잡았습니다.

'앎과 실천의 통일'이라는 점에서 역시 공자는 소크라테스와 너무나 흡사합니다. 소크라테스 이야기는 조금 더 있다가 하겠습니다.

> 공자께서 말씀하셨다. "아는 것은 좋아하는 것만 못하고, 좋아하는 것은 즐기는 것만 못하다."
>
> 子曰, "知之者, 不如好之者, 好之者, 不如樂之者."
>
> 자왈, "지지자, 불여호지자, 호지자, 불여락지자." 〈옹야6-18〉

매우 익숙한 문장입니다. 문장도 어렵지 않으니 이런 정도는 원문 그대로 외우는 것도 괜찮을 것 같네요. 평범한 문장 같지만, '앎과 실천의 통일'이라는 철학적 사유가 담겨 있습니다.

중요한 글자가 세 개 있습니다. 먼저 지|知|는 '안다'는 뜻인데, 문맥상으로 보면 뒤에 나오는 호|好|와 락|樂|에 비해서는 무언가 부족한 느낌을 갖

게 합니다. 아주 낮은 단계의 '앎'의 상태인 것 같습니다. 다음은 호|好|, 좋아한다는 뜻인데, 단순히 아는 것보다 한 차원 높은 단계인 것 같습니다. 마지막으로 락|樂|, 좋아하는 것을 초월해서 즐거움의 경지에 다다른 상태입니다. 대개는 아는 것과 좋아하는 것, 즐기는 것의 차이를 말하면서 이 문장을 해석하고 끝냅니다. 그러나 그런 해석은 너무 표면적인 해석인 것 같습니다.

지|知|와 호|好|, 락|樂|을 별개의 것으로 여겨서는 해석이 어렵습니다. 오히려 이것은 지|知|의 발전 단계로 봐야 옳습니다. 즉, 지|知|는 우리가 통상 '안다'라고 하는 단계입니다. 집 나갈 때 어머니께서, "얘야, 차 조심해라"라고 하면, 우리는 그냥 알았다는 듯이 "네, 어머니" 합니다. 어머니의 말뜻이 무엇인지 알았다는 뜻이니 틀린 대답은 아닙니다. 그러나 문밖을 나가면 이내 어머니의 말씀을 잊어버립니다. 습관적으로 "네"라고 대답했을 뿐입니다. 집밖에 나가서 어머니의 말씀을 잊지 않으려고 노력하는 단계가 아마 호|好|의 단계가 아닐까 합니다. 그리고 예전에 정말 교통사고의 경험이 있다면 그는 본능적으로 거리의 차를 경계할 것입니다. 이것이 락|樂|의 경지가 아닐까요.

공부를 예로 들어도 마찬가지입니다. 어른들이 흔히 이런 말을 합니다. "공부도 다 때가 있는 법이다. 지금 열심히 해두는 게 평생 밑천이 된다." 학생들에게 이런 이야기를 하면 대개의 경우 건성으로 "네" 하고 맙니다. 전혀 틀린 말이 아니니 그냥 "네"라고 한 것입니다. 그러나 이것을 실제로 실천하지는 않습니다. 공부를 좋아하는 단계, 나아가 공부 자체가 즐거운 단계로 나아가지 않는다면, 조금 전의 어른의 말을 진정으로 이해하지 못한 것이나 마찬가지입니다.

공자는 머릿속으로만 알고 있는 지식은 진정 아는 것이 아니라는 말을 하고 싶었던 것입니다. 이 점에서 소크라테스도 비슷한 생각을 가졌습니다.

공자가 지행합일|知行合一|을 외쳤다면, 소크라테스는 지덕합일|知德合一|을 강조했습니다. 여기서 덕은 도덕, 또는 영혼, 행복 등을 말하는 것입니다. 아는 것과 영혼이 일치한다는 것인데, 대개의 경우 아는 것과 영혼을 '일치시켜야 한다'는 의미로 받아들입니다. 원래는 일치하지 않는데 일치시키도록 '해야 한다'는 당위의 뜻으로 이해하는 것이죠. 그러나 소크라테스가 말하는 것은, 영혼이 변하지 않은 상태는 진정으로 아는 상태가 아니라는 뜻입니다. 전쟁의 고통을 안다고 말할 때, 6·25와 같은 전쟁의 끔찍함을 직접 겪은 사람과 그렇지 않은 사람의 말은 천양지차일 것입니다. 전쟁을 겪어보지 않은 사람이 정말 전쟁의 고통을 알까요? 소크라테스가 말하는 영혼의 변화는 곧 그로 인한 행동의 변화까지를 말합니다. '앎과 실천의 통일'을 말한 공자의 그것과 다를 것이 하나도 없습니다. 소크라테스는 일반적으로 널리 알려진 지식을 전달해주려 하지 않았습니다. 그는 그 사람이 스스로 행동하도록 무지를 깨우치게 하는 것이 목적이었습니다. 여러 사람들에게 널리 지식을 알리는 것이 아니라, 바로 내 앞에 있는 사람의 행동이 변화하도록 만드는 것, 그것이 목적이었습니다. 이 점에서 소크라테스는 지구 반대편에 먼저 살다 간 공자와 쌍둥이처럼 닮았습니다.

[논어 강독 4] 공자의 정치학

지금까지 《논어》에 나타난 배움과 앎이라는 주제를 다뤘습니다. 이번에 다룰 주제는 공자의 '정치학'입니다. 왜 뜬금없이 정치학이냐고 생각할 수도 있겠지만, 공자의 학문의 주제는 처음부터 정치학이었습니다.

서양 철학, 정확하게 말하면 고대 그리스로부터 비롯된 철학은, 그 시초가 자연철학입니다. 여기서 말하는 자연은 사람을 포함한 세상 그 자체입니다.

자연철학의 특징은 '영원한 그 무엇'을 찾는 데 있습니다. 당시 그리스, 그러니까 기원전 7세기경에는 전쟁이 잦았습니다. 이때 문학적으로 서정시가 유행했는데, 시의 주제는 천편일률적으로 허무와 죽음, 고독, 그리고 전쟁에서 피어난 사랑 따위였습니다. 일을 하다가도 전쟁이 나면 바로 소집되어 목숨을 건 싸움을 해야 했습니다. 즐거움보다는 슬픔이 지배한 시대였습니다. 철학이 탄생한 것도 바로 이때입니다. 인생의 허무를 극복하기 위해 변하지 않는, '영원한 그 무엇'을 찾는 사색이 바로 철학이었습니다.

반면 동양 철학이라고 일컫는 공자와 맹자, 순자, 노자, 묵자, 한비자의 철학은 사실 순수학문을 의미하는 철학이 아닙니다. 영원한 대상을 찾아 체계적으로 사색한 흔적이 보이지 않습니다. 오히려 동양의 사상은 처음부터 정치학에 가깝습니다. 공자가 평생을 돌아다니며 각국의 왕들을 만난 것은 스스로 대부의 위치에 올라 이상적인 정치를 펼치고 싶었기 때문입니다. 맹자의 왕도정치, 순자의 예치주의, 묵자의 겸애설에 바탕을 둔 현인정치, 한비자의 법치주의 등은 모두 정치사상이라 할 수 있습니다. 동양의 사상은 난세를 극복하여 치세|治世|를 이루려는 관심에서 출발했다고 볼 수 있습니다.

공자가 생각한 정치란 어떤 것이었을까요?

공자께서 말씀하셨다. "정령으로써 이끌고 형벌로써 다스리면 백성들이 면하기만 할 뿐이요 부끄러움이 없다. 그러나 덕으로써 이끌고 예로써 다스리면 사람들은 부끄러워하여 장차 바르게 된다."

子曰, "道之以政, 齊之以刑, 民免而無恥, 道之以德, 齊之以禮, 有恥且格."

자왈, "도지이정, 제지이형, 민면이무치, 도지이덕, 제지이례, 유치차격." 〈위정2-3〉

유가의 덕치주의|德治主義|와 법가의 법치주의|法治主義|를 대비시키는 유명한 문장입니다. 정|政|은 정령이라고 풀어봤습니다. 명령이나 법률을 말합니다. 먼저 앞 문장은 법치주의의 폐해를 말하고 있습니다. 명령을 하거나 법으로써만 이끌다가 만약 그것을 어겨 형벌로써 다스리면 백성들은 그 형벌을 피하려고만 할 것이고, 혹시 형벌을 받더라도 부끄러워하지 않는다는 것입니다. 교통법규를 어겨서 걸리면 대개는 부끄러워하기보다는 벌금 내는 돈을 아까워하는 마음뿐입니다. 비자금을 조성하여 불법적으로 유용하다 적발되어도 진실로 부끄러워하는 정치인을 본 적이 없습니다. 반면 덕으로써 다스리면 사람들은 자신의 잘못을 부끄러워하여 결국은 스스로 바로잡게 만들 수 있다는 말입니다.

그런데 정작 어지러운 춘추전국시대를 통일한 것은 법가사상으로 무장한 진나라였습니다. 진나라 효공 때의 재상은 상앙|商鞅|이었는데, 강력한 법치로 진제국의 통일의 기반을 만들었습니다. 그러나 효공이 죽자 그의 잔혹한 정치에 원한을 품은 반대파에 의해 사지가 찢기는 거열형|車裂刑|에 처해집니다. 법치주의의 전통을 이은 진 시황의 통일 진나라도 30년을 못가 망하고 맙니다. 그 후에 중국은 한|漢|에 의해 다시 통일됩니다. 사람들은 이 사실을 들어 법가의 법치주의 한계를 말하곤 합니다. 그러나 역사 전체를 놓고 보자면, 진과 한의 흥망은 중국에서 통일제국이 완성되어가는 하나의 과정으로 이해할 수 있습니다. 진이 통일제국을 만들어가는 과정이었다면, 한은 이를 계승하여 지켜가는 과정이었다고 볼 수 있습니다. 나라를 일으킬 때는 힘을 강력하게 결집하고 통제할 필요가 있어 법가가 유용했지만, 나라가 안정되면서 강력한 법과 무력만으로 백성을 다스리는 데 한계에 부딪친 것은 아닐까요? 그래서들 흔히 덕치는 평화로운 시대, 즉 치세의 학이라 하고 법치는 어지러운 격변기, 즉 난세의 학이라고 합니다.

다시 원문으로 돌아가봅시다. 덕으로써 이끌고 예로써 다스리면 사람들은 부끄러워하여 장차 바르게 된다고 했습니다. 덕치의 목적은 사람들이 부끄러워하는 마음을 잃지 않도록 하는 데 있습니다. 그렇다면, '부끄러워하는 마음'은 언제 생길까요?

저는 가끔 투명인간이 되는 상상을 할 때가 있습니다. 어디서 도깨비 감투가 생겨 내 몸이 보이지 않는다면 ……. '내가 가지고 있는 돈을 모두 모아서 가난한 사람 집에 몰래 주고 와야지'라고 생각하는 사람은 거의 없을 것입니다. 대개 평소에 눈치가 보여 못하던 일을 벌이거나, 아니면 입가에 살며시 음흉한 미소를 지으며 요리조리 못된 짓을 골라 할 생각을 할 것입니다. 투명인간이 되면 '부끄러워하는 마음 제로(0)'인 상태가 됩니다. 부끄러워하는 마음이 전혀 없어지는 것은 나를 보는 사람이 없기 때문입니다. 즉 나와 남을 이어주는 고리가 없어지기 때문입니다. 둘 사이의 관계가 없어지기 때문입니다. 몇 년 동안 군대에 가 있어도 오매불망 생각나는 애인은 나와 가장 밀접한 관계의 사람이기 때문이며, 만원 지하철 안에서 앞 사람과 서로 몸을 바짝 붙이고 얼굴을 맞대고 있어도 별 관심이 없는 건 나와 그 사람을 연결시켜주는 관계가 없기 때문입니다.

사회를 유지하는 것은 바로 이 관계의 지속입니다. 지속적인 관계가 유지될 때만 사회는 유지되고 질서가 생겨납니다. 횡단보도가 아닌 차도를 그냥 건너는 것도 남이 볼까 부끄럽고, 휴지를 길거리에 그냥 버리는 것도 부끄러워 그러지 못합니다. 길거리에 노상방뇨할 수 없는 것은 부끄럽기 때문이며, 술 취하여 과감하게 담벼락에 쉬~하는 것은 술이 부끄러움을 마비시켰기 때문입니다.

공자는 바로 이 '부끄러움'을 아는 사회라야 스스로 바로 서는 사회라고 믿었습니다. 덕치가 정말 현실성이 있는지 없는지의 문제와는 별개로, 우리는 법치보다는 덕치에 더욱 애정이 끌리는 마음을 어찌할 수 없습니다. 다시 말해, 덕으로써 인간 세상의 질서를 바로잡기도 어려운 일이지만, 반면 강력한 법만으로 바로잡을 수도 없다는 것을 역사적 경험으로 알고 있습니다. 2,500년이 지났지만, 공자의 정치학이 여전히 그 호소력을 가지는 것은 바로 이 때문이 아닐까요?

[논어 강독 5] 옛것과 새로운 것

공자는 매우 박식했다고 합니다. 정식 교육을 받지 못하고 오로지 독학하여 당대 최고 석학의 경지에 오릅니다. 중국 특유의 과장이 섞이긴 했겠지만 그의 주위에는 제자들이 3천여 명이나 있었다고 합니다. 이런 공자에게는 보통 사람과는 다른 그만의 공부 비법이 있었던 건 아닐까요?

> 공자께서 말씀하셨다. "나는 태어나면서부터 아는 사람이 아니다. 옛것을 좋아하여 애써 구하는 사람이다."
> 子曰, "我非生而知之者, 好古敏以求之者也."
> 자왈, "아비생이지지자, 호고민이구지자야." 〈술이7-19〉

무언가 대단한 비법이 나올 것 같았는데, 공자는 옛것을 좋아하여 애써 구해 공부했다는 말로 대신합니다. 여기서 옛것이 의미하는 바를 정확하게 알 수 없으나 고전|古典|만을 의미하는 것은 아닌 것 같습니다. 책으로, 또는 말로 전해지는 모든 것은 이미 옛것이 아닐까요? 만약 그렇다면 옛것과 옛것이 아닌 것의 구분이 모호해집니다. 과연 옛것이란 무엇일까요?

주자는 《대학|大學|》 서문에서 '무왕불복|無往不復|'이라는 말을 썼습니다. 직역하자면 '가서 오지 않는 게 없다'는 것이니, 지난 것은 반드시 돌

아온다는 뜻일 겁니다. 원래는 《주역》에 나오는 말입니다. 이와 비슷한 뜻으로, '하늘 아래 새로운 것은 없다'고 했던 솔로몬의 말이 우리에겐 더 익숙합니다. 여기서도 옛것과 현재의 것의 차이가 모호해집니다.

옛것과 지금의 것, 혹은 나중의 것을 나누는 기준은 시간입니다. 시간은 또 무엇일까요? 앞에서도 말했지만, 이런 뚱딴지 같은 질문이 바로 철학의 출발점입니다. 우리에게 잘 알려진 공자의 다음 말을 보면서 시간의 의미에 대해 한번 생각해봤으면 합니다.

> 공자께서 말씀하셨다. "옛것을 데워서 새로운 것을 알 수 있으면, 스승이 될 만하다."
>
> 子曰, "溫故而知新, 可以爲師矣."
>
> 자왈, "온고이지신, 가이위사의." 〈위정2-11〉

온고지신|溫故知新|이라는 말은 여기서 비롯되었습니다. 국어사전에는 '옛것을 연구해서 새로운 지식을 찾아내는 것' 정도로 풀이하고 있습니다. 틀린 말은 아닙니다. 그러나 우리가 익히 들어왔던 이 말의 용법을 보면, 대개 옛것|古|을 익히는 것에 방점을 찍고 있습니다. 즉 옛것을 제대로 알아야 새로운 무언가를 알 수 있으니, 옛것을 익히는 데 게을리 하지 말라는 뜻으로 말입니다. 은연중에 복고적인 느낌이 강하게 듭니다.

그러나 공자의 생애를 통해 알 수 있듯이, 그는 언제나 현실 정치의 참여가 목적이었습니다. 옛것만을 반복하여 익히면서 그냥 앉아 있지 않았습니다. 과거 찬란했던 주례|周禮|를 현세에 구현하고 싶어했습니다. 따라서 이 말은 고|古|보다는 신|新|에 방점을 찍어야 합니다. 옛것을 익히는 목적은 오로지 새로운 것을 아는 데 있다는 뜻으로 읽어야 합니다.

여기서 온|溫|은 데운다는 뜻입니다. 싸늘하게 식어버린 것을 따뜻하게 데우다보면, 거기서 무왕불복|無往不復| 또는 하늘 아래 새로운 것은 없다는 진리를 깨닫게 된다는 뜻입니다. 즉 과거와 현재를 모두 통달한 사람이 되는데, 이런 사람이야말로 남의 스승이 될 자격이 있다는 뜻입니다. 여기서도 옛것과 새것의 구분은 별 의미가 없어 보입니다. 이 둘을 하나로 인식해야 진정으로 안다고 말할 수 있을 것입니다. 달리 해석하면, 옛것과 새것의 관계를 통찰할 수 있어야만 진정 '안다' 고도 말할 수 있습니다.

다른 예를 들어보겠습니다.

흔히들 나이가 들면 뇌세포가 죽어가므로 머리가 점점 나빠지는 것으로 알고 있습니다. 기억력이 떨어지는 것은 사실입니다. 살다보면, 스폰지처럼 빠르게 흡수하던 청소년기의 왕성한 기억력이 점차 힘을 잃어가는 것을 느낄 수 있습니다. 그러나 기억력이 떨어진다고 해서 머리가 나빠지는 것일까요? 머리가 좋다, 나쁘다를 가르는 기준은 무엇일까요? 저는 여기서도 핵심은 '관계' 라고 생각합니다. 무엇을 안다는 것은 결국 그에 얽힌 '관계' 를 이해한다는 뜻입니다. 사물 간의 관계를 훤히 꿰뚫어보는 능력을 '통찰력' 이라 합니다. 지식과 경험이 쌓여야 통찰력이 생깁니다. 옛것을 볼 줄 아는 능력과 새것을 대하는 진지한 자세에서 그 둘 사이의 관계를 꿰뚫어보는 통찰력이 생깁니다. 통찰력은 '과거와 현재를 자유로이 넘나듦' 입니다. 나이가 들면서 기억력은 감퇴하지만 통찰력은 커져갑니다. 오히려 머리가 좋아진다고 봐야죠. 고전을 공부하는 것도 결국은 옛것과 새로운 것의 관계를 알아가기 위한 과정입니다.

다시 원래의 질문으로 돌아가겠습니다. 공자의 공부 비법, 그것은 과연 무엇이었을까요? 저는 그 답이, '가이위사의|可以爲師矣|' 의 다산 정약용 식 풀이에 있다고 봅니다.

대부분의 사람들이 이 문장을 '스승이 될 만하다' 라고 해석하는데, 다산은 이렇게 말합니다.

옛것을 데워서 새로운 것을 알 수 있으면, 선생이라는 직책을 한번 해볼 만하다.

위[爲]를 '삼다' 가 아니라 '하다' 라고 해석하고, 사[師]를 '스승' 이 아니라 '스승 노릇' 으로 해석한 것입니다. 선생의 역할은 이미 알고 있는 내용을 제자들에게 쉽게 풀어 설명하는 데 있습니다. 가르치는 것은 차갑게 식어버린 옛것을 제자들이 먹기 쉽게 알맞게 데워서 전달하는 과정입니다. 그 과정에서 과거에 미처 알지 못한 새로운 것을 알게 되고, 피상적으로 알고 있던 것을 제대로 알 수 있습니다. 다산은 아마 자신의 체험에 근거하여 이와 같이 해석한 것 같습니다.

다산의 풀이가 옳다면, 공자의 박학다식의 비결은 바로 스스로 공부한 것을 제자들에게 가르치면서 확실하게 자신의 것으로 만든 데 있다고 볼 수 있습니다. 배우고 익혀서 나누는 것이야말로 새로운 것을 알아가는 지름길일 것입니다.

[논어 강독 6] 똘레랑스

'똘레랑스' 라는 말이 우리나라에서 본격적으로 쓰이기 시작한 건, 홍세화의 《나는 빠리의 택시 운전사》라는 책이 소개되고부터였습니다. 이 책은 읽는 이에게 잔잔한 충격을 줍니다. 차분한 문체에는 23년간의 망명 생활의 고뇌와 깨달음이 묻어 있습니다. 기회가 된다면 이 책만큼은 꼭 읽어보시길 권합니다.

이 책에는 그 동안 우리에게 생소했던 똘레랑스라는 개념이 나옵니다. 똘레랑스의 어원은 '견디다', '참다'를 뜻하는 라틴어 'tolerare'입니다. 1572년 8월 24일, 기독교 구교(로마가톨릭)와 신교(위그노)의 갈등에서 빚어진 성 바돌로매 축일의 대학살이 똘레랑스를 출현하게 한 가장 직접적인 배경이라고 전해집니다. 파리에서만 3천여 명의 신교도가 구교도에 의해 희생되었고 이후 악순환이 계속되었는데, 유럽의 지식인들이 사태를 진정시키기 위해 입을 모아 서로의 차이를 받아들일 것을 이야기한 것이 바로 똘레랑스입니다. 똘레랑스를 우리말로 옮기기에 딱 맞는 표현을 찾기는 힘듭니다. 굳이 옮기자면 '관용'이되 '매우 적극적인 관용' 정도가 적당할 것 같습니다.

공자께서 말씀하셨다. "군자는 화|和|의 입장이지 동|同|의 입장이 아니다. (반면) 소인은 동|同|의 입장이며 화|和|의 입장이 아니다."
子曰, "君子和而不同, 小人同而不和."
자왈, "군자화이부동, 소인동이불화." 〈자로13-23〉

여기서 화|和|를 프랑스의 똘레랑스라는 개념으로 이해할 수 있습니다. '서로의 차이를 인정하면서 조화로운 상태' 정도의 의미입니다. 그러나 대개 위 문장을 이런 식으로들 해석합니다.

"군자는 화목하되 부화뇌동하지 않고, 소인은 동일하되 화목하지 못하다."

이렇게 해석해도 됩니다만, 동양 특유의 대비법에 근거하여 풀이하는 것이 훨씬 명쾌합니다. 《논어》에서는 대비의 방법을 많이 사용하고 있습니다. 앞서 말씀드렸듯이, 어떤 단어에 대한 정의는 그 근원을 찾다보면 무한 반복적일 수밖에 없습니다. 결국 세상에 존재하는 언어로 하나의 개념을 완전하

게 설명할 수는 없습니다. 이럴 때 동양의 각 문헌에서는 주로 비유나 대비의 방법을 씁니다. 《도덕경》과 《장자》가 비유적인 표현으로 일관하고 있다면, 《논어》는 대비의 방법을 많이 씁니다. 여기서는 군자와 소인을 대비하여 그 둘의 근본적인 차이를 화|和|와 동|同|의 대비로 설명하고 있습니다.

화|和|와 동|同|의 차이에 대해서는 〈좌전〉에 잘 나와 있습니다.

제나라 경공이 안자|晏子|에게 화|和|와 동|同|의 차이가 무엇인지 묻습니다. 안자는 비유를 들어 설명합니다. 화|和|는 고깃국을 끓일 때 물, 불, 식초, 고기, 간장, 소금, 매실 등을 고루 넣어 끓여야 제 맛이 나는 것과 같다고 합니다. 또한 맑고 흐림, 크고 작음, 길고 짧음, 슬픔과 기쁨의 감정이 골고루 녹아 있는 음악과 같다고 합니다. 그런데 만약 물로만 조미를 하면 누가 먹겠으며, 여러 악기가 모두 하나의 소리로만 연주한다면 누가 그것을 듣겠냐고 되묻습니다. 이것이 바로 동|同|이라는 것입니다.

화|和|*는 조화를 뜻합니다. 서로 다른 것들이 어우러져 조화로운 상태를 말합니다. 반면 동|同|은 완전히 같음을 뜻합니다. 《논어》가 정치학이라는 전제하에 정치적으로 해석하면, 화|和|는 다양성을 인정하는 것이고 동

공자가 생각한 '화'와 '동'

'화'를 '조화'와 '화합'으로, '동'을 '균등'과 '평등'으로 이해할 수 있지만, 공자가 생각한 조화는 상하 간의 조화라는 의미가 컸습니다. 상하 간의 계층마저도 부정한 묵자의 평등 사상을 '동'이라고 보고, 이것이 소인의 사상이라고 생각했던 것입니다. 요즘 시각에서 보자면 계급·계층 간의 차별을 더욱 공고히 하는 반민주적인 사상이라고 폄하할 수도 있습니다. 그러나 지배세력 내에서 상하가 화합할 때 피지배층인 민|民|의 마음이 순하게 되어 싸울 마음이 사라진다고 본 그의 생각의 순수성을 의심할 필요는 없습니다. 오히려 역사의 발전 과정을 통해 볼 때 묵자의 겸애사상보다 훨씬 현실적인 대안으로 볼 수도 있습니다. 비슷한 시기 지구 반대편에서 플라톤이 이상적인 국가를 위해 반드시 철인|哲人|이 다스려야 한다고 한 것과 일맥상통합니다. 공자의 《논어》가 통치자로서의 군자의 도리를 말한 것이라면, 플라톤의 《국가》는 통치자로서의 철인의 필요성과 자질을 논한 것이라 볼 수 있습니다.

|同|은 무조건 같음을 요구하는 것이라 볼 수 있습니다. 따라서 군자가 정치를 하면 다양성을 인정하여 무조건적으로 같은 것을 요구하지 않는 반면, 소인이 정치를 하면 무조건 같은 것으로 요구하여 다양성을 인정하지 않는다는 뜻으로 해석할 수 있습니다. 화는 똘레랑스요, 동은 전체주의입니다.

굳이 멀리 1572년 파리의 신·구교 충돌을 예로 들 것도 없이, 우리의 가까운 과거만 보더라도 이 말의 가치를 알 수 있습니다. 오로지 같음을 요구하는 것은 바로 독재, 전체주의, 극좌, 극우의 다른 이름입니다.

[논어 강독 7] 제너럴리스트 vs. 스페셜리스트

앞에서 군자는 화|和|의 입장이고 소인은 동|同|의 입장이라고 했습니다. 이렇듯 《논어》 전반에 걸쳐 군자와 소인의 비교가 많이 보입니다. 군자는 어떠한데 소인은 어떠하다는 식의 대비가 많습니다. 20편 중에서 70여 차례나 등장합니다. 이런 까닭에 《논어》를 '군자학' 이라고도 합니다.

그런데 도대체 '군자' 란 누구를 말하는 것일까요? 군자와 대비되는 '소인' 은 어떤 사람일까요? 이것에 대한 명쾌한 답은 없습니다. 언어는 세월이 흐르면서 용법이 바뀌고 의미하는 바가 확장되거나 축소되어 원래의 의미와는 상당히 거리를 두고 있는 경우가 많습니다. 군자와 소인이 바로 그러한 예입니다. 오늘날에는 실생활에서 군자라는 말을 거의 쓰지 않습니다. 소인이라는 말도 쓰지 않습니다. 소인배라는 말이 쓰이긴 하지만, 간사하다는 의미가 많이 내포되어 있어 《논어》에 나오는 소인과는 의미가 많이 다릅니다.

군자에 대한 여러 설|說|을 종합해보면 대략 세 가지 정도로 정의할 수 있습니다. 먼저 군|君|은 군주|君主|와 같은 뜻으로 '통치자' 로 볼 수 있습니

다. 공자 시대의 왕과 제후를 뜻하는 말일 수 있습니다. 이때의 자|子|는 존 칭입니다. 그런데 자|子|를 말 그대로 아들로 해석하면, 군자는 군주의 아들 이 됩니다. 당시는 혈연에 의거한 지배 체제였으므로, 군주의 아들은 곧 일 가의 모든 사람이 되기도 합니다. 따라서 군자는 귀족 또는 관료 등으로 해 석이 가능합니다. 마지막으로 군자는 특정한 신분을 지칭하는 것이 아니라 덕이 많은 자 또는 훌륭한 사람 등을 통칭하는 말일 수 있습니다. 이것이 훗 날 주인, 남편 등으로까지 의미가 확대됩니다.

앞에서도 살펴봤듯이, 《논어》에서 쓰인 각 개념의 명쾌한 정의는 눈을 씻 고 봐도 찾을 수 없습니다. 인|仁|, 도|道|, 예|禮|, 덕|德|, 군자|君子|, 소인 |小人| 등. 참으로 불친절한 《논어》를 해석하기 위해 우리는 고증과 상상력 을 동원하는 수밖에 없습니다. 그래서 《논어》에 대한 해설서만도 3천여 종 에 이른다고 합니다.

저는 군자를 특정 신분을 지칭하는 말로 보지 않습니다. 또한 그 뜻이 고 정된 단어로 보지 않습니다. 앞서 학|學|의 의미를 살펴볼 때도 언급했듯이, 이때는 학|學|이라는 개념이 형성되는 시기였습니다. 물론 글자 자체는 이 미 있었을지 모르겠으나, 진정한 학|學|의 의미는 공자에 의해 다시 만들어 진 것입니다. 마찬가지로 군자|君子|라는 말도 이미 당시에 널리 쓰이고 있 던 말일지 모르겠으나, 공자에 의해 그 용법이 바뀌었다고 보는 것입니다. 공자는 당시 새로 떠오르는 사|士| 계층을 군자로 만들고 싶어했습니다. 《논어》를 정치학으로 보자면 군자는 곧 관료일 수 있습니다. 그러나 관료이 되 개인의 이익에 집착하지 않고 천명을 받들어 덕치를 행할 수 있는 관료 라면, 이미 그는 보통 사람들이 말하는 관료의 한계를 벗어난 것입니다. 군 자는 곧 덕과 지혜를 겸비한 훌륭한 사람의 총칭인 것입니다. 《논어》에서 군 자와 소인을 비교해놓은 여러 구절을 보면, 각 상황마다 해석을 조금씩 달

리할 수밖에 없습니다. 만약 군자라는 뜻을 하나로 고정시켜놓고 전체를 해석한다면 말이 안 되는 해석이 수두룩할 것입니다.

군자를 덕과 지혜를 갖춘 사|士| 또는 관료, 또는 제후와 왕이라고까지 여러 해석의 가능성을 열어두고 다음 문장을 바라봤으면 좋겠습니다.

> 공자께서 말씀하셨다. "군자는 그릇이 아니다."
> 子曰, "君子不器."
> 자왈, "군자불기." 〈위정2-12〉

《논어》가 아무리 압축파일이라지만, 저런 식으로 써놓으면 참으로 난감합니다. 여기서부터는 상상의 나래를 펼 수밖에 없습니다. 어쩌면 이런 것이 고전을 읽는 묘미이기도 합니다. 다빈치 코드가 아니라 공자 코드를 풀어 봅시다.

가장 일반적인 해석은, '군자는 그릇과 같이 용도가 한정된 존재가 아니다'입니다. 그릇은 밥을 먹든 물을 마시든 이미 형태가 고정되어 있습니다. 이것을 확대하면 하나의 기술에 익숙한 숙련공 또는 전문가라고 할 수 있습니다. 영어로 옮기면 스페셜리스트, 현대 자본주의에서 가장 필요로 하는 사람입니다. 막스 베버는 철저한 자본주의적 관점에서 《논어》의 이 구절을 들어 동양 사회를 전문성을 거부하는 비합리적인 사회로 규정했습니다. 막스 베버의 입장에서 봤을 때 전문성은 곧 효율성이며 경쟁입니다. 자본주의에서 꼭 필요한 속성이지요. 그런데 가만히 생각해보면, 전문성은 언제나 아랫사람이 갖추어야 할 능력이었습니다. 도자기를 굽고 철을 다듬고 불상을 조각하고 탑을 세우고 수레를 만들고 마차를 몰고……. 윗사람은 그저 시키기만 할 뿐이었습니다. 이렇게 본다면 막스 베버가 말한 전문성이라는 것도 결국은 하층민을 위한 직업윤리일 뿐입니다.

한편 자본주의 경영학의 대부 피터 드러커는 생전에 스페셜리스트가 아닌 제너럴리스트라는 비판을 줄곧 받아왔습니다. 제너럴리스트는 특정 분야에 한정되지 않고 두루두루 유능한 사람입니다. 지금이야말로 스페셜리스트의 시대라고 하여 모두 스페셜리스트를 동경하면서, 제너럴리스트는 두루두루 사용할 수는 있어도 막상 한 분야에서 도움이 되지 않는 대중적인 지적 노동자를 가리키는 말로 쓰이고 있습니다. 그러나 피터 드러커가 남긴 경영학의 업적은 많은 사람들에 의해 학습과 연구의 대상이 되고 있습니다. 그가 만약 스페셜리스트에 머물렀다면 불가능한 일이었을 것입니다. 일본의 저널리스트이자 독서광인 다치바나 다카시의 말처럼, 그것은 어디까지나 낮은 수준의 제너럴리스트를 가리키는 표현일 뿐이며 스페셜리스트보다 한 차원 높은 수준의 제너럴리스트도 분명 존재합니다. 사회의 모든 시스템은 결국 제너럴리스트가 움직이고 있는 것 또한 현실입니다.

이 글을 읽으면서, 나는 제너럴리스트가 될 것인가 아니면 스페셜리스트가 될 것인가를 고민하셨나요? 2,500년 전에 공자가 말한 '군자불기'라는 단 네 글자를 통해, 자본주의 사회의 전문성에 관한 논의에 불을 당기는 것도 재미있겠네요.

그러나 주의 깊게 보면, 위의 논의에는 제너럴리스트든 스페셜리스트든 간에 정작 '인간'에 대한 고민은 빠져 있습니다. 누가 누구를 지배하느냐 하는 비인간적인 성격의 논리입니다.

이렇게 읽어보면 어떨까요. 군자를 군주의 명을 받은 자, 즉 전문 관료라고 한다면, '관료는 그릇이 아니다'는 말로 해석될 것이고, 이를 확대하면 '관료는 군주가 제멋대로 쓰는 도구가 아니다'라고 해석할 수 있습니다. 다시 말해, 군자는 왕과 제후 등의 귀족이나 일반 평민 어느 편에도 치우치지

않는 중도를 지키며 천명을 따르는 존재라고 해석할 수 있습니다. 앞서 우리는 춘추전국시대에 사|士|라는 계층이 출현하게 된 배경을 살펴봤습니다. 그리고 공자의 집단이 철저하게 사|士| 집단이라고 했습니다. 사|士|는 제3계급입니다. 귀족도 평민도 아닙니다. 따라서 공자의 사상은 제3계급의 사상일 수밖에 없습니다. 사|士|가 비록 군주를 돕는 일을 맡고는 있지만 군주만의 도구가 아니라는 뜻이 담겨 있습니다. 그에게는 천명을 받들어 군주와 백성을 보필할 의무가 있습니다. 지금은 철저하게 보수적이라고 비난의 화살을 받고 있는 유가가 당시에는 떠오르는 신진 계층의 이해를 대변한 진보적 집단이었음을 알 수 있습니다. 그들이 바라보는 이상적인 선비|士|의 유형, 그것이 바로 군자|君子|입니다.

여기까지 해서 《논어》 강독을 마칩니다. 무언가 아쉽습니다. 허전한 것은 직접 원전을 통해 보충하는 것이 좋겠습니다. 《논어》는 읽는 사람에 따라, 읽는 시기에 따라 늘 다른 모습으로 다가옵니다. 이 글을 읽는 여러분들도 저처럼 직접 《논어》 강독을 해보는 것이 어떨까요.

논어가 남긴 말말

앞에서 《사기》를 고사성어의 보고라고 했습니다. 그에 비하면 《논어》는 고사성어의 밭입니다. 쓰여 있는 것이 모두 고사성어입니다. 그중에서 일상적으로 널리 쓰이는 몇 개만 골라봤습니다.

일이관지 |一以貫之|

일관|一貫|이라는 말은 일이관지에서 나왔습니다. 〈이인4-15〉에 보면 공자와 증자의 대화가 나옵니다.

공자가 "삼아, 나의 도는 하나로 모든 것을 꿰뚫고 있다"라고 말하자, 증자가 "그렇습니다"라고 대답을 합니다. 둘 사이의 대화가 끝나고 공자가 밖으로 나가자 문인들이 모여서 그게 무슨 말이냐고 묻습니다. 그랬더니 증자는 "선생님의 도는 충|忠|과 서|恕|일 뿐입니다"라고 했다고 전해집니다. 삼은 증자의 이름입니다.

여기서 충과 서에 대한 개념은 따로 다루지 않습니다. 학자에 따라 해석이 분분하기 때문입니다. 또한 증삼은 실제로는 공자보다 46세나 연하였는데, 자|子|를 붙여 증자라고 불리는 것을 보면, 아주 후대에 증삼의 제자들에 의해 《논어》에 삽입된 구절로 의심되는 부분입니다.

일이관지는 여기 말고도 〈위령공15-2〉에 또 나옵니다. 후대의 학자들이 밝힌 바에 따르면, 실제 순서는 〈위령공15-2〉가 먼저고, 증자와 관련된 위의 이야기는 후대에 의해 가필|加筆|되었을 것으로 추측합니다.

〈위령공5-12〉를 보면 일이관지의 뜻이 더욱 분명해집니다.

공자가 "사야, 너는 내가 많이 배워서 그것을 다 깨달아 아는 사람이라고 생각하느냐?" 그랬더니 자공이, "그렇습니다. 그렇지 않나요?"라고 되묻습니다. 이에 공자는 "그렇지 않다. 나는 하나의 이치로써 모든 것을 꿰뚫었을 뿐이다"라고 대답하는 장면입니다. 사는 자공의 이름입니다.

깨달음을 위해 엄청난 양의 지식이 필요한 것은 아닙니다. 사물 간의 관계를 깨우치고 나면, 그 하나의 깨우침으로 인해 사물 간의 모든 관계를 알 수 있습니다.

일관이라는 말은 여기에서 비롯되었지만, 실제 생활에서는 하나의 방법이나 태도를 지키는 것을 의미합니다.

비슷한 뜻으로 초지일관|初志一貫|, 시종일관|始終一貫|, 초지불변|初志不變| 등이 있습니다.

목탁 |木鐸|

목탁이라고 하면 불교에서 나온 용어로 생각하기 쉽습니다. 그러나 불교가 전래되기 오래 전부터 목탁|木鐸|이라는 말은 쓰이고 있었습니다. 이때의 목탁은 주로 '알림' 의 목적으로 사용되었습니다. 지금처럼 인터넷이 발달되어 있지 않아 무언가를 공지할 때 목탁을 사용했던 것입니다.

예를 들어, 고대에는 달력이 귀하여 백성들이 절기에 맞춰 농사를 짓기가 쉽지 않았습니다. 그래서 백성들에게 절기를 알리는 관리가 따로 있었는데, 매년 봄이 오면 커다란 방울을 치면서 동네를 돌아다녔습니다. 이는 '봄이 왔으니 이제 씨를 뿌리시오' 라는 뜻이었습니다. 이 방울을 목탁이라고 불렀는데, 탁|鐸|자가 방울을 뜻합니다. 군대에서는 명령을 하달할 때 목탁을 사용했습니다.

그러던 것이 불교가 전래되고 사람들이 절기에 익숙해지면서부터 사찰에서만 쓰이게 된 것입니다. 사찰에서도 처음에는 식사 시간이나 염불 시간을 알리는 용도로 썼습니다. 지금처럼 염불을 외며 계속해서 두드려댄 것이 아닙니다.

이렇듯 과거의 목탁은 어떤 사실을 널리 알리기 위한 용도로 사용되었습니다. 여기서 뜻이 확대되어 백성들을 교화하고 바른 길로 인도하는 사람을 목탁이라고 칭하게 되었습니다.

공자가 주유천하를 할 때 한번은 위나라 국경을 지나고 있었습니다. 이때 국경을 지키던 관원이 다가와서 공자를 뵙기를 청합니다. 그는 공자와 몇 마디 대화를 나누고서 이렇게 말합니다. "그대들은 어찌하여 선생께서 지위를 잃으시고 유랑하는 것을 걱정하는가? 천하에 도가 없어진 지 오래되었다. 하늘은 장차 선생님을 목탁으로 삼으실 것이다."

노나라에서 벼슬을 버리고 온 나라를 떠돌아야 하는 막막한 심정에 있던 제자들에게 국경수비를 맡은 관원이 이렇게 훈계조의 격려를 합니다. 제자들은 속으로 뜨끔했겠지만 다시 힘을 얻어 천하를 주유할 수 있었겠지요. 《논어》 〈팔일3-24〉에 나오는 이야기입니다.

절차탁마 |切磋琢磨|

〈학이1-15〉에 이런 이야기가 나옵니다.

자공이 공자에게 "가난해도 사특하지 않고, 부유해도 교만하지 않으면 어떻습니까?"라고 묻자, 공자가 "괜찮기는 하지만, 가난하면서도 즐길 줄 알고 부유하면서 예를 좋아하는 것만 못하다"라고 대답합니다. 다시 자공이 《시경》에 '자르는 듯 다듬는 듯하며, 쪼는 듯 가는 듯하도다'라고 한 말이 바로 이런 뜻이 아니겠습니까?"라고 아는 체를 합니다. 공자가 기특한 듯이, "자공과 함께 비로소 시를 논할 수 있구나. 지난 것을 알려주니 앞으로 다가올 일을 아는구나"라고 했답니다.

여기서 '자르는 듯 다듬는 듯 |如切如磋|', '쪼는 듯 가는 듯 |如琢如磨|'이라는 말로부터 절차탁마|切磋琢磨|라는 말이 생겼습니다. 학문이나 덕행을 배우고 닦는다는 뜻으로 쓰입니다.

과유불급 |過猶不及|

〈선진11-15〉에 나오는 이야기입니다.

자공이 공자에게 자장과 자하를 비교하여 묻습니다. "자하와 자장 중에 누가 더 현명합니까?" "자장은 지나치고 자하는 미치지 못한다"라고 공자가 대답하니, 다시 자공이 "그렇다면 자장이 낫다는 말씀인가요?"라고 묻습니다. 공자가 말합니다. "지나침은 미치지 못함과 같으니라."

여기서 지나침은 미치지 못함과 같다는 표현이 바로 과유불급|過猶不及|입니다. 자공은 자장과 자하에 비하면 한참 선배입니다. 그래서 엇비슷한 실력을 갖춘 듯한 후배 두 사람 중 누가 더 뛰어나냐고 공자에게 물었던 것입니다. 공자는 어리석은 질문인 줄 알면서도, 차분하게 설명해줍니다. 얘는 너무 과해서 탈이고, 쟤는 너무 모자라다. 그랬더니 자공은 그래도 과한 게 낫지 않냐고 되묻고, 공자는 과한 거나 모자란 거나 그게 그거라고 대답한 것입니다.

단사표음 |簞食瓢飮|

〈옹야6-9〉에 공자가 이렇게 말하는 장면이 나옵니다.

"어질구나, 회|回|야. 다른 사람들은 도시락의 밥을 먹고 표주박의 물을 마시고 누추한 곳에 사는 괴로움을 견디지 못하는데, 회는 그 즐거움을 고치지 아니하니 어질구나, 회야!"

회|回|는 안회|顏回|를 가리킵니다. 공자가 정말 아끼고 아꼈던 제자입니다. 나이는 공자보다 서른 살이나 적었지만, 그 사람 됨됨이가 공자의 마음에 쏙 들었던 모양입니다. 훗날 공자보다 먼저 죽는데, 공자는 외아들이 죽었을 때보다 더 슬피 울며 통곡했습니다.

일단사일표음|一簞食一瓢飮|이라는 이 문장에서 단사표음|簞食瓢飮|이라는 말이 생겨났습니다. 단|簞|은 대나무로 만든 광주리입니다. 사|食|는 먹을 '식' 으로 읽

지 않고 밥 '사'로 읽습니다. 대나무 광주리에 밥을 담와 왔으니 그냥 도시락이라고 번역했습니다. 표|瓢|는 표주박입니다. 한마디로 먹고 거처하는 곳이 남들에 비해 매우 곤궁한, 가난한 생활을 일컫는 말입니다.

사는 게 너무 곤궁했던지 안회는 공자보다 일찍 죽습니다. 당시 평균 연령을 보자면 그리 일찍 죽은 것은 아닙니다. 공자가 워낙 장수한 탓도 있고, 너무나도 애지중지하던 제자였기에 그렇게 받아들였을 것입니다.

같은 말로 단표누항|簞瓢陋巷|이라는 말이 있습니다. 원문에 일단사일표음재루항|一簞食一瓢飮在陋巷|이라고 되어 있는데, 도시락 밥을 먹고 표주박 물을 마시며 누추한 곳에 머무른다는 뜻입니다. 여기서 네 글자를 딴 것입니다.

후생가외 |後生可畏|

후생|後生|을 두려워할 만하다는 뜻입니다. 후생은 뒤에 태어난 사람이니 후배라고 해석하면 자연스러울 것 같습니다. 〈자한9-22〉에서 공자가 이런 말을 합니다.

"뒤에 태어난 사람을 두려워할 만하다. 그들이 지금의 우리만 못하다는 것을 어찌 알겠는가? 그러나 나이 40~50이 되어도 이름이 세상에 알려지지 않으면 두려워할 바가 못 된다."

요즘 세상에 특히 어울리는 말 같습니다. 직장에서 선배들은 너무나도 빠르게 따라오는 후배들에게 일찌감치 자리를 내어줍니다. 그리고 그 후배는 또 다른 후배에게 자리를 내어주겠죠. 공자가 후생가외라고 했을 때는 이런 살벌한 현실을 말한 것은 아닐 것입니다. 후생|後生|을 안회|顏回|라고 보는 설도 있습니다. 안회와 같이 젊은 제자들이 학문을 닦아 정진하는 모습을 보니 그들이 우리를 능가할 것 같다는 말로도 볼 수 있습니다. 더욱 더 정진하라는 뜻이겠지요.

경원 |敬遠|

〈옹야6-20〉에 이런 장면이 실려 있습니다.

공자의 제자 중에 나이가 매우 어린 번지|樊遲|가 공자에게 묻습니다. "지|知|가 무엇입니까?" 그러자 공자가 "백성들이 의|義|에 힘쓰게 하고, 귀신을 공경하되 멀리한다면, 이것을 지|知|라고 할 수 있다"고 말합니다.

할 도리를 다하면서 혼령이나 귀신을 공경하되 그것에 얽매이지는 말라는 뜻 같습니다. 우리가 잘못 알고 있는 것 중 하나가 공자가 조상을 지극정성으로 떠받들어 숨 막힐 듯한 예의만을 강조했다는 것입니다. 그러나 이 문장을 자세히 보면, 귀신을 공경하되 멀리하라고 하고 있습니다. 공경하는데 왜 멀리하라고 했을까요?

〈팔일〉편에는 제사 이야기가 많이 나오는데, 〈팔일3-12〉에는 이런 말이 있습니다. "(공자는) 조상에게 제사를 지낼 때는 조상이 바로 그 자리에 계신 듯이 하였으며, 신에게 제사를 지낼 때는 신이 바로 그 자리에 계신 듯이 했다."

근대 중국의 위대한 사상가이자 문학가였던 루쉰|魯迅|은 이 말을 통해 공자가 실제로는 귀신의 존재를 믿지 않았다고 해석합니다. 귀신이 있다고 믿지는 않았지만, 귀신이 있다고 믿는 당시 사회적 분위기를 무시한 채 무조건 자신의 생각에 따르도록 강요하지 않은 태도를 높게 평가한 해석입니다.

경원|敬遠|이라는 말은, 한자 뜻풀이 그대로 존경하되 멀리한다는 뜻입니다. 그러나 요즘에는 존경의 의미는 사라지고 '꺼리어 피한다'는 뜻으로 많이 사용됩니다. 즉 겉으로 존중하는 체하면서 실제로는 꺼린다는 뜻으로 사용되고 있습니다.

《논어》 입문을 위한 추천 도서

　　《강의》, 신영복, 돌베개, 2004

　　《여기, 공자가 간다》, 진형종, 갑인공방, 2005

원문에 가깝게 더 읽어보시려면

　　《도올논어1, 2, 3》, 김용옥, 통나무, 2001

　　《논어강설》, 이기동 역해, 성균관대출판부, 2003

[가 로 열 쇠]

1. 《논어》의 첫 장 첫째 줄. '자왈 ○○○○○ 불역열호. 배우고 때때로 그것을 익히면 기쁘지 아니한가?' 첫 두 글자를 따서 이 장의 제목을 〈학이〉편이라고 한다.

3. 맛있는 음식만 가려 먹는 취미를 가진 사람. 《논어》에 나타난 공자의 식성은 매우 까다로와서 생선이라 해도 철 지난 것, 간이 알맞지 않은 것은 먹지 않았다. 대단한 ○○○로 볼 수도 있고, 여러 해 떠돌이 생활을 하면서 터득한 위생에 관한 지혜로 볼 수도 있다.

6. 음식을 먹을 때 귀신에게 먼저 바친다고 하여 음식을 조금 떼어 던지는 행위. 〈향당〉편을 보면, '주군과 같이 식사를 할 때에 주군이 ○○○를 하면 선생님은 독을 가리기 위해 임금보다 먼

저 먹었다'고 적고 있다.

7. 신랑이 될 사람이나, 신랑이 될 만한 사람. 공자는 딸의 ○○○으로 능력의 출중함보다는 성실성과 인간성을 높게 여겨, 사윗감으로 당시 더 뛰어난 인물이 있었음에도 공야장이라는 인물을 선택했다.

9. 정통 학파나 종파에 벗어나는 설이나 파벌을 주장하는 일. 원래 의미는 직물의 양쪽 끝을 뜻함.

10. 연극·무용·방송 따위에서 공개하기 전의 예비 연습. 시연. 공자는 제자들을 가르친 후 일정한 날짜를 정해 모두 모여 배운 것을 총정리하는 일종의 ○○○을 실시했다. 이를 '습'이라 하는데, 배울 '학'자와 어우러진 '학습'이라는 말은 여기서 유래했다.

11. 짚으로 엮어서 자리처럼 만든 물건. 〈자한〉편에 공자가 "설마하니 내가 길바닥에서 ○○을 깔고 죽기야 하겠는가"라고 말한다. 공자를 돌보아줄 제자가 많다는 뜻으로 볼 수도 있다.

13. 한탄하여 한숨을 쉼. 공자가 자로를 시켜 어떤 노인에게 나루터의 위치를 묻는데 노인은 "공자를 좇아 천하의 흐름을 바꾸려 하지 말고 세상을 버린 채 살아가는 우리를 따르는게 어떻겠냐"라고 한다. 공자는 ○○하며 말한다. "아무리 사람이 싫다 해도 새나 짐승과 같이 살 수는 없다."

14. 눈이 보이지 않는 장애를 가진 사람. 맹인. 공자는 음악을 연주하는 악사를 매우 깍듯이 대우했는데, 이 시대의 악사들이 모두 ○○○○○이라 측은한 마음이 깊어셨을 것이다.

17. 걸을 때 도움을 얻기 위해 짚는 막대기. 경공이 "요새 값이 오르고 있는 물건이 무엇인가"라고 묻자, 안영은 "○○○입니다"라고 대답했다. 가혹한 형벌로 발목이 잘린 사람들이 많아 ○○○ 수요가 많아졌다는 뜻이다. 경공은 그 후로 형벌을 줄였다.

19. 부부가 서로 부부관계를 끊는 일. 이유는 불분명하지만 공자도 ○○했다.

21. 장례를 치르는 집. 공자와 그의 제자들이 여러 번 봉변을 당했는데, 한번은 난을 피해 정나라까지 도망을 갔다. 뒤따르던 자공이 공자의 행방을 묻자 어떤 사람이 공자의 행색을 표현하기를 '○○의 개'와 같다고 하였다.

22. 중국 주나라의 전설적인 성인 형제. 양명학을 일으킨 왕양명은 공자의 인간성을 평가한 글에서, 성현을 만 점으로 친다면 공자는 9천 점, 고사리만 먹다 굶어 죽은 ○○○○는 5천 점으로 평가했다.

[세 로 열 쇠]

2. 학식이 넓고 많음. 〈옹야〉편에 '폭넓게 지식을 습득하되, 예의 이념으로 체계화하고 통일시켜라'라는 말이 있다. 이는 잡동사니 지식만 배운 사람은 ○○○○할 수는 있어도 참다운 학자가 되지는 못한다는 뜻이다.

3. 얼굴이 예쁜 여성을 이용하여 남을 꾀는 계략. 공자가 있는 노나라의 국력이 나날이 강대해지

자 제나라는 노나라 권력층의 마음을 교란시키기 위해 ○○○를 펼친다. 80명의 가무단을 노나라로 보내 연일 가무회를 열게 하여 권력자들의 혼을 빼놓는데, 이에 실망한 공자는 노나라를 떠난다.

4. 중세에 프랑스를 중심으로 유럽 각지에서 봉건 제후의 궁정을 찾아다니면서 스스로 지은 시를 낭송하던 시인. 공자 시대에 시는 모두 음악의 반주에 맞추어 읊었다. 당시 악사는 중세 유럽의 ○○○○처럼 시의 전수자이기도 했다.

5. 옛것을 연구하여 거기서 새로운 지식이나 도리를 찾아내는 일. 〈위정〉편에 나오는 말.

8. 남의 비위를 맞추는 달콤한 말과 이로운 조건만 들어 그럴듯하게 꾸미는 말. 공자가 친구로부터 도둑인 동생을 깨우쳐달라는 부탁을 받고 도둑을 찾아가 설득을 하는데, 도둑이 오히려 "○○○○로 나를 유혹하지 말고 당장 꺼지라"는 말로 위협하자 허둥지둥 도망쳐온 일이 있다.

12. 자기 행위의 목적에 대한 뚜렷한 자각. 〈자장〉편에서 자하는 "폭넓게 배우지만 지식이 산만해지지 않도록 ○○○○을 분명히 하라"고 말했다.

14. 중국에서 가장 오래된 시집. 공자가 경이라는 악기를 켜고 있는데 그 앞을 지나가던 사람이 그 소리를 듣고 "자기를 알아주는 사람이 없으면 없는 대로 살라. '물이 깊으면 옷을 입은 채로 물에 들어가고 얕으면 바지를 걷어올린다'는 노래도 있지 않은가"라고 했다. 원래 이 말은 《○○》에 나오는 구절이다.

15. 전쟁이나 전투를 위한 장비를 갖춤. 공자는 14년에 걸쳐 망명 여행을 하면서 많은 어려움을 겪었는데, 진나라에서 채나라로 가던 중 ○○ 집단의 습격을 받았을 때가 가장 위험했다.

16. 애티가 있어 어려 보이는 사람 또는 생물. 공자는 17세 때 한 노나라 실권자가 인재를 등용하기 위해 마련한 큰 잔치에 참석했는데, "이 자리는 선비들만 초대되는 자리이지 너 같은 미천한 ○○○가 낄 데가 아니다"라며 면박을 받기도 했다.

18. 도량이 좁고 간사한 사람. 《논어》에서는 군자와 대비되는 개념으로 사용된다.

20. 관례, 혼례, 상례, 제례를 통틀어 이르는 말. 유교 또는 유학의 '유'자는 《논어》의 〈옹야〉편에 딱 한 번 나온다. 당시에는 예를 배우고 ○○○○○의 실무를 맡은 사람을 유자라고 불렀다.

23. 나이 60을 이르는 말. 귀로 듣는 어떤 말에도 흔들리지 않음을 뜻한다. 15세를 '지학', 30세를 '이립', 40세를 '불혹', 50세를 '지천명', 60세를 '○○', 70세를 '종심'이라 일컫는 것은 《논어》에서 유래했다.

전쟁터에서 인의를 역설한 유가

맹자

측은한 마음이 없으면 사람이 아니며, 부끄러워하고 미워하는 마음이 없으면 사람이 아니며, 사양하는 마음이 없으면 사람이 아니며, 옳고 그름을 가리는 마음이 없으면 사람이 아니다. – 맹자

학교 교육의 덕택으로 '맹자|孟子|' 하면 몇 개의 단어가 저절로 떠오릅니다. '왕도정치', '성선설', '호연지기', 조금 더 나아간다면 '맹모삼천지교'까지. 이런 까닭에 맹자는 공자와 더불어 우리에게 매우 익숙합니다. 또한 익숙하지만 고리삭고 따분하기는 공자와 매한가지입니다. 그러나 앞에서 공자에 대한 고리탑탑한 편견을 깼다면 이번 시간은 맹자 차례입니다.

춘추전국시대는 역동의 시대였습니다. 무수한 사상가들이 들고나던 때입니다. 춘추시대에 공자가 독보적이었던 반면 전국시대는 그야말로 별들의 전쟁이었습니다. 수많은 사상가들이 들고났습니다. 중원의 패권과 영역 다툼만큼이나 사상의 투쟁도 격렬했습니다. 오늘날 '고전'이라 불리는 것들이 당시에는 치열한 현실 정치 이론이자 현대 사상이었습니다. '고전'이라는 말 속에 풍기는 적막함 따위는 처음부터 없었습니다.

시대를 풍미했던 수많은 사상가들, 맹자도 처음에는 그 많은 무리 중 한 사람에 불과했습니다. 죽을 때까지 제대로 된 관직 한번 못 얻어본 마이너리티에 불과했습니다. 그런 그가 어떻게 성인에 버금가는 아성|亞聖|의 경지에 오르게 됐는지, 그가 남긴 《맹자》라는 저서가 어찌하여 오늘에 이르기까지 생명력을 발휘하는지 궁금증을 하나씩 풀어보는 시간입니다.

전국시대, 퇴색한 유가

공자는 춘추시대, 맹자는 전국시대의 사람입니다. 춘추시대가 사상의 동면기였다면 전국시대는 사상의 전쟁터, 마치 정글과도 같았습니다. 춘추시대에도 여러 학파가 있었지만 오직 공자의 유가만이 꽃을 피웠습니다. 다른 학파들은 겨울눈|冬芽|처럼 아직 그 모습을 드러내지 못했습니다. 그러던

것이 전국시대가 도래하자 하룻밤 사이에 춘풍이 불어와 도처에 녹음이 우거지고 백화가 꽃을 피우듯 사상의 전성기를 맞이하게 됩니다.

춘추시대와 전국시대를 나누는 기준은 진|晉|나라의 한씨, 조씨, 위씨 가문이 각각 독립하여 한, 위, 조나라를 세운 시기입니다. 그런데 뭔가 이상합니다. 진나라가 세 개의 나라로 쪼개지는데 왜 갑자기 잠자던 사상들이 만개했을까요? 전국시대의 가장 큰 특징은 서주 시대의 종법제도에 의한 봉건제가 무너졌다는 데서 찾을 수 있습니다. 혈연에 의한 땅 나눠먹기 시대가 가고, 힘에 따라 뺏고 빼앗기는 완전한 약육강식의 시대가 바로 전국시대입니다. 서주 초기에 70여 개에 달하던 제후국들은 결국 7개의 강력한 나라와 몇몇 군소 제후국들로 압축이 됩니다. 이 중 강대한 7개의 나라를 전국칠웅|戰國七雄|*이라고 합니다. 훗날 칠웅 중의 하나였던 진|秦|나라가 천하를 통일하기까지, 그야말로 하극상과 음모, 배신과 야합, 합종연횡이 판치는 난세 중의 난세였습니다. 주인 없는 땅에 수많은 잡초가 자유롭게 자라듯 난세를 맞이하여 사상은 오히려 자유의 절정을 맞게 되었습니다.

군주는 최후의 승자가 되기 위해 수단과 방법을 가리지 않고 국력을 키우는 데 집중합니다. 춘추시대부터 부각되기 시작한 사|士| 집단이 전국시대에 와서는 세력이 더욱 커져 권력을 형성합니다. 군주는 이러한 사|士| 출신의 학자들을 대거 초빙하여 국가 경영을 위한 고견을 들었습니다. 학자들은

전 국 칠 웅

전국시대 가장 강력한 7개의 나라를 가리키는 말입니다. 동방의 제|齊|, 남방의 초|楚|, 서방의 진|秦|, 북방의 연|燕|, 그리고 중앙의 위|魏|·한|韓|·조|趙|나라가 해당됩니다. 춘추시대에는 독립된 소도시 국가가 100여 개나 산재하고 있었으나 중기 이후로 농업생산력이 향상되고 상업 경제가 발달하면서 몇몇 강대한 국가가 만들어졌습니다. 이 중 전국시대를 통틀어 가장 강대했던 7개의 나라를 전국칠웅이라 했고, 7개의 나라 중에서도 진나라는 철저한 법가사상을 가지고 있던 상앙|商鞅|의 활약으로 국력이 크게 높아져 기원전 221년에 드디어 천하를 통일하게 됩니다. 이때의 왕이 진 시황입니다.

나라를 돌아다니며 유세하고, 군주의 눈에 들면 대부의 자리를 얻어 정치에 직접 참여하기도 했습니다. 이것이 모든 나라에서 불문율처럼 상례화되었습니다. 이처럼 군주가 학자를 초빙하여 고견을 듣는 것은, 그들이 학문에 매우 뜻이 있어서라기보다는 하룻밤에 나라를 잃을 수도 있는 절박한 상황에서 살아남기 위한 몸부림으로 봐야 할 것 같습니다. 세상의 변화를 내다보는 지혜가 절실했을 테니까요.

맹자도 여러 나라를 떠돌던 수많은 학자 중 하나였습니다. 《맹자》를 보면 여러 왕들을 만나 이야기하는 장면이 나옵니다. 그가 유명해서라고 볼 수도 있겠지만, 당시의 상황으로 유추해보건대 왕이 관례적으로 몇 번 만났던 것 같습니다. 조금이라도 이름이 난 사람이라면 누구든 만나주던 때였으니까요. 맹자 생존 당시 민간에는 오히려 양주학파와 묵가의 사상이 유행했습니다. 군주들은 군주 중심의 강력한 법치를 외치는 상앙과 같은 이의 법가 사상에 매료되었습니다. 사방이 전쟁인 난리통에 임금이 어질면 나라가 저절로 부강해진다는 유가의 주장은 먹힐 리가 없었습니다. 유가는 겨우 명맥만 유지할 뿐이었습니다.

군주가 보기에 유가의 대답은 늘 뻔한 것이었습니다. 어떻게 하면 당장 나라의 힘을 키울 수 있을지를 물으면, 왕이 먼저 어진 마음씨를 가지고 백성을 잘 보살펴야 한다는 말만 돌아왔습니다. 그러니 어떤 왕이 좋아하겠습니까? 집에 가는 길에 불량배에게 흠씬 맞아 무섭기도 하고 복수하고 싶은 마음이 활활 타올라 격투기 도장을 찾아온 자에게 원하는 싸움 기술은 안 가르쳐주고, 마음을 수양해서 동네 불량배들을 감화시키라는 말만 하는 것과 무엇이 다르겠습니까?

맹자가 살던 당시 공자의 명성은 퇴색하고 유가는 비주류 군소정당으로 머물러 있었습니다.

비록 남들이 무시하는 비주류 학파의 사상가였지만, 맹자의 위세는 대단했습니다. 《맹자》를 펼치자마자 처음 나오는 것이 바로 양 혜왕*과 만나 대화하는 장면입니다. 양|梁|은 위나라의 다른 이름입니다. 수도가 대량|大梁|에 있었기 때문에 양나라라고도 했습니다. 전국칠웅 중의 하나인 큰 나라였습니다. 그런 나라의 왕이 맹자에게 묻습니다.

"선생께서 천리길을 멀다 않고 찾아주셨으니 장차 이 나라를 이롭게 할 방도를 가져오셨겠지요?"

그런데 맹자의 대답은 뜻밖입니다. 대뜸 왕을 나무라고 꾸짖습니다.

"왕은 하필이면 처음부터 이익을 말하십니까? 다만 인의|仁義|가 있을 뿐입니다."

그리고는 왜 왕은 이익을 생각해서는 안 되고 오직 인과 의를 생각해야 하는지 장광설을 늘어놓습니다. 위에서 말한, 불량배를 만나 정신이 쏙 빠지도록 두들겨 맞은 사람에게 오직 마음을 어질게 하라고 훈계하는 것과 같습니다. 당시 위나라는 상황이 그리 좋지 않았습니다. 제나라와 싸워 태자가 죽고, 진나라에는 땅을 바치고, 초나라와의 싸움에서도 7개의 성을 잃는 등 기세가 한풀 꺾인 상황이었습니다. 이러다가는 나라가 없어질 판에 어떻게

양 혜 왕

양 혜왕은 양나라 혜왕이라는 뜻입니다. 그러나 양나라가 원래 주나라의 제후국이기 때문에 왕이라는 호칭을 쓰면 안 됩니다. 양 혜공|公| 정도가 적당할 것입니다. 왕은 오직 주나라 왕만이 쓸 수 있었던 칭호인데, 종법질서가 완전히 무너진 전국시대에는 너나 할 것 없이 스스로 왕이라고 칭했습니다. 훗날 전국시대에 마침표를 찍고 중원을 통일한 진나라 왕은 왕의 호칭이 싫었습니다. 그래서 그보다 훨씬 급이 높은 호칭을 찾았는데 그것이 바로 황제였습니다. 그는 스스로를 황제라 칭하였고, 역사상 그가 최초의 황제였다 하여 진 시황이라 부릅니다.

든 나라의 힘을 키우고 싶은데, 그런 왕 앞에서 딴 소리를 합니다. 왕의 질문 자체를 거부한 것이나 마찬가지입니다. 왕의 질문 의도와는 상관없이 평소의 소신대로 인의|仁義|의 중요성을 피력합니다. 이런 맹자의 소신이 양 혜왕에게는 동문서답처럼 느껴졌을 것입니다.

자세한 이야기는 뒤에서 왕도정치를 논할 때 또 하기로 하죠. 지금 말씀드리고 싶은 것은 맹자의 위풍당당한 태도입니다. 아무리 왕의 면전이라 해도 할 말은 다하고 맙니다. 말에 거침이 없습니다. 게다가 가는 곳마다 제자들을 줄줄이 달고 다녔습니다. 제후들은 맹자와 그의 무리들에게 엄청난 식사 대접을 해야 했습니다. 그들이 머무는 동안 숙식비를 제공하고 떠날 때는 노잣돈까지 쥐여줘야 했습니다. 그런 접대를 받고도 맹자는 오히려 떳떳했습니다.

한번은, 이런 모습을 계속 봐왔던 팽경이라는 사람이 이렇게 물은 적이 있습니다.

"뒤를 따르는 수십 대의 수레와 수백 명의 종자를 거느리고 제후들에게 밥을 얻어먹는 것이 너무 지나친 것 같습니다."

맹자의 대답이 걸작입니다.

"정도|正道|가 아니라면 한 그릇의 밥이라도 받아서는 안 되겠지. 그러나 정도라면 순임금이 요임금에게 천하를 넘겨받았어도 지나치다고 생각하지 않는데 어찌 이 정도를 가지고 지나치다고 생각하는가?"

왕 앞에서도 위풍당당했던 맹자

맹자는 은근슬쩍 자신을 요순|堯舜|과 동격으로 놓고 이야기합니다. 순임금이 정도를 걸었듯이 나도 지금 정도를 걷고 있다, 순임금이 요임금에게서 천하를 얻은 것을 지나치다고 생각하지 않으면서, 내가 밥 몇 그릇 얻어먹는 것이 무어 그리 대수냐, 마치 이런 투입니다. 어지간한 자신감이 아니고서는 하기 힘든 말입니다.

이런 까닭에 《맹자》는 참 재미있습니다. 《논어》가 정적이라면 《맹자》는 매우 역동적입니다. 해석이 분분한 《논어》와는 달리 《맹자》는 논리정연하며 명쾌합니다. 문구의 생략과 중복이 절묘하고, 흐름이 경쾌하고 민첩하며 비유가 풍부합니다. 그래서 지금도 한문을 공부하는 사람들에게 《맹자》는 건너뛸 수 없는 필수 과목입니다.

전쟁터에서 인의를 역설하다

맹자의 삶에 대해 간략하게만 짚고 넘어가겠습니다.

맹자의 이름은 가|軻|입니다. 그의 생몰 연대는 정확하지 않습니다. 대략 기원전 4세기 중반에 활동했던 인물로만 알려져 있습니다. 추나라에서 태어났는데, 그의 선조는 노나라의 귀족이었습니다. 혹시 기억하시나요? 공자 이야기를 할 때 노나라에 삼환|三桓|이라는 세 귀족이 있다고 했지요. 계손씨, 맹손씨, 숙손씨가 바로 그들인데, 그중 맹손씨가 바로 맹자의 선조입니다. 공자는 노나라에서 사구라는 벼슬에 있으면서 왕권을 강화하기 위해 삼환의 세력을 제거하려고 하다가 결국은 그들에게 밀려 노나라를 떠나게 됩니다. 그래서 14년간의 망명 생활이 시작된 것입니다. 아이러니하게도 맹자의 우상 공자를 맹자의 선조가 그리 핍박한 것입니다.

여하튼 맹자는, 지금은 가세가 몰락했지만 한때는 노나라 최고의 가문이었다는 사실을 가슴 깊이 간직하고 있었을 것입니다. 아마 이런 생각이 왕들 앞에서도 전혀 굴하지 않는 위풍당당한 태도에 한몫을 한 것 같습니다. 물론 유가의 가르침에 대한 확신이 보다 근본적인 이유겠지만요.

맹자는 몰락한 가문에서 태어나 공자와 마찬가지로 일찍 아버지를 여의고 홀어머니 밑에서 자랐습니다. 어렸을 때는 별로 똑똑하지 않았던 것 같습니다. 오히려 말썽꾸러기였다고 합니다. 믿거나 말거나 할 이야기이지만 맹모삼천지교|孟母三遷之敎|라는 고사를 보면, 남을 흉내내기를 무척 좋아했나 봅니다. 공동묘지 근처에 살 때는 죽은 사람 장사지내는 놀이를 하여 어머니 속을 썩이더니, 시장 근처로 이사 가서는 장사꾼 흉내만 내서 어머니 마음을 아프게 합니다. 당시 장사꾼은 매우 천한 직업이었던 모양입니다. 마침내 글방 근처로 옮기고 나니 열심히 공부하게 됐다는 이야기입니다. 유향의 《열녀전》에 나오는 고사인데 진실성이 좀 의심됩니다.

같은 책에 맹모단기지계|孟母斷機之戒|라는 고사도 함께 있습니다. 맹자가 좀 커서 공부를 하러 집을 떠났다가 이유도 없이 돌아왔던 적이 있습니다. 조선시대 한석봉 이야기와 비슷합니다. 맹자의 어머니는 베틀에서 베를 짜고 있었다고 합니다. 그러나 한석봉의 어머니처럼 아들과 내기 따위는 하지 않습니다. 과격하게도, 짜고 있던 베틀의 날실을 그냥 끊어버립니다. 그리고는 "네가 공부를 중도에 그만두고 돌아온 것은 지금 내가 짜고 있던 베의 날실을 끊어버린 것과 같은 것이다. 무엇을 이룰 수 있겠느냐?" 하고 꾸짖습니다. 맹자는 어머니의 이 말에 크게 깨달은 바가 있어 다시 스승에게로 돌아가 더욱 열심히 공부했다고 전해집니다.

그런데 그의 스승이 누구인지는 정확하게 밝혀진 것이 없습니다. 아마 《중용》을 지은 자사|子思| 계열의 학파에서 배운 것 같습니다. 자사는 공자

의 손자인데, 그에게 직접 배운 것 같지는 않습니다. 자사의 문하생에게서 공자가 편찬했다는 육경—시, 서, 역, 예, 악, 춘추—을 배웠을 것입니다. 그런 후에 유가에 대한 확고한 신념을 갖게 되었던 것 같습니다.

맹자는 어느 정도 학문적 성과를 거두자 유가의 관례대로 제자를 가르쳤습니다. 공자처럼 각국을 주유하며 군주를 만나 정치 컨설팅을 하면서 유가의 이상을 실현하고자 했습니다. 그런데 시대를 아는지 모르는지, 너나 할 것 없이 부국강병이 절체절명의 목표였을 때 오히려 전쟁을 하지 말라고 이야기합니다. 남들이 다 힘에 의한 패권정치를 이야기할 때 그는 임금의 덕에 의한 왕도정치를 이야기합니다. 하늘을 뚫을 듯한 그의 위풍당당함에도 불구하고 전쟁터에서 인의[仁義]를 유세하던 맹자의 주장은 어느 군주에게도 채택되지 않았습니다. 제나라에서 잠깐의 벼슬을 한 것 외에는 자신의 정치적 이상을 실현할 기회는 영영 오지 않았습니다.

그렇게 무려 30여 년을 주유하다가 고향인 추나라로 돌아왔습니다. 그러나 공자가 천하를 주유하면서 겪었던 고달픔과 시련 따위는 없었습니다. 몇 번의 죽을 고비를 넘기며 상갓집의 개와 같다는 소리까지 들으면서 떠돌이 생활을 하다가 제자의 도움으로 겨우 고향으로 돌아올 수 있었던 공자와는 달리 맹자는 늘 수많은 제자들을 데리고 융숭한 대접을 받았습니다. 그렇게 대접을 받으면서도 매우 당연한 예우이며 대가라고 생각했습니다. 그런 당당하고 낙천적인 성격 때문이었는지, 현실 정치 참여에 대한 미련을 접고 교육과 집필에만 전념하다 세상을 뜨니, 그때 그의 나이 84세였다고 합니다. 74세였다고도 하고 97세라는 설도 있습니다. 어찌됐든 정확한 통계가 없어 알 수는 없지만, 고대 그리스인의 평균 수명이 19세, 16세기의 유럽인의 평균 수명이 21세였던 것에 비하면 기원전의 맹자는 천수를 모두 누리고 간 것 같습니다. 개인적으로 천수를 누렸으되, 그가 꿈꾸던 세상은 끝내 보지 못했습니다. 맹자의 맹활약에도 불구하고 전국시대의 유가는 여전히 마이너리티에 불과했습니다.

맹 자 의   부 활

전국시대는 진 시황에 의해 마감됩니다. 진 시황이 죽자 잠시 혼란기를 거쳐 다시 유방의 한나라가 중원을 통일합니다. 한나라 멸망 후 300년이 넘는 혼란기를 거쳐 수나라가 중원을 통일합니다. 그것도 잠시, 이내 당나라에 천하를 내주게 됩니다. 이때, 삼장법사로 널리 알려진 현장이 천축국에서 600권이나 되는 불경을 가져옵니다. 천축은 지금의 인도에 해당됩니다. 현장의 불경 도입은 이미 당시에 불교가 꽤 많은 영향력을 행사하고 있었다는 방증입니다.

잠자던 맹자가 부활한 것은 바로 이때입니다. 불교가 널리 퍼지자 그 동안 유가의 정통을 두고 서로 싸우던 학자들이 위기의식을 느끼게 됩니다. 공동의 적이 생기면 단결하게 마련입니다. 유가는 똘똘 뭉쳤고, 그 와중에 한유|韓愈|가 맹자 부활의 일등공신 역할을 하게 됩니다. 그는 공자·맹자로 이어지는 도통설|道統說|을 주장합니다. 그 전까지 맹자 역시 순자와 더불어 여러 학자 중의 하나에 불과했습니다. 한유의 도통설에서 맹자는 공자를 계승한 독보적인 존재로 등장합니다. 도통설의 핵심은, 유학이라는 도|道|는 불교가 있기 전에 이미 공자, 자사(공자의 손자), 맹자라는 성인에 의해 계승되어 지금에 이르렀다는 주장입니다. 학문에도 뼈대가 있는 법, 불교 따위의 수입산 학문과는 질적으로 다르다는 뜻이 담겨 있습니다. 누가 예상을 했겠습니까? 맹자가 그토록 공격했던 양주학파나 묵가가 아니라, 생전에

전혀 들어보지 못한 불교와 싸우기 위해 후손들이
그를 살려냈으니. 그것도 세상을 떠난 지 1,200
년이나 후에 말입니다.

그 후 송나라 때 주희|朱熹|*가 《논어》,
《맹자》, 《대학》, 《중용》을 사서로 확정하
였습니다. 이때부터 사서는 과거 시험을
위한 필독서가 되었고, 맹자는 공자와 더
불어 명실상부 유교의 공동대표가 되었습
니다. 공동대표를 부르기 쉽게 줄여서 공
맹|孔孟|이라고도 합니다.

그 후에 원나라 문종은 맹자를 '추국아성공|鄒國亞聖公|'이라고 불렀습니
다. 추나라의 아성|亞聖|이라는 뜻입니다. 전사한 군인에게 사후에 훈장을
추서하듯, 명나라와 청나라 때도 맹자에 대한 추가 관직은 계속됐습니다.
살아서 무시하더니 죽어서 등용한 셈입니다.

주희|朱熹|

주희라는 이름보다 주자|朱子|가 더 익숙합니다. 주자학이라는 학문 체계를 완성시킨 대단한 사상가
였습니다. 주자학은 곧 성리학이라고도 하는데, 우리나라에는 고려 말기에 들어와 역성혁명의 사상
적 기초가 되었습니다. 조선이 세워지자 조선의 통치 이념이 되었고, 길재 · 정도전 · 권근 · 김종직에
이어 이이 · 이황에 이르러 조선 성리학으로 체계화되었습니다.

맹자 읽는 법

이제부터 본격적으로 《맹자》를 읽어보겠습니다. 그런데 읽는 이에 따라 그 중점을 두는 바가 다를 수 있습니다. 내면의 수양 차원에서 볼 수도 있고, 철학적·사상적·정치적 의미에 중점을 두고 읽을 수도 있습니다.

저는 가급적 모든 면을 두루 다루되 두 가지 방향으로 읽어볼까 합니다. 하나는 긍정적인 방향, 즉 《맹자》에 담긴 뜻을 긍정적으로 해석하여 최대한 받아들이는 방향으로 읽겠습니다. 전반부가 이에 해당됩니다. 왕도정치와 인정|仁政|에 담긴, 백성을 아끼는 민본주의의 긍정적인 면을 주로 보겠습니다. 이와 반대로 후반부에는 비판적 읽기를 시도하겠습니다. 민본주의를 외치면서도 결국 통치는 도덕적으로 백성들보다 우월한 '군자'에게 맡겨야 한다며, 귀한 지식인과 천한 백성 간의 근본적 차이를 정당화하고 오히려 고착화했다는 점을 짚고 넘어가겠습니다. 성선설이니 성악설이니 하는 본성론의 한계도 짚고 넘어가겠습니다.

비판적으로 읽는 것은 삐딱하게 보는 것과 많이 다릅니다. 비판은 비판적 수용을 위한 노력입니다. 현실을 보는 눈을 키우고 판단하는 능력을 갖추는 과정입니다. 삐딱하게 읽는 것은 행간의 의미조차 왜곡하여, 받아들이는 것 없이 오로지 내치기만 하는 거부감의 표현입니다. 그렇게 해서 얻을 것은 아무것도 없습니다. 현재의 눈으로 과거를 재단하는 것도 결과적으로 삐딱 하게 읽는 것과 같습니다. 비판은 받아들이기 위한 긍정적인 사고의 투쟁 과정입니다. 마음을 한껏 열고 맹자의 진지한 사색의 과정에 동참하는 것이 우선임을 잊지 말았으면 합니다.

임금을 죽인 게 아니라 필부를 죽인 것이다

대개의 중국 철학서를 보면 맹자의 사상은 전국시대에 걸맞지 않게 우원하여 채택되지 않았다고 합니다. 우원하다는 말은 길이 구불구불하게 굽이져서 돌아 가는 것을 말합니다. 그런데 달리 보면 급진적이라는 말과도 동일합니다. 비현실적인 것은 오히려 급진적입니다. 이상적인 것은 현실에서 수용되기 힘듭니다. 따라서 이상적인 것을 강력하게 주장하면 그것이 곧 급진적인 것이 됩니다.

제가 보기에 맹자의 사상은 우원하기보다는 오히려 매우 급진적이었습니다. 다음 예를 한번 볼까요.

제나라 선왕|宣王|이 맹자에게 물었습니다.

"탕 임금이 걸|桀|임금을 쫓아내고 무왕이 주|紂|임금을 정벌한 일이 있었습니까?"

누구나 아는 매우 당연한 이야기를 묻습니다. 하나라의 폭군 걸, 상나라의 폭군 주에 대해서는 우리도 앞서 살펴봤습니다. 박학다식했던 맹자가 그것을 모를 리가 없습니다.

"옛날 책에 그런 일이 있었습니다."

그러자 선왕이 다시 묻습니다.

"신하가 임금을 죽일 수 있는 것입니까?"

선왕도 이미 알고 있습니다. 폭군 걸과 주의 행태를. 그러나 차마 신하가 왕을 죽일 수 있냐고 물어본 것입니다. 자신이 지금 왕이니까요.

왕의 앞에서 폭군을 두둔할 수는 없는 상황, 맹자는 이렇게 대답합니다.

"인|仁|을 파괴하는 사람은 도적이고, 의|義|를 파괴하는 사람은 강도입니다. 도적이나 강도는 일개 필부|匹夫|입니다. 필부 하나를 죽였다는 말은

들었지만 임금을 죽였다는 말은 듣지 못했습니다."

거침이 없습니다. 신하가 임금을 차마 죽일 수 없으니, 그 죽임을 당한 자는 임금이 아니라 필부에 불과했다는 논리입니다. 왕 앞에서, 인의|仁義|가 없다면 왕이 아니라 필부에 불과하다고 대답한 것입니다. 의연합니다. 그러나 이것은 약과에 불과합니다. 지나간 일에 대해 말한 것일 뿐입니다.

이런 일도 있었습니다. 임금이 잘못하고 있을 때 재상은 어찌해야 하는지에 대해 맹자에게 물었습니다. 이번에는 옛 일이 아니라 지금의 왕과 신하의 관계에 대해 묻고 있습니다.

맹자가 대답합니다.

"왕께서는 어떤 재상을 물으십니까?"

"재상에 무슨 구분이 있습니까?"

"네, 임금과 같은 혈족의 재상이 있고 다른 혈족의 재상이 있습니다."

"그럼 같은 혈족의 재상에 대해 먼저 알려주시지요."

같은 혈족이라 함은 임금과 성씨가 같은 신하, 즉 왕가의 신하들을 말합니다.

이에 맹자가 대답합니다.

"군주가 큰 잘못이 있으면 비판의 말씀을 올립니다. 그것을 되풀이하여도 듣지 않으면 그를 버리고 다른 이를 군주로 세웁니다."

역시나 거리낌이 없습니다. 올차고 당돌하기까지 합니다. 상대는 이웃집 아저씨가 아니라 당대 최강국인 제나라의 국왕입니다. 그런 왕 앞에서, 왕이 잘못이 있는데 신하의 말을 듣지 않으면 신하는 현재의 왕을 버리고 다른 왕을 새로 세울 수 있다고 말한 것입니다.

선왕의 얼굴색이 변했습니다. 그러나 이내 평정을 찾습니다. 맹자도 대단하지만 선왕 또한 훌륭합니다. 속 좁은 왕 같았으면 당장 맹자의 목을 쳤을

지도 모릅니다. 이번에는 다른 혈족의 재상에 대해 묻습니다. 맹자가 다시 대답합니다.

"군주가 잘못하면 비판의 말씀을 올립니다. 그것을 되풀이하여도 듣지 않으면 그 나라를 떠납니다."

같은 성씨의 신하는 결국 왕족이니 같은 왕족 내에서 다른 왕으로 갈아치우면 되었습니다. 그러나 왕족이 아닌 신하는 차마 그렇게까지는 할 수 없어 아예 나라를 버리고 다른 나라로 망명한다는 이야기입니다.

저는 이 상황을 생각하면 등골이 오싹해집니다. 지금이야 한 나라의 대통령을 술자리 안주삼아 이야기하고 공개적으로 비판도 하지만, 따지고 보면 이럴 수 있게 된 것도 불과 얼마 되지 않았습니다. 불과 수십 년 전, 정당한 비판조차 총칼로 되돌아오던 때가 있었습니다. 하물며 절대왕권을 가졌던 2천 년 전 전국시대의 일이야 말한들 무엇하겠습니까? 말 한마디에 목이 달아나던 그 시절, 절대권위를 부정했던 맹자의 의연함, 위풍당당함. 《맹자》를 읽는 묘미는 바로 이런 데 있습니다.

《논어》에 '군군신신부부자자|君君臣臣父父子子|'라는 말이 있습니다. 임금은 임금다워야 하고, 신하는 신하다워야 하며, 아버지는 아버지다워야 하고, 자식은 자식다워야 한다는 말입니다. 우리는 흔히 이 말을 '신|臣|'과 '자|子|'에 중점을 두고 말합니다. 신하와 자식 된 도리만 강조합니다. 그런데 반대로 '군|君|'과 '부|父|'에 중점을 두면 어떨까요? 임금이 임금 역할을 못하면 임금이 아니고, 아버지도 아버지 역할을 못하면 아버지가 아니다! 우리가 익히 알던 뜻과 전혀 다른 의미로 다가옵니다.

임금을 바꿀 수 있다는 맹자의 생각은 군주에게 여민동락|與民同樂|*을 요구합니다.

하루는 맹자가 양 혜왕을 찾아갔는데, 왕이 연못가에서 고니와 사슴 등

갖가지 새와 짐승을 보며 이렇게 말을 합니다.

"현자|賢者|들도 이런 것을 즐깁니까?"

맹자는 이렇게 대답합니다.

"현자라야만 이런 것들을 즐길 수 있습니다. 현자가 아니면 비록 이런 것들을 가지고 있다 하더라도 즐길 수 없습니다."

무슨 말인지 아직 불분명하지요? 맹자의 부연 설명을 들을 필요가 있습니다.

문왕은 백성들의 노역으로 대를 세우고 못을 팠지만, 그럼에도 불구하고 백성들은 모두 그것을 크게 기뻐하고 즐거워했으며, 그 대를 영대라 하고 그 못을 영소라고 부르면서 그곳에서 사슴과 물고기와 자라들이 살고 있음을 즐거워했습니다. 이와 같이 옛사람들은 백성들과 즐거움을 함께했기 때문에 제대로 즐길 수 있었습니다. (그러나 하나라의 폭군 걸왕은 이와 반대의 경우입니다.) 《서경》〈탕서〉에 (백성들이 걸왕을 저주하는) 노래가 있습니다.

'저놈의 해 언제나 없어지려나

내 차라리 저놈의 해와 함께 죽어버렸으면.'

여 민 동 락 | 與 民 同 樂 |

임금이 백성과 함께 즐긴다는 뜻입니다. 여민해락|與民偕樂|이라고도 합니다.

맹자가 말한 문왕의 영대와 영소는 《시경》의 〈대아〉편에 나오는 시를 인용한 것입니다. 그러면서 양혜왕에게 여민동락을 제안했습니다. 그는 왕에게 자못 풍자가 섞인 충고를 하면서, 문왕은 여민동락했기 때문에 성천자|聖天子|라 불리게 되었고, 걸왕은 민심을 잃었기 때문에 나라를 잃고 폭군이라 불리게 된 것이라고 했습니다. 백성을 사랑할 줄 모르는 왕은 이미 왕의 자격이 없는 필부라는 말을 하고 싶었던 것입니다. 문왕의 예를 통해 민본주의를 강조한 것입니다.

부산 수영구에 민락동이 있는데 여기서 민락은 여민동락의 준말입니다. 경치가 좋아 여럿이 함께 즐길 수 있는 동네라는 뜻입니다.

만약 백성들이 그와 함께 죽어 없어지기를 바랄 지경이라면 아무리 훌륭한 대와 못, 아름다운 새와 짐승들이 있다고 한들 어찌 혼자서 그것을 즐길 수 있겠습니까? 〈양 혜왕 上〉

백성들과 즐거움을 나누지 못하고 홀로 즐거움을 구한다면 먼 옛날 하나라의 폭군 걸왕이 그러했듯이 백성들은 왕이 사라지기를 노래할 것이고, 결국 하늘은 그 왕을 갈아치운다는 경고의 뜻입니다. 여민동락할 마음이 없다면 느긋하게 연못가의 고니와 사슴을 바라볼 수도 없다는 말이죠. 비록 바른 말이기는 하지만 이 말을 들은 양 혜왕의 마음은 어떠했을지 궁금합니다.
1980년대 대학가에서 유행한 노래 중에 '함께하는 세상' 이라는 노래가 있었습니다. 가사는 이러합니다.

물에 빠져버린 돈 없는 자 당신은 건질 줄 아오
오다가다 만난 그 사람의 슬픔을 당신은 아오
지나칠 수 없는 그 고통을 어이해 피해 가려오
혼자 살려 하는 그런 세상은 어디에도 없구려

이것이 1절입니다. 혼자 살려 하는 그런 세상은 어디에도 없다는 말은 맹자가 말한 '여민동락' 의 의미와 같습니다. 만약 군주가 그러하지 못한다면?
다음은 이 노래의 3절입니다.

함께 살아가는 우리의 세상 그 누가 막으려 하오
억압 탄압하는 저들의 세상 정말 살기 힘드오
지나칠 수 없는 우리의 세상 우리가 뭉쳐야 하오

여민동락하지 않는 세상을 위 노래는 '저들의 세상'이라고 표현하고 있습니다. 함께 사는 세상을 만들기 위해 억압·탄압하는 현실을 뒤엎겠다는 뜻이 담겨 있습니다. '내 차라리 저놈의 해와 함께 죽어버렸으면' 하는 《서경》의 노래와 참 많이 닮았습니다. 《서경》은 하나라, 상나라, 주나라의 기록입니다. 수천 년 전의 기록입니다. 그때의 민심이나 지금의 민심이나 크게 다를 게 없는 것 같습니다.

왜 하필 이익을 말하십니까?

《맹자》를 펼치면 제일 먼저 나오는 것이 〈양 혜왕〉편입니다. 이 글 초입에 잠깐 소개한 적이 있습니다. 양 혜왕과의 대화를 조금 더 보기로 하지요.

먼저 양 혜왕이 맹자에게 묻습니다.

"선생께서 천리길을 멀다 않고 찾아주셨으니 장차 이 나라를 이롭게 할 방도를 가져오셨겠지요?"

맹자가 대답합니다.

"왕은 하필이면 처음부터 이익을 말하십니까? 다만 인의|仁義|가 있을 뿐입니다. 만약 왕께서 '어떻게 국가를 이롭게 할까?'라고 하시면 대부|大夫|들은 '어떻게 하면 식읍을 이롭게 할까'라고 생각하고, 사|士|나 일반 백성은 '어떻게 나 자신을 이롭게 할까?'라고 말하게 됩니다. 이렇게 되면 온 나라에 상하가 서로 이익을 다투게 되어 나라가 위태로워집니다. 진실로 왕께서 의|義|를 뒤로 하고 이익을 앞세우신다면 모두가 남의 것을 빼앗지 않고

서는 만족하지 않습니다. 아직 인|仁|하면서도 자신의 어버이를 버리거나, 의|義|하면서 자신의 군주를 홀시하는 경우는 없었습니다. 왕께서는 인의를 말씀하실 따름이지 어찌 이익을 말하십니까?"

이렇게 해서 양 혜왕과의 첫 번째 대화가 끝이 납니다.

앞서 당시 양나라, 즉 위나라의 처지를 말씀드렸습니다. 전국칠웅이라고는 하지만 점점 입지가 좁아져서 위태롭던 때입니다. 양 혜왕은 여러 학자와 전략가들에게 앞으로 어떻게 하는 것이 위나라를 이롭게 할 것인지 묻습니다. 이때 맹자의 대답은 늘 그렇듯이 군주가 인의|仁義|를 먼저 생각하면 백성들도 자연스레 인의를 따라 나라가 강성해질 것이라고 말합니다.

이것만 보면 맹자는 자신의 주장만 펼치며, 질문한 왕의 의도를 전혀 모르는 독단적인 성격으로 보일 수도 있습니다. 내일 시험을 눈앞에 둔 학생에게 예상 문제는 가르쳐주지 않고 평소에 꾸준히 규칙적으로 공부하라는 원론적인 말만 하는 것과 다를 바가 없습니다. 맹자는 정말 왕의 의도도 눈치 채지 못하는 바보였을까요?

아직 답을 내기에는 이른 것 같습니다. 조금 더 살펴보겠습니다.

주 전 론 과   반 전 론

춘추전국시대는 처참하고 지리한 전쟁의 연속이었습니다. 한 나라가 다른 나라를 잡아먹는 겸병전쟁의 과정은 너무나 참혹했습니다. 《맹자》를 보면 곳곳에서 전쟁의 참혹상을 표현하는 글귀를 볼 수 있습니다. 전국칠웅 중에서 꽤 힘이 강성했던 진|秦|이나 초|楚|나라를 이렇게 표현하고 있습니다.

"백성들에게서 농사지을 시기를 빼앗으니 그들은 농사를 지어서 부모들을 모실 수 없게 되었다. 그들의 부모들은 동상에 걸리거나 굶주리고 있으며, 형제들과 처자식들은 뿔뿔이 흩어져 있다. 이들이 가진 재산은 위로 부모를 모시기에 부족하며 아래로는 아내와 자식들을 양육하기에도 부족하다. 풍년이 와도 일 년 내내 고생스럽고 흉년이 들면 굶어 죽거나 고향을 떠나 유랑할 수밖에 없다."〈양 혜왕〉

다른 글을 보면 이런 표현도 보입니다.

"영토를 쟁취하려고 전쟁을 하면 죽은 사람들이 들판에 가득하고, 도시를 쟁취하려고 전쟁을 하면 죽은 이들이 도성 안에 가득하다."〈이루〉

이러한 시대를 살았던 지식인들의 주된 관심사는 단연 '전쟁'이었습니다. 전쟁에 대한 다양한 입장을 크게 둘로 나누면 주전론과 반전론으로 나눌 수 있습니다. 어차피 혼란한 세상, 전쟁을 제대로 해서 나라의 힘을 키우자는 주전론 부류가 있었습니다. 법가와 병가가 대표적입니다. 반면 전쟁으로 인한 민생파탄, 파괴와 살상에 주목하여 전쟁과 군비 경쟁을 부정적으로 생각한 반전론 부류가 있었습니다. 대표적인 것이 묵가였습니다.

전쟁으로 인한 파괴와 살상, 처참한 민생 파탄을 목격했던 맹자 역시 침략 전쟁에 반대할 수밖에 없었습니다. 맹자가 보기에 이런 전쟁 상황을 벗어나는 길은 군주들이 서로 전쟁을 포기하고 파탄된 민생 경제를 회복시켜 주는 일밖에 없었습니다.

이런 생각을 하고 있던 맹자에게 양 혜왕이 국가를 이롭게 할 방도를 물어왔던 것입니다. 양 혜왕이 말한 '나라를 이롭게 하는 방도'는 결국 당시 모든 군주들의 목표였던 부국강병|富國强兵|을 말하는 것이었습니다. 나라를 이롭게 하는 방도를 일러 흔히들 국가공리주의|國家功利主義|라고 표현합니다. 공|功|은 힘쓸 공, 이|利|는 이로울 리. 즉 국가 차원에서 나라가 이롭게 되도록 힘쓰는 주의라고 풀이할 수 있습니다.

그런데 맹자는 이런 사고 자체가 위험하다고 지적한 것입니다. 나라를 부강하게 만들려고 하는 군주의 생각에는 실상 백성에 대한 고민이 쏙 빠져 있습니다. 백성의 안위는 눈에 보이지 않고, 어떻게 이들을 이용해서 다른 나라를 칠까 고민하고 있습니다. 백성은 전쟁놀이에 사용되는 도구에 지나지 않았습니다. 맹자는 바로 이 점을 간파한 것입니다. 입으로는 국가의 이익을 말하지만, 거기에 백성의 고달픔에 대한 배려는 전혀 없다는 것을 본 것이죠. 맹자가 "왜 하필이면 이익을 말씀하십니까?"라고 되물었던 것은, 이런 식으로 해서는 결코 천하가 안정되지 못할 것이라는 믿음 때문이었습니다. 맹자가 생각하기에 천하를 통일하는 방법은 오로지 도덕적인 왕이 출현하여 의로운 전쟁|義戰|을 통해 민생 파탄을 일삼는 모든 전쟁을 멈추게 하는 것뿐이었습니다.

그러나 전국시대, 특히 천하통일을 앞두고 먹느냐 먹히느냐의 문제가 절박한 상황에서 맹자의 이러한 주장은 요원하게만 들렸을 것입니다. 이상적이며 비현실적으로 보였을 것입니다. 그러나 '비현실적'이라는 이유만으로 맹자의 이상을 휴지 버리듯이 폐기처분할 수는 없습니다. 맹자는 당시의 지극히 암울한 사회적 혼란에서 벗어난 민본주의적인 공동체를 꿈꾸었던 것입니다. 그 꿈은 인간이 살아가는 이상 언제나 유효합니다.

전쟁은 개인의 의지와는 무관하게 일어납니다. 지금도 지구 곳곳에서 크고 작은 전쟁이 계속 일어나고 있습니다. 전쟁의 모습만 바뀌었을 뿐 예나 지금이나 전쟁의 동기는 비슷합니다. 전쟁이 나면 개인은 처참해집니다. 전쟁 상황에서 벗어날 수가 없습니다. 그런데도 현실의 모습은 전쟁을 조장하고 방관하는 경향이 매우 강합니다. 오직 부국강병만이 목적인 것은 춘추전국시대를 꼭 빼닮았습니다. 그러나 고대 중국의 지식인들이 전쟁을 반대하며 꿈꾸었던 이상과 용기는 어디에서 찾아볼 수 있는지 모르겠습니다. 춘추전국시대와 오늘날을 비교하다보면 역사는 되풀이된다는 생각을 지울 수가 없습니다.

지나친 이익 추구는 인간관계를 황폐하게 만든다

《맹자》 첫머리에 나오는 양 혜왕과의 대화를 가지고 너무 장광설을 늘어놓은 것 같습니다. 그러나 제가 여기에 집착하는 이유가 있습니다. 저마다 '이익'을 바라는 풍토에 대한 맹자의 경계가 마치 오늘의 우리에게 주어진 경고 같아서입니다.

왕이 이로움을 생각하면 대부는 대부대로, 사[士]는 사대로, 백성은 백성대로 서로 이익만 취하려 할 것이기 때문에, 왕 스스로 먼저 이익을 취하는 자세를 버리고 인의[仁義]를 취하라고 맹자는 말합니다. 고위 관료에서부터 일반 백성들까지 모두들 자기만의 이익을 취하려 하는 모습은 오늘날을 묘사하는 것 같습니다. 개인은 개인대로, 집단은 집단대로, 오로지 자기만 가지려 하고 있습니다.

그러나 가지려고 하는 마음 자체를 탓할 수는 없습니다. 누구나 가지고 있는 고유한 본성이니까요. 정작 문제는, 이익만 좇다가 사회적 관계가 황폐해지는 것입니다.

모든 가치가 돈으로 환산되는 자본주의 사회의 최악의 병폐는 인간다움의 몰락입니다. 곧 서로 간의 '관계의 황폐화'입니다. 관계가 황폐해진 예는 많습니다. 우리는 거리를 청소하는 환경미화원에게 별 고마움을 느끼지 않습니다. '다 돈 받고 하는 일인데, 뭘'이라는 생각에 따뜻한 말 한마디 건네는 법이 없습니다. 학생들 눈에 학교의 선생님 또한 돈을 받고 일하는 직업인일 뿐입니다. 그들에게 존경심을 느낄 이유가 없습니다. 회사의 사장은 제 돈 다 주고 일 시킨다고 생각하고, 직원은 돈 받는 만큼만 일하면 된다고 생각합니다. 돈으로 가치가 환산될 때 고마움 따위는 존재하지 않습니다. 이것이 바로 인간다움의 몰락이요, 관계의 황폐화입니다. 서로가 이익만을 추구할 때 나타나는 최악의 병폐입니다.

맹자는 이런 병폐를 해결하기 위한 최선의 방법을 군주와 지식인의 도덕성 회복에서 찾고 있습니다. 군주가 인|仁|으로 돌아가야 일반 백성 사이에도 의|義|가 생긴다는 것입니다. 인|仁|과 의|義|는 명확하게 정의내리기가 힘듭니다만, 의|義|는 인|仁|을 보다 사회적으로 확대한 개념이라 할 수 있습니다. 인|仁|이 인간다움을 뜻한다면, 의|義|는 사회적인 인간다움을 말합니다. 맹자는 이익 추구로부터 비롯된 인간다움의 황폐화를 경고했던 것입니다.

맹자가 만약 지금 살아 있다면 무슨 말을 할까요? 강대국의 입맛에 맞게 추진되는 세계화와 이로 인한 세계적인 빈부의 양극화, 대량 해고와 청년 실업의 현실. 맹자는 전 세계를 돌아다니며 브레이크 없는 신자유주의*적 시장논리의 끝을 경계하라고 말할지도 모릅니다.

왕 도 정 치 의   시 작 은   민 생   보 장

맹자가 생각한 이상적인 정치를 구체적으로 살펴보겠습니다.

맹자의 정치사상의 핵심은 왕도정치입니다. 왕도정치는 곧 덕치|德治|를 말합니다. 힘에 의한 패도|覇道|정치는 힘으로 백성을 이끌지만, 왕도정치는 덕으로써 백성을 이끕니다. 그 구체적인 방법이 《맹자》 여러 편에 소개되

어 있습니다.

먼저 왕도정치를 하기 위해서는 민생이 보장되어야 합니다.

농사철을 어기지 않으면 곡식을 이루 다 먹을 수 없으며, 촘촘한 그물을 웅
덩이와 연못에 넣지 않으면 고기와 자라를 이루 다 먹을 수 없으며, 도끼를
알맞은 때에 산림에 들여놓으면 재목을 이루 다 쓸 수 없을 것입니다. 곡식
과 자라를 이루 다 먹을 수 없으며 재목을 이루 다 쓸 수 없으면, 이는 백성
으로 하여금 산 사람을 봉양하고 죽은 사람을 장사지내는 데에 유감이 없게
하는 것이니, 산 사람을 봉양하고 죽은 사람을 장사지내는 데 유감이 없도
록 하는 것이 왕도|王道|의 시작입니다. 〈양혜왕 上〉

농사철을 어기지 않는다는 것은, 농번기를 피해 부역에 동원하라는 말이
기도 하고, 전쟁을 하지 말라는 말이기도 합니다. 그물은 눈을 크게 해서 작
은 고기를 잡지 말아 물고기가 늘 자랄 수 있도록 하고, 나무를 베더라도 봄

신 자 유 주 의

1912년 미국의 대통령 선거에서 민주당 후보 윌슨이 처음 주창한 슬로건입니다. 당시 그는 루스벨
트와는 달리 공공의 이익을 지키기 위하여 정부의 활동범위를 확대해야 한다고 주장하면서 미국 사
회의 전통인 경쟁의 부활을 역설했습니다. 독점적 대기업을 해체하고 독점을 조장하는 부정한 경쟁
을 정부가 적극적으로 억제하면 경제적 자유를 지킬 수 있다는 것이 그의 견해였습니다.
이 용어는 점차 발전하여 시장 기능을 적극적으로 중요시하는 이론을 포괄하게 되었습니다. 사회주
의 경제는 당연히 반대하고, 자본주의라고 하더라도 정부의 시장 개입을 반대합니다. 신자유주의는
세계 각국의 개방을 촉구했고 '국가경쟁력'을 높여 수출을 증대시킴으로써 자국의 경제성장과 고용
을 유지하려고 했습니다. 우리나라 농산물 개방의 결정적 역할을 했던 우루과이 라운드와 WTO(세
계무역기구)의 설립도 신자유주의의 영향이라 볼 수 있습니다. 그런데 이러한 개방과 무한경쟁 상황
에서 경제적 약자는 더욱 약해지는 폐해가 발생합니다. 극단적으로 볼 때 인구의 5퍼센트가 전 세계
의 부를 독차지하고 있는 것도 신자유주의의 폐해라고 볼 수 있습니다.

에 새싹이 날 때 베지 않아 늘 자라도록 한다면 백성들의 생활이 풍족해질 것이라고 말합니다. 백성들이 경제적으로 풍족해져야만 왕도정치를 실행할 수 있다는 것입니다.

그렇다면 나라의 창고는 어떻게 채워야 할까요? 맹자는 민생의 안정과 이익을 최대한 보장하기 위해 세금을 최소화하라고 말합니다. 그렇게 하면 자연스레 사람들이 많아져 나라가 절로 부강해질 것이라 믿고 있었습니다.

통치자가 현명한 이를 존중하고 유능한 인재를 등용해 걸출한 인물들이 벼슬자리에 있으면 온 천하의 지식인들이 모두 기뻐하여 그 나라의 조정에서 봉사하기를 원하게 된다. 시장에서는 점포세만 받고 물품 저장에 대한 세금은 징수하지 않으며, 오랫동안 판매가 안 된 상품은 관에서 법에 따라 돈을 주고 거둬들이고 점포세까지 징수하지 않으면 온 천하의 상인들이 기뻐하고 그 나라의 시장에 상품을 비축하기를 원하게 된다. 세관에서는 신상조사만 하고 통행세를 징수하지 않으면 온 천하의 여행자들이 모두 기뻐하여 그 나라의 길로 돌아다니기를 원하게 된다. 경작인에게는 정전의 노동지대만을 요구하고 다른 세금을 거두지 않으면 온 천하의 농민들이 모두 기뻐하며 그 나라의 농지에서 농사짓기를 바라게 된다. 거주자에 인구세와 가구세를 거두지 않으면 온 천하의 백성들이 모두 기뻐하여 그곳의 백성이 되기를 원하게 된다. 〈공손추 上〉

더 이상의 설명이 필요할 것 같지 않습니다. 세금을 최소화하고 남은 것을 모두 백성이 갖도록 한다는데 어느 백성이 이를 마다하겠습니까? 이렇게 되면 사방에서 백성들이 몰려들 것이니, 사람의 수가 곧 국력이었던 당시의 상황을 고려하면 매우 고단수의 정책입니다. 고대사회에서 국력은 곧 그 나라의 사람 수였는데, 억지로 다른 나라에 쳐들어가 강제로 땅을 빼앗지 않아도 저절로 사람들이 몰려드니 이보다 더 좋은 방법이 어디 있겠습니까?

그런데 위에서 '정전'이라는 표현이 보입니다. 정전|井田|은 '우물 정' 자에 '밭 전' 자를 사용합니다. 혹시 국사에 관심이 많은 분이라면 조선시대에도 이런 주장이 있었다는 것을 알 수 있습니다. 정약용이 《경세유표》에서 토지문제·농업문제·조세문제의 궁극적인 해결방안으로 정전제의 실시를 주장했습니다.

정전제는 《맹자》 여러 곳에 나옵니다. 그만큼 왕도정치를 위한 경제 정책의 기초로 매우 중요하게 생각했던 것입니다. 맹자의 말을 직접 들어보겠습니다.

사방 1리를 1정|井|으로 하고 1정은 900무입니다. 그 가운데 100무는 공전|公田|으로 하고, 8가구가 각각 100무의 사전|私田|을 갖고 있으면서 공전을 공동으로 경작합니다. 공전의 일이 끝나면 그때 각자의 사전에 가서 일을 합니다. 이상이 정전제에 관한 개략적인 설명입니다. 이것을 지금의 시대와 실정에 맞게 수정하는 것은 군주와 당신에게 달려 있습니다. 〈등문공 上〉

등나라 문공이 신하를 시켜 정전제가 어떤 것인지를 묻자 맹자가 대답한 말 중의 일부입니다. 이를 그림으로 보면 오른쪽 그림과 같습니다. 전체 땅을 9등분으로 나눕니다. 이렇게 나눈 모양이 마치 우물 정|井| 자와 비슷하여 정전|井田|이라 부른 것입니다. 한가운데를 공동 경작지인 공전으로 두

사전	사전	사전
사전	공전	사전
사전	사전	사전

고, 나머지 8개를 8가구가 나누어 가집니다. 이를 개인적인 밭이라 하여 사전이라고 합니다.

농사를 지을 때는 공전을 먼저 지어야 합니다. 그것은 공적인 일을 앞세우는 습관을 갖도록 하기 위함입니다. 대신 더 할 것도 없이 딱 그만큼만 하면 됩니다. 8가구에서 하나의 공전을 관리하는 건 그리 어렵지 않습니다. 나머지 시간은 각자에게 주어진 사전을 돌보면 됩니다. 더 이상의 세금은 없습니다. 공전에서 거두어들인 것은 나라에 바치고 사전에서 가꾼 것은 모두 개인적으로 가져갑니다. 그러나 땅을 저렇게 나누는 것이 힘들 수도 있고, 인구에 따라 적절히 배치하기가 어렵다면, 등나라 실정에 맞게 고쳐서 시행해보는 것이 어떻겠냐고 말한 것입니다.

차마 어쩌지 못하는 마음이 있어야

민생의 안정이 왕도정치의 시작이라면 왕도정치를 행하는 임금의 자질은 어떠해야 할까요? 맹자와 제나라 선왕의 대화를 들어보겠습니다. 모두 옮기기에는 조금 길어 앞부분은 요약만 하겠습니다.

제나라 선왕이 맹자에게 제환공과 진문공의 일에 대해 물었습니다. 제환공과 진문공은 춘추시대 다섯 맹주인 춘추오패 | 春秋五覇 | 입니다. 제 선왕도 그들처럼 되고 싶다는 뜻으로 물었겠지요. 그러자 맹자는, 공자의 제자들은 그런 이야기를 하지 않는다고 말합니다. 맹자가 보기에는 힘으로 천하를 제패하는 것은 천하를 안정시키는 근본적인 대안이 아니므로 답을 회피한 것입니다. 대신에 왕도 | 王道 | 가 무엇인지는 말해줄 수 있다고 화제를 돌립니다. 제 선왕은 자신과 같은 사람도 백성을 보호하고 왕도를 행할 수 있는지

를 묻습니다. 맹자는 가능하다고 대답합니다. 다음 글은 제 선왕이 어떻게 왕도를 실천할 자질이 있는지 맹자가 설명하는 구절입니다.

맹자 : 신이 다음과 같은 이야기를 호흘이라는 신하에게서 들은 적이 있습니다. 언젠가 왕께서 당상에 앉아 계시는데 소를 끌고 지나가는 자가 있었습니다. 왕께서 이를 보시고 '그 소가 어디로 가느냐' 하고 물으시자, 대답하기를 '흔종|釁鍾|에 쓰려 합니다' 라고 대답했습니다. 왕께서 '놓아주어라. 나는 그것이 벌벌 떨며 죄 없이 도살장으로 끌려가는 것을 차마 볼 수 없다' 고 하셨습니다. 그러자 그 사람이 '그렇다면 흔종을 폐지하오리까?' 라고 하자, '어찌 폐지할 수 있겠는가? 소 대신 양으로 바꾸라' 하셨다는데, 정말 이런 일이 있었습니까?
제 선왕 : 있었습니다. 〈양 혜왕 上〉

흔종|釁鍾|의 '흔' 은 '피바를 흔' 자입니다. 옛날에 종을 처음 만들 때 동물을 죽여 그 피를 발라 신에게 제사를 지내는 의식이었습니다. 종뿐만 아니라 중요한 건축물이나 그릇이 완성되어도 이런 의식이 있었다고 합니다. 사지|死地|로 끌려가는 소는 아마 자기가 죽을 것을 눈치챘나 봅니다. 소는 유난히 눈이 큽니다. 슬프면 눈물을 뚝뚝 흘리기도 합니다. 그런 소를 직접 보면 마음이 아려옵니다.

원문에 '오불인기곡속약무죄이취사지|吾不忍其觳觫若無罪而就死地|' 라고 되어 있습니다. 여기에 '불인|不忍|' 이라는 말이 있습니다. 인|忍|은 흔히 '참다' 라는 뜻으로 쓰입니다만, '차마 못하다' 라는 뜻도 있습니다. 여기서는 '차마 못하다' 라는 뜻으로 쓰였습니다. 《맹자》에서 '불인' 은 모두 '차마 어쩌지 못하다' 로 해석하면 됩니다. 뒤에 성선설을 설명할 때 나오는데,

맹자는, 사람에게는 모두 '남에게 차마 어쩌지 못하는 마음'이 있다고 했습니다. 원문은 인개유불인인지심|人皆有不忍人之心|입니다. 맹자의 성선설을 이야기할 때 빠뜨릴 수 없는 것이 바로 이 '남에게 차마 어쩌지 못하는 마음(불인인지심|不忍人之心|)'입니다. 군주도 역시 이 '불인인지심'만 있다면 왕도정치를 행할 기본적인 자질은 있다고 본 것입니다. 맹자는 '불인인지심'이 누구에게나 있는 본성이라고 말하고 있습니다. 결국 왕도정치라는 것도 군주라면 누구든 마음만 먹으면 할 수 있는 것이라고 말하고 있습니다. 곡속|觳觫|은 무서워서 벌벌 떠는 모양입니다. 그래서 이 장을 일명 곡속장|觳觫章|이라도 합니다.

제 선왕이 소가 불쌍하다 하니, 신하는 흔종이라는 의식을 폐지하라는 말인지 되묻습니다. 제 선왕은, 그렇다고 의식 자체를 폐지할 수 없는 것이니 대신 소를 양으로 바꾸라고 말합니다.

불쌍하기는 소나 양이나 다를 바가 없습니다. 따라서 논리적으로는 말이 되지 않습니다. 그러나 맹자는 바로 이 지점에서 제 선왕이 왕도정치를 할 자질이 있다고 판단한 것입니다. 왜 그랬을까요? 맹자의 설명이 이어집니다.

맹자 : 이 마음은 족히 왕도를 실행할 수 있는 근거가 됩니다. 백성들은 모두 왕을 인색한 사람으로 여기지만 신은 본래부터 왕이 차마 그렇게 하지 못한 것을 알고 있습니다.

제 선왕 : 그렇습니다. 그러한 백성이 정말 있습니다만, 아무리 제나라가 좁고 작다 해도 내 어찌 소 한 마리를 아끼겠습니까? 그 소가 벌벌 떨면서 죄 없이 사지로 나아가는 것을 차마 볼 수 없었기 때문입니다. 그래서 양으로 바꾸게 한 것입니다.

맹자 : 백성이 왕을 인색한 사람으로 여기는 것에 대해 괴이하게 생각하지

마소서. 작은 것을 가지고 큰 것과 바꾸었으니, 저들이 어떻게 왕의 깊은 마음을 알겠습니까? 그런데 왕께서 만약 죄 없이 사지로 끌려가는 것을 측은히 여기셨다면 왜 소와 양을 차별하셨습니까?

제 선왕 : (웃으며) 무슨 마음으로 그랬는지 참으로 모르겠습니다. 내가 재물이 아까워서 양으로 바꾼 것은 아니었는데……. 백성이 나를 인색한 사람이라 하는 것이 참 당연하겠군요.

맹자 : 상관없습니다. 이것이 바로 인仁을 실천하는 방법입니다. 소는 보았고 양은 보지 못했기 때문입니다. 군자가 짐승을 대할 때 그 살아 있는 것을 보고나서는 차마 그 죽는 모습을 볼 수 없고, 죽는 소리를 듣고는 차마 그 고기를 먹지 못합니다. 이 때문에 군자는 푸줏간을 멀리하는 것입니다.

제 선왕 : (매우 기뻐하면서) 《시경》에 이르기를, '타인의 마음을 내가 헤아린다'고 하였으니, 선생을 두고 한 말입니다. 내가 행하고도 돌이켜 생각했으나 내 마음을 납득하지 못했는데, 선생께서 말씀해주시니, 내 마음이 시원합니다. 〈양 혜왕 上〉

보는 사람마다 의견이 다르겠지만, 저는 이 구절이 《맹자》의 핵심 중의 핵심이라고 봅니다. 맹자의 본성론과 왕도정치의 근본 개념이 들어 있기 때문입니다. 그리고 무엇보다 '인간人間'의 본질을 꿰뚫고 있기 때문입니다.

맹자는 명쾌하게 말합니다. 제 선왕이 소 대신 양을 희생양으로 삼으라고 한 이유는, 소는 직접 보았고 양은 그러지 않았기 때문이라고 말입니다. 이것이야말로 사람이라면 누구나 가지고 있는, 또는 누구나 가지고 있어야 할 마음이라고 말합니다.

'본다'는 것은 곧 나와 '관계'를 맺었다는 것을 의미합니다. 사람들은 사회를 이루어 살면서 수많은 사람들과 '관계'를 이룹니다. 수많은 사람들을 보고 만납니다. 그러면서 '관계' 가 생겨납니다. 일단 '관계' 가 맺어지면 서로 '차마 어쩌지 못하는 마음' 이 생기게 됩니다. 그것이 소리 없이 인간 사회의 질서를 유지하게 만듭니다. 앞서 《논어》〈위정〉편의 '덕으로써 이끌고 예로써 다스리면 사람들은 부끄러워하여 장차 바르게 된다' 는 구절을 보면서, '부끄러워하는 마음' 이야말로 사회의 질서를 유지시키는 근본이라고 말한 적이 있습니다. 그러면서 '부끄러워하는 마음' 역시 사람들 간의 '관계' 에서 비롯된다고 했습니다. 사람들이 서로 관계를 맺고 살면, 부끄러워하는 마음도 생기고 차마 어쩌지 못하는 마음도 생기게 됩니다. 그러면 서로 조심하고 배려하게 되고, 그래야 사회의 질서가 유지된다는 말입니다.

제가 얼마 전에 일이 있어 PC방에 잠깐 간 적이 있는데, 저를 제외하고는 모두 게임 삼매경에 빠져 있었습니다. 그런데 그런 게임이 하나같이 죽고 죽이는 전투성 게임이었습니다. 사람들은 아무런 죄책감 없이 죽고 죽이며, 건물을 파괴하고 공격합니다. 대표적인 게임인 스타크래프트는 종족 간의 싸움입니다. 자신이 선택한 종족을 대리로 내세워 싸우는 것이죠. 모니터 안에서 싸우는 종족과 나는 사실 별 관계가 없습니다. 실제 공간에서 만나본 사이는 아니죠. 그래서 그들이 죽고 다쳐도 아픈 마음이 들지 않습니다. 관계의 황폐화는 우리가 사는 자본주의 사회의 일반적인 현상입니다. 앞에서 예로 든, 열심히 주위를 청소하시는 환경미화원에 대해 별 고마움을 느끼지 않는 것도 그렇습니다.

'관계' 가 단절된 현대의 전쟁은 과거에 비해 더욱 참혹합니다. 2001년 9·11 테러에 보복하기 위해 미국이 이라크를 공격한 '이라크 전쟁' 은 일명 '전자전' 으로 불릴 만큼 많은 첨단무기가 동원되었습니다. 마치 게임을 하듯 한 번의 폭탄 투하로 수많은 사람들이 죽어갔습니다. 우리는 이런 뉴스를 보고 들으며 크게 가슴 아파하지는 않습니다. 별 관계가 없다고 생각하기 때문입니다. 1991년의 걸프전 때도 그러했습니다. 일명 '사막의 폭풍 작전'이라 불리던 미국의 총공습은 마치 최첨단 무기 테스트장과도 같았습니다. 자그마치 1천여 시간 동안의 공중 폭격이 있었습니다. 사람들은 그 전쟁의 원인이 무엇이었는지조차 기억하지 못합니다. 공식적인 집계만으로도 약 15만 명이 희생된 전쟁입니다. 사람들은 얼마나 많은 사람들이 죽었는지 기억하지 못합니다. 오직 게임 중계를 하듯 미군의 공격 장면을 보여준 CNN의 화면만 기억할 뿐. 다국적군 126명이 희생될 때 이라크인은 15만 명이 죽었습니다. 모니터 안의 게임과 무엇이 다릅니까. 마치 이라크 측의 형편없는 게이머가 자신의 종족을 궤멸시킨 것과 다를 바가 없습니다. 서로에 대한 배려가 필요 없는 상황에서 전쟁은 갈수록 잔혹해지고 있습니다. 사람끼리 서로 부딪치며 싸우는 육박전이 아니라 첨단 무기에 의한 사람 없는 싸움은 오히려 더 많은 사람을 죽입니다. 스타크래프트의 프로토스 족이 저그 족에게 궤멸당하듯 누구의 동정도 받지 못한 채 죽어갑니다. 전쟁은 그 자체가 비윤리적이고 비도적적이지만 '관계'가 없는 사람들끼리의 전쟁은 최소한의 윤리도 끼어들 여지가 없습니다. '관계'를 회복하지 않고서는 인간다운 사회를 만들 수 없습니다.

예를 하나만 더 들어보겠습니다. 조금 으스스한 이야기입니다.

1964년 3월 13일 새벽. 이날은 공교롭게도 '13일의 금요일'이었습니다. 미국 뉴욕에 사는 20대 여성 키티 제노비스는 야근을 마치고 귀가하다 정신이상자에게 난데없는 칼부림을 당했습니다. 자그마치 35분간이나 계속된 살인 현장을 자기 집 창가에서 지켜본 사람은 모두 38명. 그러나 이들 중 단 한 명도 나서서 말리거나 경찰에 신고하지 않았습니다. 누군가 먼저 수화기를 들기만 했어도 제노비스는 목숨을 구했을지 모릅니다. 신고를 한다고 신고자가 위험해질 상황도 아니었습니다. 그런데 왜 이런 일이 벌어졌을까요?

이 사건을 접한 모든 이들이 도대체 이 사실을 믿을 수가 없었습니다.

이에 존 달리와 라타네 등 두 명의 심리학자가 그 행동을 분석하기 위한 실험에 착수했습니다. 우선 실험대상이 된 대학생들을 격리된 방에 한 사람씩 들어가게 한 뒤 오디오 장치로 옆방에 있는 학생과 대화를 나누게 했습니다. 대화 도중에 학생으로 위장한 한 배우가 갑자기 간질 발작을 일으키는 것처럼 연출했습니다. 누구라도 일어나 복도의 연구원에게 도움을 청하면 되는 상황이었습니다. 실험 결과 학생들은 자신 말고 도와줄 학생이 네 명 더 있다고 믿었을 때는 아무도 도움을 요청하지 않았습니다. 반면 자신과 간질 환자 둘만 있다고 믿었을 땐 85퍼센트가 도움을 요청했습니다. 이로써 그들은 결론을 내렸습니다. 목격자가 많을수록 책임감이 분산돼 개인이 느끼는 책임감이 적어져 행동하지 않게 된다고. 이 같은 현상을 '제노비스 신드롬' 혹은 '방관자 효과'라고 부릅니다.

목격자가 많다는 것은 일대일 관계의 약화를 의미합니다. 정면에서 제대로 보지 않는다는 말과 같습니다. 소 한 마리 끌려가는 것보다 더 참혹한 광경을 보고도 방관한 위 사건은 '관계'의 약화가 사회 질서에 얼마나 악영향을 주는지를 여실히 보여주고 있습니다.

오늘날에는 과거와는 비교할 수 없을 정도로 많은 사람들이 도시에 살고 있습니다. 옷깃만 스쳐도 인연이라는 말은 애인을 유혹할 때나 쓰는 말입니다. 옷깃이 아니라 몸을 부딪치고 평소에 대화를 나눈 사이라도 정작 애정이 없습니다. '관계'가 없기 때문입니다. 자본주의 사회의 특징인 상호계약에 따른 일대일 인간관계의 해체가 직접적인 원인이라 봅니다. 리스먼이 말한 고독한 군중*도 결국 진정한 '관계'가 없기 때문에 생긴 것입니다.

우 물 에 빠 진 아 이

마지막으로 맹자의 성선설에 대해 이야기하겠습니다. 성선설을 말할 때
빠지지 않는 이야기가 있습니다. 맹자의 말입니다.

사람은 모두 남에게 차마 (모질게) 하지 못하는 마음이 있다. 선왕 | 先王 | 들은
이런 마음을 가지고 있었기 때문에 차마 남에게 (모질게) 하지 못하는 정치를
했다. 남에게 차마 (모질게) 하지 못하는 마음으로 정치를 하면 천하를 다스
리기가 마치 손바닥 위의 물건을 움직이는 것처럼 쉬울 것이다. 모든 사람
에게 남에게 차마 하지 못하는 마음이 있다고 말하는 근거는 이렇다.
갑자기 어린아이가 우물에 들어가려는 것을 보면 누구나 깜짝 놀라고 측은
한 마음을 갖는다. 그러나 그렇게 함으로써 어린아이의 부모와 교분을 맺
으려는 것은 아니며, 또한 그렇게 함으로써 마을 사람들이나 친구들에게

고 독 한 군 중

리스먼의 저서 《고독한 군중 |The Lonely Crowd|》에 나오는 말입니다.
리스먼은 이 책에서 사회구조의 변화에 따라 각기 상이한 인간유형이 탄생된다고 하며, 인간유형을
크게 세 가지로 나누었습니다. 먼저 원시적 전통사회에서는 전통지향형 인간이 등장합니다. 전통과
관습을 중요시하죠. 그리고 19세기의 초기 공업시대까지의 인간형을 내부지향형이라고 불렀습니다.
가족에 의해 형성된 도덕과 가치관이 행동의 중요한 기준이 되었습니다.
이에 비해 현대인은 가족에서 벗어나 또래집단, 친구집단의 눈치를 보면서 그들의 영향에 따라 행동
한다고 합니다. 이것을 타자지향형 또는 외부지향형이라고 합니다. '고독한 군중'은 바로 고도로 산
업화된 사회에서 나타나는 독특한 성격유형을 말합니다. 현대인은 내가 아닌 남(타자)들이 무엇을
생각하고 무엇을 좋아하는지에 항상 관심을 가지고 있을 뿐 아니라, 그들로부터 격리되지 않으려고
노력합니다.
이와 같이 겉으로 보기에 사교성이 많아 보이지만 속으로는 항상 고독한 사람들의 사회적 성격을
'고독한 군중'이라고 말합니다. '고독한 군중'에게는 남들로부터 인정을 못 받는 것이 가장 심각한
불안요인입니다.

칭찬을 듣기 위해서도 아니며, (구해주지 않았다는) 비난을 듣기 싫어서도 아니다.

이로써 미루어 보건대, 측은한 마음|惻隱之心, 측은지심|이 없으면 사람이 아니며, 부끄러워하고 미워하는 마음|羞惡之心, 수오지심|이 없으면 사람이 아니며, 사양하는 마음|辭讓之心, 사양지심|이 없으면 사람이 아니며, 옳고 그름을 가리는 마음|是非之心, 시비지심|이 없으면 사람이 아니다.

측은해 하는 마음은 인|仁|의 시작이고, 부끄러워하고 미워하는 마음은 의|義|의 시작이며, 사양하는 마음은 예|禮|의 시작이고, 시비를 가리는 마음은 지|知|의 시작이다. 사람이 이 사단|四端|을 가지고 있으면서 자기는 (선을) 행할 수 없다고 하는 자는 자신의 (선한 본성을) 해치는 자이고, 자기 임금은 (선을) 행할 수 없다고 생각하는 자는 자기 임금을 해치는 자이다.

무릇 이 사단을 가지고 넓혀서 채울 줄 알면 마치 불이 처음 타오르며 샘물이 처음 솟아나는 것과 같을 것이다. 그러니 이것을 채운다면 사해|四海|를 보호할 수 있겠지만, 채우지 못한다면 부모조차 섬길 수 없을 것이다. 〈공손추 上〉

너무 유명한 구절이라 따로 설명이 필요할 것 같지 않습니다. 남에게 차마 모질게 하지 못하는 마음을 불인인지심|不忍人之心|이라 하고, 측은지심, 수오지심, 사양지심, 시비지심을 사단|四端|이라고 합니다. '사단'의 단|端|자는 '끄트머리'를 의미하기도 하고, '시초'를 의미하기도 합니다. 일반적으로 단서|端緖|라고 쓰면 '실마리'라는 뜻이 됩니다. 그래서 사단을 네 가지 실마리 또는 네 가지 싹 등으로 해석합니다. 저는 위에서 단|端|을 '시작'이라고 옮겼습니다. 즉 측은해 하는 마음으로부터 인|仁|이 시작되고, 부끄러워하고 미워하는 마음으로부터 의|義|가 시작되며, 사양하는 마

음에서 예|禮|가 시작되고, 시비를 가리는 것에서 지|知|가 시작되는 것입니다. 그중에서도 처음은 측은해 하는 마음이며, 이것이 곧 차마 남에게 모질게 하지 못하는 마음이며, 이것이 바로 모든 사람의 본성은 선하다는 증거입니다. 그래서 사람은 누구나 어질게|仁| 될 수 있는데, 그 까닭은 원래 사람의 본성이 그러하기 때문입니다.

공자는 사람의 본성이 어떻다는 이야기를 거의 한 적이 없었습니다. 굳이 찾자면 《논어》에 '성상근습상원|性相近習相遠|' 이라는 구절이 있습니다. 본성은 비슷하지만 습관에 의해 멀어지거나 달라진다는 말로 해석할 수 있습니다. 그것도 비슷할 '근|近|' 자를 썼을 뿐입니다. 그러나 맹자는 인간의 본성에 대해 참 많이 이야기하고 있습니다. 본성이 선하다고 못을 박고 있습니다. 나아가 그런 본성이 사회적으로 드러나는 모습에 대해 구체적으로 지적하고 있습니다. 그것이 바로 위에서 말한 사단입니다. 사단은 인·의·예·지의 시작입니다. 즉 인·의·예·지는 인간의 본성에 근거한 것이라고 말하고 싶었던 것입니다.

의|義|는 인|仁|이 사회적으로 확대된 개념이라고 했습니다. 예|禮|는 사회질서를 유지하는 규범입니다. 고대 노예제 또는 봉건제 사회의 사회질서를 유지하기 위한 규범입니다. 그것을 맹자는 인간의 본성에서 찾고 있습니다. 나쁘게 보자면 불평등한 신분 질서 자체를 인간의 본성에서 찾아 정당화하는 셈입니다. 그러나 공자가 막연하게 말했던 인|仁|을 보다 구체적으로 사회적인 개념으로 확대시켰다고 볼 수도 있습니다. 사회적 개념이라는 말은 곧 실천의 의미이기도 합니다. 측은해 하는 마음을 실천해야 인|仁|에 이르고, 부끄러워하고 미워하는 마음을 실천하는 것을 의|義|라고 하며, 사양하는 마음을 실천할 때 예|禮|가 바로 서며, 옳고 그름을 판단할 줄 알아야 지|知|라고 말할 수 있는 것입니다.

지금부터가 중요합니다. 지금까지 제가 말씀드린 것은 학교에서 웬만큼 배워서 아는 내용일 것입니다. 그러나 맹자가 성선설을 주장하고, 순자가 성악설을 주장했다는 그런 '사실'이 과연 중요할까요? "그 아이스크림 정말 맛있더라"라고 말하는 친구의 말은 경험상 그 아이스크림이 맛있었다는 '사실'을 말하려는 것이 아니라 '나도 좀 주라~'라는 진의가 있듯이, 사실 그 자체보다는 거기에 담긴 속뜻을 간파하는 게 중요합니다.

우리가 잘 알다시피 성선설은 맹자의 사상에서 매우 중요한 역할을 합니다. 당시에 맹자는 성선설을 주요 무기로 다른 사상가들과 사상 투쟁을 했습니다. 그런데 이상하지 않나요? 온 나라가 전쟁중이었던 전국시대에 왜 하필 인성론을 들고 나왔을까요? 인성론은 매우 사변적이며 관념적인 논의입니다. 사람이 태어나면서부터 착하면 어떻고 악하면 어떠하며, 착하지도 악하지도 않으면 또 어떠하겠습니까? 그것이 무한경쟁의 전국시대에 살아남는 데 무슨 필요가 있겠습니까?

물론 큰 이유가 있었습니다. 맹자가 아무 생각도 없이 전국시대에 뜬구름 잡는 듯한 인성론을 이야기한 것은 아닙니다. 맹자의 인성론은 처음부터 '목적'이 있었습니다. 그것은 맹자의 정치철학적 입장을 그대로 담고 있는 이론이었습니다. 앞서 말씀드렸듯이 전국시대에 여러 사상가들이 군주들 앞에서 유세를 했습니다. 그럴 때 자신이 주장하는 정치 이념을 정당화하기 위해 '인간의 본성이 이러하기 때문에 이런 조치를 취해야 한다'는 식으로 유세를 한 거죠. 정치적 입장의 근거를 인간의 본성에서 찾았던 것입니다. 예를 들어 법치를 주장한 법가는 공권력의 중요성을 설파했는데, 이것을 정당화하기 위해 인간의 본성이 탐욕스럽고 늘 갈등에 빠져 있다고 설명했습니다. 맹자는 그 반대였죠.

지금부터 맹자의 성선설을 보다 자세히 살펴보겠습니다. 그의 일방적인 주장을 그대로 전달하는 것이 아니라, 당시 그와 논쟁을 벌였던 고자|告子|와의 일대 논쟁을 중계하며 간간이 해설을 덧붙이겠습니다.

우리는 흔히 맹자의 성선설과 대비하여 순자의 성악설을 비교합니다. 그러나 맹자 당시에 순자는 없었습니다. 맹자는 순자의 성악설을 염두에 두고 성선설을 주장한 것이 아닙니다. 물론 순자의 성악설은 맹자의 성선설과 싸우는 과정에서 만들어진 것입니다. 순자의 성악설을 이해하기 위해서는 맹자와의 비교가 꼭 필요합니다. 반면 순자의 선배인 맹자는 한번도 순자의 성악설과 대비하여 자신의 이론을 만들지 않았습니다. 그의 주요 상대는 고자였습니다.

고자가 누구인지 아는 사람은 거의 없습니다. 철저하게 잊혀진 사상가입니다. 고자 자신의 텍스트가 전혀 남아 있지 않기 때문입니다. 오직 맹자와 그의 제자들이 엮은 《맹자》에 나온 맹자와 고자의 대화 장면을 통해 고자 사상의 단편을 볼 수 있을 뿐입니다. 대화는 늘 맹자의 결론으로 끝을 맺습니다. 논리적으로 보자면 분명 그 뒤에 고자의 반론이 있음직한데도 맹자의 말로 끝맺음으로써 맹자의 승리를 암시합니다. 책은 비록 그렇게 끝이 나지만, 저는 그 뒤에 이어지는 고자의 반론을 추가해보겠습니다. 그래서 과연 맹자의 성선설이 옳은 것인지 다시 한 번 생각해볼 기회를 만들어보겠습니다.

맹자 vs. 고자 ROUND 3

맹자와 고자의 논쟁은 〈고자〉편에 자세히 나와 있습니다. 원문에는 문단

나눔이 없는데 읽기 쉽게 대본처럼 꾸며봤습니다. 맹자와 고자 간의 대화 세 편을 차례대로 살펴보겠습니다.

Round 1 버드나무 논쟁

고자 : 본성은 버드나무와 같습니다. 의로움은 버드나무로 만든 나무 술잔과 같습니다. 인간의 본성이 어질고 의롭다고 하는 것은 마치 버드나무를 나무 술잔으로 여기는 것과 같습니다.

맹자 : 당신은 버드나무의 본성을 따라서 나무 술잔을 만든다고 생각합니까? 아니면 버드나무의 본성을 해쳐서 나무 술잔을 만든다고 생각합니까? 만약 버드나무의 본성을 해쳐서 나무 술잔을 만든다고 본다면 또한 사람의 본성을 해쳐서 어질고 의롭게 된다고 보는 겁니까? 천하 사람들을 이끌고 어짊과 의로움을 해치는 것이 분명 그대의 말일 것입니다.

고자가 묻고 맹자가 반박하면서 끝납니다. 마치 맹자의 말로 논쟁이 종결된 것처럼. 과연 그럴까요? 공자를 잇는 적통 맹자라는 권위를 벗겨버리고 냉정하게 살펴봅시다.

고자는 버드나무 자체와 나무 술잔 사이의 관계를 인간 본성과 인의|仁義|의 관계로 비유하고 있습니다. 고자는 자연스러운 본성—버드나무—과 인위적으로 변형해서 만들어진 것—나무 술잔—은 전혀 그 성질이 다르다고 보고 있습니다. 곧 원래의 삶의 모습과 유가에서 말하는 인의|仁義|라

는 가치 덕목의 관계를 대립적이며 갈등적인 것으로 보고 있습니다.

이에 반해 맹자는 그 둘의 관계를 조화와 보충의 관계로 보고 있습니다. 비록 목공이 의도적으로 버드나무를 베고 가공하여 나무 술잔을 만들었지만, 그 술잔은 버드나무의 타고난 본성을 전혀 해치지 않은 자연스러운 것이라고 반박하고 있습니다. 논리적으로 보자면 아직 미완성된 문장입니다. 본성을 전혀 해치지 않았다는 근거가 아직 없습니다. 그러나 맹자는 한발 더 나아가, 나무의 본성을 해쳐서 술잔을 만들었다면 사람의 본성을 해쳐서 어질고 의롭게 되었냐고 반문합니다. 어투로 보면 따지거나 다그치듯 합니다. 그러고는 당신의 그런 말이야말로 천하 사람의 어짊과 의로움을 해치는 것이라고 결론 내립니다.

Round 2 소용돌이치는 물 논쟁

고자 : 본성은 소용돌이치는 물과도 같아서, 동쪽으로 터주면 동쪽으로 흘러가고, 서쪽으로 터주면 서쪽으로 흘러갑니다. 사람의 본성에 선과 불선의 구분이 없는 것은 물에 동과 서의 구분이 없는 것과 같습니다.

맹자 : 물에 진정 동서의 구분은 없지만 위아래의 구분도 없겠습니까? 사람의 본성이 선한 것은 물이 아래로 흘러가는 것과 같습니다. 사람은 선하지 않음이 없고, 물은 아래로 흘러가지 않는 경우가 없습니다. 지금 물을 쳐서 튀게 하면 이마를 지나가게 할 수 있고, 세차게 밀어 보내면 산 위에도 있게 할 수 있습니다. 이것이 어찌 물의 본성이겠습니까? 그 형세가 그런 것일 뿐입니다. 사람을 선하지 않게 할 수도 있지만, 그 본성은 또한 이와 같을 뿐입니다.

이번에도 고자가 먼저 말을 꺼냅니다. 인간의 본성은 소용돌이치는 물과 같아서 어디로 흐를지 모른다고 말합니다. 그 물을 동쪽으로 터주면 동쪽으로 가고, 서쪽으로 터주면 서쪽으로 가듯이 사람의 본성이 처음부터 선하고 악한 것은 없다는 주장입니다. 소용돌이치는 물이라는 것은 어느 쪽으로도 갈 수 있는, 비록 고여 있기는 하지만 매우 유동적인 상태를 뜻합니다. 선과 악의 모든 가능성을 갖고 있지만, 원래부터 선하다 또는 악하다고 미리 단정할 수는 없다고 본 것입니다. 고자가 보기에 맹자의 주장은 어떤 결과를 두고 그것이 마치 본성인 양 주장하는 것처럼 비쳤습니다. 즉 사람이 선할 수도 있고 악할 수도 있는데 선한 결과에만 주목해서 마치 태어날 때부터 그랬던 것처럼 오해한다고 생각한 것입니다.

이에 대해 맹자의 반론은 물이 어느 쪽으로 흘러갈지는 알 수 없으나 위에서 아래로 흐르는 것만은 분명한데, 사람의 마음이 선한 것은 바로 이와 같다고 합니다. 억지로 물을 튀겨 위로 오르게 할 수 있으나 물의 본성이 아니듯이, 사람이 비록 악할 수도 있으나 본성이 그러한 것은 아니라고 보충 설명을 합니다.

Round 3 개와 소의 본성

고자 : 태어난 그대로를 본성이라고 합니다.

맹자 : 태어난 그대로를 본성이라고 말하는 것은 흰 것을 희다고 말하는 것과 같습니까?

고자 : 그렇습니다.

맹자 : 흰 깃털이 흰 것은 흰 눈이 흰 것과 같고, 흰 눈이 흰 것은 흰 옥이 흰 것과 같은 것입니까?

고자 : 그렇습니다.

맹자 : 그렇다면 개의 본성이 소의 본성과 같고, 소의 본성은 사람의 본성과

같은 것입니까?

이번에도 먼저 고자가 말을 꺼냅니다. 고자가 문제 제기를 하면 맹자가 결론을 내는 형식입니다. 위 대화는 본성|本性|이라는 말에 대한 두 사람의 차이를 보여줍니다. 먼저 고자는 본성을 태어난 그대로의 모습이라고 정의했습니다. 반면 맹자는 태어난 그대로의 모습 중에서 동물과 다른, 사람만의 고유한 특징을 본성이라고 본 것입니다.

어이없게도 지금까지 두 사람은 서로 다른 본성에 대해 이야기하고 있었던 것입니다. 사실 본성이란 타고난 본디의 성질을 가리킵니다. 그래서 고자가 말한 원래의 모습이 본성이라는 말뜻에 더욱 가깝습니다. 그러나 사람이나 동물이나 살기 위해 먹는다는 점에서는 동일한데, 그렇다면 사람이나 동물이나 본성이 똑같다는 결론이 납니다. 이에 따르면 개나 소나 사람이나 모두 본성이 같다는 말도 할 수 있습니다. 이 말 때문에 맹자는 화가 난 겁니다. 맹자가 보기에 고자의 말은 모든 종들의 본성을 똑같은 것으로 만들어버리는 궤변에 지나지 않았습니다. 그래서 큰 소리로 한마디 한 것입니다. "그러면 개의 본성이 소의 본성이고, 소의 본성이 사람의 본성이란 말이냐?"

지 워 진   고 자 의   말   채 워 넣 기

대화 내용으로 봐서는 세 편의 대화가 모두 맹자의 판정승입니다. 확실히 맹자의 말에는 일리가 있습니다. 게다가 맹자의 말로 대화가 끝나기 때문에 마치 맹자의 말이 결론인 것처럼 보입니다. 그러나 과연 고자의 반론이 없었을까요? 흔히 《맹자》를 읽고나면 고자는 맹자에게 완벽하게 논박당한 인물로 인식됩니다. 그러나 편견을 버리고 꼼꼼히 읽은 후 조금만 더 깊이 생각해본다면 고자의 말이 결코 가볍지 않은 의미를 지니고 있음을 알 수 있습니다. 그는 맹자에게 맞아만 주는 하급 스파링 파트너가 아니었습니다. 설사 그가 맹자를 위한 스파링 파트너였다고 할지라도 최소한 맹자에 버금가는 훌륭한 선수였습니다. 이제 고자의 말에 담긴 깊은 철학적 의미를 끌어내, 맹자의 결론 뒤에 있었을 법한 고자의 말을 되살려보겠습니다.

위 세 편의 대화는 각각 다른 시기에 이루어진 것입니다. 그러나 순서대로 묶어서 한 번에 이루어진 것으로 봐도 큰 무리는 없을 것 같습니다. 오히려 연속적으로 독해하는 것이 두 사람의 대화의 본질을 이해하는 데 훨씬 수월할 것 같습니다. 따라서 지금부터는 세 대화 전체를 한 편으로 보고 두 사람의 말에 담긴 의미와 논리를 짚어보겠습니다.

먼저 맹자가 내린 결론을 다시 보겠습니다. 버드나무 논쟁에서 맹자는, 버드나무에 비록 인위적인 노력을 보태기는 했지만 버드나무의 본성을 해치지 않는 범위 내에서 가공을 하여 나무 술잔을 만들 수 있듯이, 사람도 그 타고난 본성을 해치지 않는 범위 내에서 교육을 한다면 어질고 의로운 사람이 될 수 있다고 했습니다. 소용돌이치는 물의 비유에서는 물이 자연스레 아래로 흐르듯 사람이 선한 경향도 자연스러운 것이라고 했습니다. 결국 부모에게 효도하고 웃어른을 공경하는 것도 모두 본성에서 우러나온 자연스러운 마음의 상태라는 것입니다. 마지막으로 맹자는 본성이란 다른 동식물과 인간을 구분해주는 고유한 특징이라고 정의합니다. 사람은 살고자 하는 욕망을 가진 점에서는 개나 소와 같지만, 그렇다고 사람이나 개의 본성이 똑같다고 할 수는 없지 않느냐고 주장했습니다.

사실 위의 세 편의 대화는 순서를 거꾸로 배치해야 논리적으로 자연스럽습니다. 본성이 무엇인지 먼저 정의를 내리고, 본성과 인위적인 노력의 관계를 설명하는 순서라야 맞습니다.

고자의 주장을 거꾸로 엮어보면 이렇습니다.

① 사람이 본래 타고난 모습이 본성이다. ② 고여 있는 물은 어느 쪽이든 터주는 방향으로 흐르듯이 사람의 마음은 선해질 수도 악해질 수도 있다. ③ 버드나무를 깎아서 나무 술잔을 만들 수도 있고 나무 몽둥이를 만들 수도 있듯이, 인의|仁義|라는 것도 사람의 본성에 인위적인 노력(교육)이 있어야 가능한 것이다. 인의|仁義| 그 자체는 본성이 아니다.

맹자의 주장도 거꾸로 엮어볼까요.

① 본성이란 다른 종과 구분되는 성질을 말하는 것이다. ② 물이 아래로 흐르듯이 본성은 자연스러운 것이다. ③ 버드나무의 본성을 해치지 않는 범위 내에서 가공을 해야 술잔이 된다. 억지로 가공해서는 나무 술잔을 만들 수 없다. 마찬가지로 사람에게 인의|仁義|는 매우 자연스러운 덕목이다. 억지로 가르친다고 되는 것은 아니다. 마치 개나 소처럼.

이렇게 보면 고자의 말이 더 논리적임을 알 수 있습니다. '소용돌이치는 물'이라는 비유도 참으로 적절합니다. 본성은 타고난 그대로의 모습인데, 그것은 마치 '소용돌이치는 물'과 같아서 어디로 튈지 아무도 모른다는 뜻이 담겨 있습니다. 그냥 고여 있는 물이 아니라, 고여 있으되 소용돌이치는 물에 비유하였습니다. 이에 비해 맹자는 물이 흐르듯이 자연스러운 것이 본성이라고 하면서도 인간의 인위적인 개입이 꼭 필요하다고 주장합니다. 본성을 다른 동식물과 구분되는 그 무엇으로 정의한다면, 인간만이 인간에게 교육을 할 수 있기 때문에 그런 개입(교육)조차 자연스럽다고 말할 수도 있습니다. 위 대화에 나타나지 않아 정확하게 알 수는 없습니다. 그러나 설사 그렇다고 하더라도, 그 결과가 왜 하필 '인의|仁義|'인지에 대한 설명은 꼭 필요하다고 봅니다. 버드나무를 깎아 전쟁에 쓰는 창을 만들 수도 있고, 농

사짓는 삽자루를 만들 수도 있는데 왜 꼭 나무 술잔이어야 하는지에 대한 설명이 없습니다. 맹자의 말이 상식적으로 이해할 수 있는 말이기는 하지만 위대한 사상가의 논리치고는 참 엉성해 보입니다. 《정글북》의 모글리처럼 인간임에도 불구하고 태어날 때 동물과 함께 자라면 우리가 흔히 아는 인간적인 속성을 찾아보기 힘듭니다.

맹자에 비하면 훗날 맹자를 비판하며 성악설을 말한 순자의 주장이 더 타당해 보입니다. 순자는 인간이 선하고 아름다운 것은 이미 인위적인 과정이 개입된 것이라 인정합니다. 그리고 자연 그대로의 모습은 '거칠고 조야하다'고 표현합니다. 거칠고 조야한 본성에 인위적인 노력을 가해 아름다워질 수 있다고 본 것입니다. 순자는 본성|性|과 인위적인 노력|僞|을 확실하게 구분하였습니다. 인위적인 노력, 즉 자기 극복의 과정을 거치지 않고서는 인간이 아름다워질 수 없습니다. 따라서 자기극복을 거친 후의 아름다움은 그 전의 거칠고 조야한 상태와 질적으로 다릅니다. 결코 자연스러운 과정이 아닙니다.

순자의 주장은 고자의 주장과 비슷하게 보이지만, 둘은 다릅니다. 맹자가 말한 선|善|이나 순자가 말한 '거칠고 조야함|惡|'은 모두 인간에 대한 가치평가가 들어 있는 말입니다. 반면 고자의 말에는 전혀 그런 것이 없습니다. 맹자가 "그러면 개의 본성이 소의 본성이고, 소의 본성이 사람의 본성이란 말이냐?"라고 말했을 때는, 이미 개나 소보다 사람의 본성이 훨씬 우월하고 좋다는 뜻이 포함되어 있습니다.

고자의 말에는 처음부터 본성에 대한 가치 평가가 없습니다. 고자가 보기에 인간의 본성은 동물적 욕구 그 자체일 수도 있습니다. 그러나 동물적 욕구라고 해도 그것이 '나쁘다'고 생각하진 않았습니다. 물론 '좋다'고도 생각하지 않았습니다. 오직 있는 그대로의 모습을 말할 뿐이었습니다. "에라,

이 개보다 못한 놈아!"라고 하면 개라는 동물은 사람보다 저급하고, 심지어 나쁘다는 뜻이 들어 있습니다. 저런 말을 들으면 참기 힘들죠. 그러나 고자는 그것을 무시합니다. 고자가 보기에는 개의 본성이나 소의 본성, 심지어 인간의 본성이 모두 동일합니다. 삶에 대한 원초적 욕구, 그것만이 유일할 뿐입니다.

맹자는 인간이 원래 타고난 그대로의 모습이 아니라 수많은 사람들 속에서 살면서 만들어진 가치 덕목을 본성이라고 규정하고 있습니다. 즉 인간이 사회화 과정을 거치면서 습득한 가치 덕목들을 절대화하고 있는 것입니다. 그것도 수많은 가치 덕목 중에서 유독 측은지심|惻隱之心|, 수오지심|羞惡之心|, 사양지심|辭讓之心|, 시비지심|是非之心| 등만을 본성이라고 보고 있습니다. 사회화 과정을 통해 만들어진 '결과'를 인간의 타고난 본성, 즉 인간이 어질고 의로울 수밖에 없는 '원인'으로 생각한 것입니다.

인간은 결국 사회적인 동물입니다. 사회를 이루고 살지 않으면 인간이라 할 수 없습니다. 인간인 이상 사회에 소속되어 있고, 그 안에서 여러 사람들과 함께 살아가고 있습니다. 그렇다면 인간을 철저하게 사회적 관계 속에서 파악한 맹자의 주장이 타당한 것일까요? 개나 소나 인간이나 본성이 모두 같다고 말한 고자는 과연 인간의 사회성마저 부정한 것일까요?

고자의 말이 많이 남아 있지 않아서 정확하게 알 수는 없지만, 지금까지의 고자의 말만으로도 그가 인간의 사회성 자체를 부정했다는 어떤 근거도 찾을 수 없습니다. 그는 사회성 자체를 부정한 것이 아니라, 선악이라고 하는 것은 인간이 날 때부터 타고난, 즉 철학에서 말하는 '선험적'인 것이 아니라고 말했을 뿐입니다. 선과 악이라는 개념은 인간이 사회적인 관계를 맺고 사회화 과정을 거친 후에 평가할 수 있는 사후적인 개념이라는 뜻입니다. 본말이 전도되었다는 것이죠.

고자는 인간의 본성을 말하고 있지만, 그 본성 자체를 부정한 것이나 마찬가지입니다. 본성에 대한 논의 자체가 의미 없음을 말하는 것이기도 합니다. 맹자가 인간이 원래 선하다고 한 말은 교육의 결과를 두고서 타고난 본성이라 말하는 것이니, 본말이 전도된 것일 뿐 아니라 무언가 다른 '의도'가 들어 있는 주장임을 간파한 것입니다.

그 의도는 다름 아닌 왕도정치|王道政治|입니다. 인간은 본래 선한 존재이니, 굳이 힘으로 굴복시키지 않아도 선한 본성을 드러낼 수 있는 환경을 만들어주는 것이 군주의 역할이라는 것입니다. 나아가 군주 역시 인간이므로 선한 존재인데, 그렇지 않은 군주는 바꿀 수도 있다는 혁명론으로까지 발전하게 됩니다. 맹자가 목에 힘을 주고 인간의 본성을 이야기한 것은 결국 맹자의 정치적 입장을 정당화하기 위한 논리라고 볼 수 있습니다. 정치나 사회에 대한 기본적인 사고방식을 '이데올로기'라고 합니다. 맹자의 성선설은 결국 이데올로기적인 개념입니다. 법가가 법치주의를 정당화하기 위해 인간의 본성이 악하다고 한 것과 마찬가지로 본성론은 코에 걸면 코걸이, 귀에 걸면 귀걸이가 됩니다.

좀 더 예를 들어보죠. 우리는 앞서 맹자의 사단|四端|을 살펴봤습니다. 그중에서 사양지심은 예|禮|의 시작이라고 했습니다. 맹자의 논리대로라면 인간은 본래부터 선하기 때문에 사양하는 마음|辭讓之心|을 가지고 있고, 이로부터 예|禮|가 생겨난 것입니다. 예|禮|는 곧 인간의 본성에서 발현된 것이니 예에 어긋나는 것은 모두 인간의 본성에 위배되는 것입니다. '예의', '예절'이라는 말에서 알 수 있듯이 그것은 곧 규범입니다. 고대의 예|禮|는 곧 '사회 규범'입니다. 결국 인간 본성이 사회화되어 나타나는 예|禮|를 따르라는 것입니다. 따라서 성선설은 순수하고 사변적인 이론이 아니라 다분히 윤리적이며 이데올로기적인 개념입니다.

자, 그럼 맹자의 결론으로 끝난 성선설 대화에서 지워진 고자의 마지막 말을 채워넣겠습니다. 제가 제 식대로 채워넣듯이 여러분도 한번 마음대로 채워보세요.

Round 1 버드나무 논쟁

고자 : 본성은 버드나무와 같습니다. 의로움은 버드나무로 만든 나무 술잔과 같습니다. 인간의 본성이 어질고 의롭다고 하는 것은 마치 버드나무를 나무 술잔으로 여기는 것과 같습니다.

맹자 : 당신은 버드나무의 본성을 따라서 나무 술잔을 만든다고 생각합니까? 아니면 버드나무의 본성을 해쳐서 나무 술잔을 만든다고 생각합니까? 만약 버드나무의 본성을 해쳐서 나무 술잔을 만든다고 본다면 또한 사람의 본성을 해쳐서 어질고 의롭게 된다고 보는 겁니까? 천하 사람들을 이끌고 어짊과 의로움을 해치는 것이 분명 그대의 말일 것입니다.

고자 : 그렇다면 나무 술잔에 남아 있는 버드나무의 본성은 도대체 무엇입니까? 제가 보기에는 나무 술잔이 과거에 버드나무였다는 것밖에 없는데요. 또한 만약 버드나무의 나무 술잔이 사람에게 인의(仁義)에 해당된다면, 버드나무로 만든 나무 몽둥이는 사람에게 무엇에 해당되는지요?

Round 2 소용돌이치는 물 논쟁

고자 : 본성은 소용돌이치는 물과도 같아서, 동쪽으로 터주면 동쪽으로 흘러가고, 서쪽으로 터주면 서쪽으로 흘러갑니다. 사람의 본성에 선과 불선의 구분이 없는 것은 물에 동과 서의 구분이 없는 것과 같습니다.

맹자 : 물에 진정 동서의 구분은 없지만 위아래의 구분도 없겠습니까? 사람의 본성이 선한 것은 물이 아래로 흘러가는 것과 같습니다. 사람은 선하지

않음이 없고, 물은 아래로 흘러가지 않는 경우가 없습니다. 지금 물을 쳐서 튀게 하면 이마를 지나가게 할 수 있고, 세차게 밀어 보내면 산 위에도 있게 할 수 있습니다. 이것이 어찌 물의 본성이겠습니까? 그 형세가 그런 것일 뿐입니다. 사람을 선하지 않게 할 수도 있지만, 그 본성은 또한 이와 같을 뿐입니다.

고자 : 물이 아래로 흐르는 것이 물의 본성이라 했는데, 돌멩이도 아래로 구르고 낙엽도 아래로 떨어지는데, 그럼 물과 돌멩이와 낙엽의 본성이 모두 같다는 말씀입니까?

Round 3 개와 소의 본성

고자 : 태어난 그대로를 본성이라고 합니다.

맹자 : 태어난 그대로를 본성이라고 말하는 것은 흰 것을 희다고 말하는 것과 같습니까?

고자 : 그렇습니다.

맹자 : 흰 깃털이 흰 것은 흰 눈이 흰 것과 같고, 흰 눈이 흰 것은 흰 옥이 흰 것과 같은 것입니까?

고자 : 그렇습니다.

맹자 : 그렇다면 개의 본성이 소의 본성과 같고, 소의 본성은 사람의 본성과 같은 것입니까?

고자 : 만약 개나 소와 반드시 구분되는 것을 인간의 본성이라고 한다면, 인간 중에도 선하고 악한 사람이 있는데 악한 사람은 인간이 아니라는 말씀인가요? 어떤 사람은 선할 때도 있고 악할 때도 있는데, 그렇다면 선할 때는 인간이고 악한 마음을 가졌을 때는 인간이 아닌가요? 그럼 뭔가요?

맹자 : 인간의 탈을 쓴 짐승이지요.

고자 : 동물도 자기 새끼를 아끼는 마음이 지극합니다. 자기를 돌봐주던 주인이 죽으면 소가 눈물을 흘린다는데, 그럼 이때 소는 소의 탈을 쓴 인간인가요?

맹자 : 소는 소일 뿐입니다. 소가 눈물을 흘린다고 소의 본성이 선하다고 볼 수는 없습니다. 가끔 그럴 수 있으나 본바탕은 동물적인 욕구밖에 없지요. 반면 인간은 본바탕이 선하기 때문에 대개 선해지려고 하지만 군주가 힘으로 정치를 하여 힘이 최고인 줄 알게 된 것입니다.

고자 : 인간이 선하게 되는 것이 타고난 본바탕 때문이라면, 인간이 악하게 되는 것 역시 타고난 본바탕이 악해서가 아닌가요?

(고자는 더 이상 말이 통하지 않자 화가 나서 문을 닫고 나가버렸다.)

힘 을 쓰 는 사 람 은 지 배 를 받 는 다

공자의 제자 중에 번지|樊遲|라는 사람이 있었습니다. 공자보다 46세나 아래였으니 제자 집단 중에서 매우 어린 축에 속했습니다. 성격이 소박해서인지 아니면 배움이 얕아서인지 가끔 공자에게 엉뚱한 말을 해서 핀잔을 듣습니다. 하루는 공자에게 농사짓는 방법을 가르쳐달라고 요청합니다. 공자가 "나는 늙은 농부보다 못하다"라고 거절하자 이번에는 밭일을 가르쳐달라고 합니다. 공자가 "나는 밭일하는 노인만도 못하다"고 또 거절을 했습니다. 번지가 나가자 공자가 한탄하며 말합니다.

"번지는 소인|小人|이구나. 번지야, 윗사람이 예를 좋아하면 백성들이 감히 공경하지 않을 수 없고, 윗사람이 의로움을 좋아하면 백성들이 복종하지 않

을 수 없고, 윗사람이 신의를 좋아하면 백성들이 진심으로 하지 않을 수 없으니, 이와 같이 하면 사방의 백성들이 자기 자식을 포대기에 업고 달려올 터인데, 어찌 농사짓는 일을 할 필요가 있겠는가!"《논어》〈자로〉

공자의 생각에는 윗사람과 아랫사람, 즉 군자와 소인의 역할이 분명하게 나뉘어져 있었습니다. 소인은 농사를 짓고 살지만, 군자는 예를 준수하고 인의의 마음을 다하는 것만으로도 자신의 역할을 다하는 것이라 여겼습니다. 이것이 유가의 기본적인 사고방식입니다. 맹자 대에 와서 이 생각은 더욱 굳건해지고, 이론적으로 체계화됩니다.

맹자와 진상|陳相|의 대화를 통해 맹자가 생각한 사회분업이 어떠한 것인지 살펴보겠습니다.

맹자의 대화 상대인 진상은 아마 유학에 뜻을 둔 사람이었던 것 같습니다. 그런 그가 등나라로 가서 허행|許行|이라는 사람을 만나고서는 뜻이 바뀌었나 봅니다. 허행의 말과 행실을 보고 감복하여 그를 따르던 무리들과 어울리고 그의 삶을 찬양하게 된 겁니다. 허행은 초나라 사람이었는데 등나라 문공이 어진 정치를 편다는 소문을 듣고 등나라로 이주한 사람입니다. 그는 자신을 따르던 무리들과 함께 직접 농사를 지어 끼니를 연명하고 옷도 직접 해 입었습니다. 돗자리를 짜서 시장에 내다 팔아 생계를 유지하기도 했습니다. 다만 자신이 직접 만들지 못했던 모자나 솥 같은 것은 다른 것을 내다팔아 사왔습니다. 물론 할 수 있다면 했겠지만 농사를 짓느라 여력이 없었던 것입니다. 이런 허행의 학파를 농가|農家|라고 합니다.

다음은 허행을 칭송하는 진상과 이를 반박하는 맹자의 대화입니다. 본문에서 허행을 허자|許子|로 칭하고 있습니다. 〈등문공上〉에 나오는 이야기입니다.

진상 : 현명한 임금은 백성들과 함께 농사를 지으면서 음식을 먹고, 아침·
저녁을 손수 지어 먹으면서 나라를 다스린다고 합니다. 등나라 임금이 현명
한 군주이기는 하지만 아직 이에는 미치지 못하나 봅니다.

맹자 : 허자는 반드시 곡식을 심고 직접 길러 먹습니까?

진상 : 그렇습니다.

맹자 : 허자는 베를 직접 짜서 옷을 만들어 입습니까?

진상 : 아닙니다. 굵은 베나 털가죽으로 만든 거친 옷을 입습니다.

맹자 : 허자는 모자를 씁니까?

진상 : 씁니다.

맹자 : 무엇을 씁니까?

진상 : 흰 비단으로 만든 모자를 씁니다.

맹자 : 그것도 스스로 만듭니까?

진상 : 아닙니다. 곡식을 가지고 바꿉니다.

맹자 : 허자는 무엇 때문에 스스로 베를 짜서 만들지 않습니까?

진상 : 밭갈이에 방해가 되기 때문입니다.

맹자 : 허자는 가마솥과 시루로 밥을 짓고, 쇠로 만든 농기구로 밭을 갑니까?

진상 : 그렇습니다.

맹자 : 그런 것들도 스스로 만듭니까?

진상 : 아닙니다. 곡식을 가지고 바꾸지요.

맹자 : 곡식을 가지고 농기구나 그릇으로 바꾸는 것은 도자기를 만드는 도
공이나 쇠붙이를 다루는 대장장이에게 손해를 입히는 것이 아닙니다. 도공
이나 대장장이도 역시 그들이 만든 물건으로 곡식을 바꾸니 어찌 농부에게
손해를 입히는 것이겠습니까? 허자는 어찌해서 도공이나 대장장이가 되어
직접 만들어 쓰지 않습니까? 왜 분주하게 여러 장인들과 교역을 합니까?

진상 : 도공이나 대장장이가 하는 일은 농사를 지으면서 함께 할 수 없습니다.

맹자 : 그렇다면 천하를 다스리는 일만 유독 농사를 지으면서 할 수 있는 건가요? 대인|大人|의 일이 있고 소인|小人|의 일이 있습니다. 가령 한 사람의 몸으로 여러 장인이 하는 일을 고루 갖추어 반드시 자신이 스스로 만든 다음에야 이를 사용한다면, 이것은 천하의 사람들을 할일이 없게 만들어 모두 길바닥으로 내앉게 만드는 일입니다. 그러므로 '어떤 사람은 마음을 쓰고, 어떤 사람은 힘을 쓴다'고 말합니다. 마음을 쓰는 사람(노심자|勞心者|)은 다른 사람을 다스리고, 힘을 쓰는 사람(노력자|勞力者|)은 다른 사람에게 다스림을 받게 됩니다. 다른 사람의 다스림을 받는 사람은 그 사람을 먹여살리고, 다른 사람을 다스리는 사람은 그들의 부양을 받게 되는 것이 천하의 공통된 도리입니다.

꽤 긴 대화의 일부만 옮겼습니다. 내용은 그리 어렵지 않습니다. 언뜻 보기에는 맹자의 말이 훨씬 논리적이고 현실적인 것으로 보입니다. 자급자족을 외치면서 정작 남이 만든 모자와 농기구를 이용하는 허자의 논리적 허점을 맹자가 그대로 찌르고 있습니다. 위 발췌문에는 나와 있지 않지만 물건의 가격은 크기가 같으면 모두 같은 가격을 매겨야 한다는 진상과 이에 대한 맹자의 반격을 보면 더욱 그러합니다. 허자의 사상은 참으로 비현실적으로 보입니다.

그러나 과연 그런지, 맹자의 논리를 차근차근 따져보겠습니다.

위 대화에서 중간에 생략된 부분은 맹자가 요순시절의 요임금과 순임금에 대해 이야기하는 부분입니다. 맹자는 요와 순임금이 나라를 안정되게 만들고 백성을 편안하게 다스리는 일에 전념하느라 농사를 지을 시간이 없었다고 말합니다. 임금은 임금의 역할이 있고 농부는 농부의 역할이 있다는 말입니다. 이렇게 사회는 나름대로 다스리는 자와 다스림을 받는 자 간의 분업체계를 갖추고 있다는 것이 맹자의 논리입니다.

맹자의 말이 분명 맞습니다. 원시 공동체 사회 이후로 문명이 발달하면서 더 이상 자급자족만으로 유지된 사회는 없었으니까요. 맹자가 말한 마음을 쓰는 사람은 정신노동을 하는 사람이고, 몸을 쓰는 사람은 육체노동을 하는 사람입니다. 그렇다면 정신노동을 하는 사람은 나라를 다스리는 것이 주된 업무요, 육체노동을 하는 사람은 그들의 지배를 받으며 그들을 봉양하는 것이 주된 임무인 것입니다. 정신노동을 하는 사람은 육체노동을 하는 사람들이 제대로 일을 할 수 있도록 환경을 만들어주고 보호할 책임이 있습니다.

이런 맹자의 생각에는 군주의 일이나 농부의 일이나 모두 서로 보완하는 관계에 있다는 믿음이 전제되어 있습니다. 임금은 비록 마음을 써서 큰일을 하지만 농부들 없이는 먹고살 수 없으니, 임금과 농부는 그 역할만 다를 뿐 서로 수평적인 보완관계라는 믿음이 없다면 요순임금과 농부를 동등하게 비교할 수 없었을 테니까요. 통치할 능력이 없는 소인은 군자나 대인들로부터 다스림을 받는 것이 너무 당연하고, 백성들이 통치자들을 먹여살리는 것도 매우 당연한 일입니다.

그러나 과연 그럴까요? 임금과 농부는 그 일만 다를 뿐 서로 수평적인 보완관계였을까요? 단언컨대 그렇지는 않았습니다. 그들은 엄연하게 지배와 피지배의 관계에 있었습니다. 다스리고 다스림을 받는 수직적인 관계인 거죠. 서로 간의 분업을 수평적으로 보느냐, 아니면 수직적으로 보느냐에 따라 맹자의 노심자, 노력자 역할 구분에 대해 전혀 다른 해석을 할 수밖에 없습니다.

우리는 《논어》를 읽으면서 현재의 눈으로 과거를 재단하지 말자고 했습니다. 따라서 현대의 잣대만으로 과거의 사상을 단죄해서는 안 됩니다. 사회 발전 단계로 볼 때 맹자 시대에 수직적 지배·피지배 관계를 극복한다는 생각은 쉽지 않았습니다. 그렇지만 오늘의 관점에서 과거의 사상을 따져보는 것도 의미 있는 일입니다. 무조건적인 비판이 아닌 고전의 창의적인 수용을 위해 맹자의 말에 딴죽을 한번 걸어보겠습니다.

허자의 논리에는 분명히 허점이 있습니다. 모든 것을 자급자족할 수는 없는 것이죠. 그것을 간파한 맹자의 논리는 치밀합니다. 따라서 두 사람의 대담에 방청객이 있었다면 대부분 맹자의 손을 들어줬을 것입니다. 그러나 사려 깊은 방청객이 있었다면 다음과 같이 질문했을 것입니다.

"맹 선생님, 지금의 임금이 백성들과 함께 농사도 짓고 어울리고 싶지만 통치하고 교육하느라 도저히 짬이 안 나서 밭일을 못하는 건가요? 백성들도 통치하고 교육도 하고 싶지만 농사일 때문에 바빠서 못한다고 생각하시나요? 그렇다면 백성들 중에 농사일을 빨리 끝낸 사람은 임금처럼 통치도 하고 교육도 할 수 있는 건가요?"

맹자가 말한 노심자와 노력자의 구분, 즉 정신노동을 하는 사람과 육체노동을 하는 사람의 구분은 단순히 역할의 구분이 아닙니다. 역할의 구분이라면 때로는 역할을 바꿀 수도 있어야 하는데, 맹자는 절대로 그렇게 생각하지 않았으니까요. 그건 역할의 구분이자 엄연히 신분의 구분인 것입니다. 수평적인 것은 서로 보완하는 관계이지만, 수직적 신분 관계는 위계질서를 기본으로 하는 강압적인 관계입니다. 이 둘은 엄격하게 다른 것입니다. 따라서 맹자의 논리는 결국 지배자와 피지배 계급관계를 고정시켰다고 해도 틀린 말이 아닙니다.

대인과 소인의 구분은 태어날 때부터 이미 결정된 것입니다. 농부의 아들로 태어난 사람은 지배자가 되고 싶어도 될 수가 없었습니다. 정신노동을 하고 싶어도 할 수가 없었죠. 마찬가지로 왕도 처음부터 그 나라의 왕이었나요? 빼앗고 빼앗기는 전쟁에서 이겨서 그 자리를 강탈한 것이지요. 땅에는 애초에 주인이 없었습니다. 그런 땅을 빼앗고 독차지해서 그들의 지위를 유지할 수 있었던 것입니다. 따라서 대인 또는 지배자라는 사람들은 이미 빼앗고 약탈하여 그 자리를 차지한 기득권 세력입니다. 맹자의 대인과 소인의 논리, 즉 노심자와 노력자의 논리는 결국 지배자와 피지배자 간의 관계를 교묘하게 속이고 폭력과 수탈을 정당화한다고 비판해도 달리 할 말이 없습니다. 물론 맹자 스스로는 그렇게 생각하지 않았겠지만 말입니다.

맹자는 이미 고착화된 지배와 피지배 관계에서 지배자의 덕치를 강조하여 피지배자인 백성들을 안락하게 하려 했습니다. 이 점은 매우 높게 평가를 받아야 합니다. 그러나 애초부터 맹자가 문제 삼았던 것은 지배 논리 그 자체가 아니었습니다. 맹자에게 지배자와 피지배자 간의 구분은 너무나 자연스러웠고, 다만 정당한 지배인가 그렇지 않은가 하는 차이뿐이었습니다. 그래서 위정자들은 맹자의 본의와는 다르게 그들의 지배 체제를 정당화하는 데 주로 공맹의 사상을 사용했습니다. 어리석은 위정자들이 무력을 앞세워 단명했다면, 좀 현명한 위정자들은 백성을 앞세워 장기 통치를 할 수 있었던 것입니다.

이상으로 다소 비판적인 관점에서 《맹자》를 읽어봤습니다. 그러나 조금 전에도 말했듯이 비판 자체가 이 글의 목적은 아닙니다. 맹자가 출신에 따라 대인과 소인을 구분짓고, 지배자와 피지배자를 뒤바꿀 수 없는 영원한 관계로 생각한 것은 아리스토텔레스가 노예를 '말하는 짐승'이라 부른 것이나 마찬가지입니다. 아리스토텔레스가 살았던 그리스 사회가 노예 노동에 의존하고 있었듯, 맹자가 살던 춘추전국시대는 소인의 농업과 부역으로 사회가 유지되었습니다. 아리스토텔레스가 노예의 인격을 깔아뭉갠 것이 아니라 그 사회가 그러했습니다. 맹자가 소인을 업신여긴 것이 아니라 그 사회가 이미 그러했습니다. 마르크스가 말했듯 사회적 존재가 사회적 의식을 규정합니다. 그런 점에서 우리의 위대한 맹자도 그 시대의 사회적 조건에서 결코 자유로울 수 없었습니다.

《맹자》는 문구의 생략과 중복이 절묘하고, 흐름이 경쾌하고 민첩하며 비유가 풍부하여 지금도 한문을 공부하는 사람들에게는 건너뛸 수 없는 필수 과목이라고 했습니다. 그만큼 고사성어도 풍부합니다. 그중에는 일상생활에서 아주 널리 쓰이는 단어라 고사성어라고 전혀 눈치채지 못할 만한 것들도 있습니다. 자포자기, 사이비, 조장 등이 그런 것인데, 그중에서 몇 개만 살펴보겠습니다.

자포자기 | 自暴自棄 |

〈이루〉편에 나오는 고사입니다. 이루 | 離婁 | 는 눈이 밝은 것으로 유명한 사람입니다. 전설의 황제 | 黃帝 | 가 옥을 잃어버렸을 때 이루에게 찾아오라고 명령했다고 합니다. 백 보 떨어진 곳에서도 짐승 털끝을 볼 수 있었다고 합니다. 물론 이 편명 역시 《논어》와 마찬가지로 '맹자왈, 이루지명……'으로 시작되어 〈이루〉라고 정한 것입니다.

원문을 보면 맹자가 이런 말을 합니다.

"스스로를 해치는 자와는 더불어 진리를 말할 수 없고, 스스로를 버리는 자와는 더불어 진리를 행할 수 없다. 말로써 예의를 비방하는 것을 스스로 해치는 것이라 하고, 내 몸은 인 | 仁 | 에 머무르거나 의 | 義 | 를 행할 수 없다고 하는 것을 스스로 버리는 것이라 한다. 인 | 仁 | 은 사람의 편안한 집이고 의 | 義 | 는 사람의 바른 길이다. 편안한 집을 비워두고 거처하지 않으며, 바른 길을 버려두고 말미암지 아니하니 슬프도다."

여기서 스스로를 해치는 것을 자포 | 自暴 | 라고 하고, 스스로를 버리는 것을 자기

|自棄|라고 했습니다. 맹자의 말에 의하면, 입만 열면 예의를 비방하는 것을 자포 |自暴|라고 하고, 인의|仁義|를 인정하면서도 자신과는 무관하다고 생각하는 것을 자기|自棄|라고 말합니다. 포|暴|는 사납다는 뜻일 때는 '포악', '폭력' 처럼 '포' 또는 '폭' 이라 읽고, 모질게 군다는 뜻으로 쓸 때는 '포' 라고 읽습니다. 여기서는 모질게 군다는 뜻입니다. 자기 스스로에게 모질게 구는 것, 즉 자신을 학대하는 것을 자포라고 합니다. 맹자는 인의|仁義|를 비방하는 것을 자포라고 본 겁니다. 기|棄|는 버린다는 뜻입니다. 권리를 버리는 것을 기권|棄權|이라 하고, 부적절한 소송을 무효화하는 것을 기각|棄却|이라고 합니다. 자기|自棄|는 스스로를 버린다는 뜻이니, 인의|仁義|에 대해 알고 있지만 자신과 무관하다고 생각해 실천하지 않는 사람을 맹자는 '자신을 버린 사람' 으로 보고 있습니다.

오늘날에는 인의|仁義|와는 무관하게, 어떠한 이유로 인해 절망 상태에 빠져 제 몸을 스스로 버려 돌보지 않는다는 뜻으로 쓰입니다.

사 이 비 |似 而 非|

〈진심〉편 끄트머리에서 맹자와 제자 만장의 대화에 나오는 말입니다.

먼저 만장이 묻습니다.

"고을 사람 모두가 한결같이 점잖은 사람이라고 일컫는 사람이 있습니다. 그는 어디를 가더라도 점잖은 행동을 할 것입니다. 그런데 그런 사람을 두고 공자께서 덕을 해친다고 하신 것은 무엇 때문입니까?"

맹자가 장황하게 대답합니다.

"비난하려 해도 들추어낼 것이 없고 찌르려 해도 찌를 것이 없으며, 세속에 동화된 더러운 세상에 영합하여 실천하는 것이 마치 충|忠|과 신|信| 같으며, 행동하는 것이 청렴결백한 것 같아서 여러 사람들이 다 좋아하며 스스로를 옳게 여기지만, 그렇다고 요순의 도에 들어갈 수는 없다. 그래서 '덕을 해친다' 고 하신 것이다. 공

자께서 말씀하시길, '비슷하면서 아닌 것을 미워하노니, 밭에 난 강아지풀이 벼 싹을 어지럽힐까 두려워해서이고, 말재주 있는 자를 미워함은 의|義|를 더럽힐까 두려워해서이고, 정|鄭|나라 음악을 미워함은 올바른 음악을 어지럽힐까 두려워 해서이고, 자주색을 미워함은 붉은 색을 어지럽힐까 두려워해서이고, 향원을 미 워함은 덕을 어지럽힐까 두려워해서이다' 라고 하셨다."

공자가 말했다는 '향원' 은 마을의 모든 사람이 좋아하는 사람을 말합니다. '비슷 하면서 아닌 것' 은 원문에 사이비자|似而非者|라고 나와 있습니다. 여기서 '사이 비' 라는 말이 유래했습니다. 사|似|는 '닮을 사' , 이|而|는 '말 이을 이', 비|非| 는 '아닐 비'. '닮았지만 아니다' 라는 뜻입니다. 겉모양은 비슷한데 그 근본이 전 혀 다른 것을 일러 사이비라고 합니다.

《논어》〈자로〉편에 보면 자공이 공자에게 "마을 사람 모두가 좋아하는 사람은 어 떻습니까?"라고 묻습니다. 공자는 "좋은 사람이라고 할 수 없다"고 말합니다. 다 시 자공이 "마을 사람들이 모두 미워하는 사람은 어떻습니까?"라고 했습니다. 이 에 공자는 "그 역시 좋은 사람이라고 말할 수 없다. 마을의 좋은 사람들이 좋아하 고 좋지 않은 사람들이 미워하는 것만 같지 못하다"라고 말합니다. 공자가 보기에 만인에게 호감을 얻는 것은 어딘가 위선|僞善|이 있다고 본 것입니다. 모두가 좋 아하거나 모두가 싫어하는, 즉 양극단을 경계하기 위해서 한 말입니다.

사이비와 비슷한 말로 '사쿠라' 라는 말이 있습니다. 일본어죠. 다 아시겠지만 벚 꽃이라는 뜻입니다. 그런데 왜 사이비와 비슷한 뜻으로 '사쿠라' 라는 말이 사용될 까요?

사연인즉, 일본이 서양 문물을 받아들일 때쯤 개국 정책에 따라 요코하마나 고베 등지에 외국인 거류지가 생겼습니다. 그때 쇠고기가 인기였는데, 말고기를 쇠고 기로 속여 파는 경우가 생겨났습니다. 말고기는 일어로 '사쿠라니쿠'. 이를 줄여 서 '사쿠라' 라고도 합니다. 어떤 사람은 말고기의 빛깔이 벚꽃처럼 붉다고 하여

'벚꽃 고기'라고 부른 데서 유래되었다고도 합니다. 어찌됐든 말고기를 쇠고기로 속여 판 데서부터 유래한 것은 분명합니다. 우리나라에서는 5·16 쿠데타 이후 정계에서 이 말이 널리 유행했다고 합니다.

조장|助長|

국어사전에 보면, '(의도적으로 더 심해지도록) 도와서 북돋움'이라고 설명되어 있습니다. '도울 조|助|'에 '긴 장|長|'자를 쓰고 있는데, 여기서 '장|長|'은 '자라다'라는 뜻으로 사용되었습니다. 즉 자라도록 돕는다는 뜻입니다. 한자 풀이로만 봐서는 좋은 뜻인데, 왜 실제 사용될 때는 안 좋은 뜻으로 사용될까요?《맹자》〈공손추上〉에 그 이유가 나와 있습니다.

공손추가 맹자에게 선생님의 장점이 무어냐고 물으니, 맹자는 호연지기|浩然之氣|를 잘 길렀다고 대답했습니다. 그러자 공손추는 호연지기가 과연 무엇이냐고 되묻습니다.

이에 맹자가 대답합니다.

"말하기 어렵다. 그 기운은 지극히 크고 지극히 굳세니, 곧은 마음으로 길러서 해침이 없으면 하늘과 땅 사이에 가득 차게 된다. 그 기운은 의|義|와 도|道|에 짝이 되는 것이니, 이것이 없으면 쭈그러든다. 이는 의로움을 거듭하여 만들어내는 것이다. 행한 것이 마음에 만족스럽지 아니함이 있으면 쭈그러든다. 나는 그래서 '고자|告子|는 애당초 의|義|를 알지 못한다'고 말했던 것이다. 나는 그 의를 바깥에 있는 것으로 보았다. 반드시 호연지기를 길러야 할 것이며, 그렇지만 그 효과를 미리 기대하지는 말아야 하고, 마음에 잊지도 말아야 하며, 송나라 사람처럼 조장|助長|하지도 말아야 한다."

정말 어렵습니다. 이 문장만 봐서는 호연지기가 도대체 무엇인지 도무지 알 수가 없습니다. 그래서 부연설명을 좀 드리겠습니다.

유학에서는 '자연의 이치'를 천명|天命|이라고 하기도 하고, 성|性|이라고 표현하기도 합니다. 천명이라는 것은 태양이 땅을 비추고 사계절이 순환하도록 하는 등 만물 전체에 삶의 조건을 제공하는 것을 말합니다. 성|性|은 만물 하나하나를 낳고 기르는 원동력을 말합니다. 자연의 이치에 따라 만들어진 인간은 자연의 이치에 따라 살고 있는데, 그렇게 사는 길을 도|道|라고 합니다. 결국 천명이니 성이니 도니 하는 말은 모두 '자연의 이치'를 말하고 있는 것입니다. 그것이 사람에게 내재된 것을 성이라고 하고, 그렇게 살아가는 것을 도라고 합니다. 원래 사람들은 그렇게 살았습니다. 그런데 사람이 많아지고 그들 사이에 질투와 사기와 투쟁과 배신, 독재와 착취 등이 생기면서 본래의 성|性|을 잃어버리고 동물적인 욕구가 강해진 것입니다. 이것을 극복하여 본래의 성을 회복하는 것이 유학의 과제입니다.

호연지기는 이러한 인간의 본성을 회복하기 위한 호연한 기운을 말합니다. 호|浩|는 '넓고 크다'는 뜻입니다. 연|然|은 '그러하다'는 뜻입니다. 넓고 큰, 그런 기운을 호연지기라고 합니다. 쉽게 설명한다고 했는데, 그래도 참 어렵습니다.

여하튼 맹자는 호연지기를 길러야 된다고 역설합니다. 그러면서도 '송나라 사람처럼 조장하지도 말아야 한다'고 주의를 주고 있습니다. 《논어》에서 설명드렸듯이 대개 송나라나 기나라 사람이 등장하면 어리석은 자에 대한 비유입니다. 맹자의 말을 직접 들어보겠습니다.

"송나라 사람 중에 곡식의 싹이 자라지 않아 안타까워하다가, 다 자라지도 않은 싹을 뽑아서 키워놓은 자가 있었다. 그래놓고는 집에 돌아와 '오늘은 피곤하다. 곡식의 싹을 도와서 자라게 했다'고 말했다. 아들이 달려가서 보니 이미 싹은 말라 있었다. 이처럼 천하에 곡식의 싹을 도와 자라게 하는 자가 많다."

씨를 뿌려놓았는데, 싹이 더디게 자라니까 급한 마음에 손으로 뽑아 올려 말라 죽게 만든 어리석은 송나라 사람의 이야기입니다. 여기서 '도와서 자라게 했다'는 뜻의 원문이 '조장|助長|'입니다. 도와서 자라나게 한다는 뜻으로, 조급하게 키우

려고 무리하게 힘들여 오히려 망친다는 경계의 뜻을 지닌 말입니다. 어리석음을 경계하는 뜻이지만, 오늘날에는 무언가 의도적으로 북돋운다는 뜻으로 쓰이는 경우가 많습니다.

연목구어|緣木求魚| · 중과부적|衆寡不敵|

연목구어|緣木求魚|와 중과부적|衆寡不敵|은 그 출처가 같습니다. 우리는 앞서 곡속장을 본 적이 있습니다. 제 선왕이 끌려가는 소가 측은하게 보여 소 대신 양으로 바꾸라고 한 대목 말입니다. 맹자는 그런 제 선왕의 행동을 두고 왕도정치를 할 자질이 있다고 이야기했습니다. 그런 다음 맹자는 제 선왕이 충분히 자질을 갖추었으므로 왕도정치는 제 선왕이 마음먹기에 달렸다고 말합니다. 그리고 구체적인 방법을 제시하는데 내 집의 노인부터 남의 집 노인까지, 내 집의 어린아이부터 남의 집의 어린아이까지 섬기고 사랑하는 마음을 가지라고 합니다. 왕도정치는 결국 가까운 곳에서 출발하여 차츰 확산시켜가는 것인데, 제 선왕은 가까운 백성들에게는 사랑을 실천하지 않으면서 먼 짐승에게 사랑을 실행하고 있으니 그 마음에 잘못이 있다고 말합니다. 먼 짐승이란 아까 본 그 소를 두고 한 말입니다. 소도 가엾게 여기면서 왜 백성들은 그렇게까지 생각하지 않느냐는 뜻입니다. 연목구어와 중과부적 고사는 바로 이 말에 이어서 나오는 말입니다.

맹자가 왕에게 말합니다.

"왕께서 친위대를 일으켜 군사와 신하들을 위태롭게 하고 제후들에게 원한을 얽어 만들어놓은 뒤에야 마음이 유쾌하시겠습니까?"

제 선왕이, "아닙니다. 내가 어찌 이러한 것을 유쾌하게 여기겠습니까? 장차 내가 크게 하고자 하는 것을 구하려고 합니다"라고 말했습니다.

그러자 맹자가 "왕께서 크게 하고자 하는 것을 들을 수 있겠습니까?"라고 물었더니 왕은 대답은 않고 웃기만 했습니다. 아마 이야기를 해도 맹자가 받아들여주지 않을 거라 생각한 것 같습니다. 제 선왕의 속셈이야 나라의 힘을 키워 전국시대의 패권을 쥐는 게 꿈이었겠지요. 그것을 안 맹자가 이렇게 말합니다.

"기름지고 단 음식이 부족하기 때문입니까? 가볍고 따뜻한 옷이 부족하기 때문입니까? 아름다운 색을 보지 못하기 때문입니까? 아니면 소리와 음악을 듣지 못해서입니까? 내시나 궁녀를 부리기에 부족하기 때문입니까?"

당연히 제 선왕은 아니라고 대답합니다. 맹자의 말이 계속됩니다.

"그렇다면 왕이 크게 하고자 하는 것을 알 것 같습니다. 토지를 개척하여 진나라와 초나라의 조회를 받고 천하의 중앙으로 군림하여 사방의 오랑캐들을 어루만지고자 하시는 것입니다. 이와 같은 소행으로 이와 같은 욕심을 추구한다면 나무에 올라가서 물고기를 구하는 것과 같습니다."

왕은 속으로 좀 어처구니가 없었을 것입니다. 힘을 키워 중원의 맹주가 되어 다른 나라 왕들의 조회를 받겠다는 것이 왜 나무에 올라가서 물고기를 구하는 것처럼 불가능하고 어리석은 일이라고 하는 것인지 알 길이 없었을 것입니다. '나무에 올라가서 물고기를 구한다'는 말이 연목구어|緣木求魚|입니다. 여기서 연|緣|은 '인연 연' 자입니다. 그대로 풀이하자면 '나무에서 인연하여 물고기를 구하다'라는 뜻인데, '나무에서', '나무에 올라가'와 같이 풀이하는 것이 자연스럽습니다.

왕이 묻습니다.

"그렇게도 심합니까?"

정확하게 무슨 뜻인지는 모르겠으나, 나무에서 물고기를 찾는 것만큼이나 심하게 어리석거나 불가능한 일이냐는 뜻 같습니다.

그랬더니 맹자가 경고합니다.

"더 심하지요. 나무에 올라가서 물고기를 못 구하면 그만이지만, 왕과 같은 욕심 뒤에는 재앙이 따를 것입니다."

"어떤 재앙을 말하는 겁니까?"

"추나라 사람들과 초나라 사람들이 전쟁을 한다면 왕은 누가 이기리라고 생각하십니까?"

"초나라가 이길 것입니다."

"그렇다면 작은 것은 본래 큰 것에 대적할 수 없으며, 적은 것은 본래 많은 것에 대적할 수 없으며, 약한 것은 본래 강한 것에 대적할 수 없습니다. 육지의 땅 중에 사방 천 리가 되는 것이 아홉인데 제나라가 그 하나를 차지한 것이니, 하나를 차지하여 여덟을 복종시키는 것이 어찌 추가 초를 대적하는 것과 다르겠습니까? 그러하니 역시 그 근본으로 돌아가야 할 것입니다."

여기서 중과부적 | 衆寡不敵 | 이라는 말이 유래되었는데, 원문에는 '중과부적' 이라는 말이 없습니다. 원문에는 '소고부가이적대, 과고부가이적중 | 小固不可以敵大, 寡固不可以敵衆 | ' 이라고 쓰여 있습니다. '그렇다면 작은 것은 큰 것에 대적할 수 없고, 적은 것은 많은 것에 대적할 수 없다' 는 뜻인데, 이 말을 줄여서 중과부적 | 衆寡不敵 | 이라고 한 것입니다.

《 맹 자 》 입 문 을 위 한 추 천 도 서

《강의》, 신영복, 돌베개, 2004
《맹자》, 안외순 옮김, 책세상, 2002 - 문고판

원 문 에 가 깝 게 더 읽 어 보 시 려 면

《맹자강설》, 이기동 옮김, 성균관대출판부, 2001
《신완역맹자》, 김학주 옮김, 명문당, 2002

[가 로   열 쇠]

2. 맹자의 어머니가 자식을 위해 세 번 이사했다는 뜻으로, 교육 환경이 중요함을 가리키는 말.

4. 스승의 밑에서 가르침을 받는 제자. 맹자는 공자의 유교사상을 공자의 손자인 자사의 ○○○에게서 배웠다.

6. 움직이고 흔들림. 공손추가 맹자에게 물었다. "선생께서 왕노릇을 한다면 마음이 흔들리지 않겠습니까?" 맹자는 "나는 마흔 살부터 마음이 ○○되는 바가 없었습니다"라고 했다. 〈공손추〉

7. 책임을 중히 여기는 마음. '사람들이 말을 쉽게 하는 것은 오직 그 ○○○○이 없기 때문이다.' 〈이루〉

9. 남을 헐뜯고 욕함. '사람은 뜻밖의 칭찬을 받을 수도 있고, 온전하기를 바라다가 뜻밖의 ○○을 당할 수도 있습니다.' 〈이루〉

10. 공평하지 못하고 한쪽으로 치우침. '○○○인 말을 들으면 그 사람의 마음이 가리워져 있다는 것을 알 수 있고, 핑계대는 말을 들으면 그가 궁지에 몰려 있다는 것을 알 수 있다.' 〈공손추〉

11. 일터. 일정한 직책을 맡아 일을 하는 곳. ○○이 있어 생활이 안정되어야 집안이 화목해지고 나아가 사회와 나라가 안정되듯이, 맹자는 백성의 생활이 안정되도록 만드는 것이 정치의 근본이라 생각했다.

12. 둘레의 언저리. 맹자는 제나라 선왕의 ○○에 믿을 만한 신하가 없음을 알고 선왕에게 인재를 고르는 방법을 일러주었다. 〈양 혜왕〉

13. 임금을 섬기어 벼슬하는 사람. 선왕이 물었다. "○○가 임금을 죽여도 괜찮습니까?" 맹자가 대답했다. "흉포하고 잔학한 사람은 왕이 아니라 평범한 사나이일 뿐입니다." 〈양 혜왕〉

15. 맹자가 말한 '사단' 중의 하나. 자기의 옳지 못함을 부끄러워하고, 남의 옳지 못함을 미워하는 마음. 〈공손추〉

17. 약한 것을 잘 돌보아 지킴. '화살 만드는 사람은 자기가 만든 화살이 남을 해치지 못할까 근심하고, 갑옷 만드는 사람은 자기가 만든 갑옷이 남을 ○○해주지 못할까 걱정합니다.' 〈공손추〉

19. 절망 상태에 빠져 제 몸을 스스로 버려 돌아보지 않음. 〈이루〉편에서 유래된 말.

[세 로 열 쇠]

1. 휴양시설이 마련되어 있는 곳. 사치스러운 제나라 선왕이 ○○○인 설궁으로 맹자를 초빙하여 환대하자 맹자는 백성들과 즐거움을 함께하는 것이 윗사람의 도리라고 말한다. 〈양 혜왕〉

3. 홀로된 어머니를 모시고 있는 처지. 맹자는 일찍이 아버지를 여의고 ○○○○에서 자랐다.

5. 살아 움직이는 듯한 느낌. 《맹자》는 구어체의 문장 속에 맹자의 날카로운 논변과 시대 진단을 생생하게 담고 있으며, 역사와 지리, 인물 등에 박식했던 맹자의 비유들이 ○○○을 더해준다.

8. 뜻밖에 생긴 일을 우선 임시로 둘러맞춰서 해결함. '남자와 여자가 물건을 직접 손으로 주고받지 않는 것은 예의이지만, 물에 빠진 형수를 손으로 끌어당겨 구해내는 것은 ○○○○입니다.' 〈이루〉

11. 곧은 줄과 같이 꾸미거나 숨기지 않고 솔직. 공자의 표현이 대부분 두루뭉술한 반면, 맹자는 ○○○이고 단정적이다.

12. 자기의 학설이나 의견을 내세움. 묵자는 모든 사람을 차별 없이 두루 사랑해야 한다는 '겸애설'을 ○○했는데, 맹자는 묵자의 극단적인 '겸애설'을 반대했다.

13. 몸 또는 몸의 주변. 제자가 맹자에게 왜 금품을 챙겼냐고 물었다. "안 받은 것과 받은 것, 모두다 옳다. 송나라에서 보내 온 전별금과 설나라에서 ○○을 보호할 무기를 사라고 준 돈은 명분이 있어 받았다. 그러나 제나라의 황금은 재물로 환심을 사려 한 것이라 받지 않았다." 〈공손추〉

14. 온 세상. 하늘 밑. '걸임금과 주임금이 ○○를 잃은 까닭은 그들이 백성을 잃었기 때문이다.' 〈이루〉

16. 백 보를 물러간 사람이나 오십 보를 물러간 사람이나 도망한 사실에는 양자의 차이가 없다는 뜻. 차이는 있으나 본질적으로 같다는 뜻으로 쓰임. 〈양 혜왕〉편에서 유래함.

18. 하늘과 땅 사이에 가득 찬 넓고 큰 정기. '자유롭고 느긋한 마음'이라는 뜻으로도 쓰인다. 〈공손추〉편에서 유래함.

20. 학문과 덕이 높고 행실이 바르며 품위를 갖춘 사람. 공자는 주로 사회 지배층인 ○○에 대한 교육에 중점을 둔 반면 맹자는 서민들을 문맹에서 탈출시켜야 한다고 믿었다.

21. 아들과 딸. '옛날에는 아들을 서로 바꿔서 가르쳤고, 어버이와 ○○ 사이에는 잘되라고 꾸짖지 않았다. 잘하라고 책망하면 서로 사이가 멀어진다.' 〈이루〉

약자와 무지렁이를 위한 사상

장자

어느 날 장주가 나비가 된 꿈을 꾸었다. 훨훨 날아다니는 나비가 되어 유유자적 재미있게 지내면
서도 자신이 장주임을 알지 못했다. 문득 깨어보니 다시 장주가 되었다. 장주가 나비가 되는 꿈을
꾸었는지 나비가 장주가 되는 꿈을 꾸었는지 알 수가 없다.   – 장자

중국의 여러 고전을 다루는데 노자의 《도덕경》을 건너뛰고 《장자》를 말하려 합니다. 무슨 큰 뜻이 있어 그런 것은 아닙니다. 모든 고전을 다 다룰 수는 없어서 그중에 몇 편을 골라 함께 읽고 있는데, 함께 읽고 생각하기에 《도덕경》보다 《장자》가 좋을 듯합니다.

　　읽어보신 분은 잘 아시겠지만 《도덕경》은 매우 짧은 글입니다. 마치 여러 편의 시를 모아놓은 연작시 같습니다. 짧은 건 좋은데 그 뜻을 따지고 이해하기가 만만치 않습니다. 또한 이해하고 분석하기 전에 본문 해석에 대한 의견조차 분분합니다. 다행히 《장자》는 《도덕경》에 비해 읽을거리가 참으로 풍부합니다. 더구나 대단히 문학적인 글이어서 현대의 그 어떤 책과 비한다 해도 읽는 재미가 떨어지지 않습니다.

　　넓게 보면 《장자》를 말하는 것은 노자*를 말하는 것이기도 합니다. 공자와 맹자를 아울러 공맹|孔孟|이라고 하듯 노자와 장자를 아울러 노장|老莊|이라고 합니다. 노자의 사상을 장자가 계승했다는 말이겠지요. 《장자》를 중심으로 두고 간혹 필요하다면 《도덕경》과 비교하여 말씀드리겠습니다.

　　그러나 맹자의 생각이 공자의 그것과 같다고 볼 수 없듯이, 장자의 생각이 노자의 생각과 같지는 않습니다. 유사한 점이 매우 많지만 다른 점 또한 무시하지 못할 정도로 큽니다. 특히 실천적인 면에서는 더욱 그러합니다. 그렇지만 저는 노자와 장자의 차이에 주목하지는 않겠습니다. 공통점과 차이점을 세세하게 밝히는 것은 학자들의 몫으로 두겠습니다. 고전을 통해 삶의 지혜와 실천적 지식을 얻고자 하는 저와 같은 평범한 독자들은 노자와 장자가 우리에게 전하고자 하는 고갱이에 주목해야 합니다. 달을 가리키는 손가락이 아니라 하늘의 달을 바라보아야 합니다.

제가 바라보는 달이 원래 장자가 가리켰던 그 달이 맞는지는 잘 모르겠습니다. 먼저 공부하고 전문적으로 연구한 많은 분들의 도움을 받을 수밖에 없습니다. 그러다보니 장자의 손가락에 여러 후학들의 손가락까지 겹쳐 있어 오히려 더 혼란스러울 수도 있습니다. 장자에게, 그리고 이 글을 읽는 분들에게 이래저래 미안할 따름입니다. 그러나 어찌하겠습니까? 《장자》의 '꽥꽥 우는 거위 이야기' 속에서 스스로의 위안을 찾을 뿐입니다.

쓸 모 없 는 나 무 와 꽥 꽥 우 는 거 위

장자가 산 속을 걷다가 거대한 나무 한 그루를 보았습니다. 그 나무는 가지와 잎이 무성했습니다. 나무꾼 하나가 그 곁에 멈춰 섰지만 베려고 하지 않았습니다. 장자가 그 이유를 물으니 나무꾼은 "저것은 아무 쓸모가 없소"라고 말했습니다. 이에 장

약자와 무지렁이를 위한 사상가 장자

자가 말했습니다. "이 나무는 쓸모가 없기 때문에 천수를 누릴 수 있었습니다."

장자는 산에서 내려와 옛 친구의 집에서 하룻밤을 묵게 되었습니다. 그 친구는 기뻐하면서 아들에게 거위 한 마리를 잡아 오라고 말했습니다. 아들이 이렇게 말했습니다. "한 마리는 꽥꽥 울고, 또 다른 한 마리는 그렇지 않습니다. 어느 거위를 잡을까요?" 그러자 주인이 말했습니다. "꽥꽥 울지 못하는 놈을 잡아라." 〈산목〉

《장자》를 보면 '쓸모없음의 쓸모' 를 이야기하는 곳이 많습니다. 천수를 누리는 나무는 아무짝에도 쓸모가 없기 때문에 나무꾼의 도끼로부터 안전할 수 있었다는 이야기입니다. 이처럼 《장자》에서는 줄곧 '쓸모없음' 을 이야기하다가 갑자기 꽥꽥 울지 못하는 쓸모없는 거위를 잡아먹는 이야기가 나옵니다. 논리적으로 보자면, 두 거위 중에서 꽥꽥거리는 거위를 잡았어야 합니다. 그런데 느닷없이 말 못하는 거위가 잡아먹히는 상황이 연출됩니다.

《장자》에는 이처럼 상식적인 논리로 이해할 수 없는 이야기가 참으로 많습니다. 그래서 더욱 재미가 있는 것인지 모르겠습니다. 《장자》에는 수많은 '역설' 이 있습니다. 고정된 상식을 뒤집어엎는 당혹스러움과 즐거움이 있습니다. 읽는 사람마다 그 해석이 달라질 수 있습니다. 어쩌면 장자가 처음부터 이런 것을 의도했는지도 모르겠습니다.

노자와 장자는 말의 덧없음을 일관되게 말하고 있습니다. 자연의 법칙이자 진리인 도|道|는 말로 표현할 수 없다는 것입니다. '도라고 말할 수 있는 도는 영원한 도가 아니다' 라는 《도덕경》의 첫 문장은 매우 유명합니다. 도에 대해 말로 설명하는 것은 불가능하다는 뜻입니다. 그런데도 노자는 계속해서 도에 대해 이러쿵저러쿵 이야기를 이어나갑니다. 장자도 마찬가지입

니다. 책은 옛사람들의 생각의 찌꺼기에 불과하고 진정한 도는 말로써 표현할 수 없다고 말합니다. 그러면서도 지금 전해오는 것만 해도 자그마치 33편이나 되는 방대한 이야기 《장자》를 남겼습니다. 물론 그 모두를 장자 자신이 직접 쓴 것은 아니지만요.

꽥꽥 우는 거위는 어쩌면 장자 자신을 상징하는 것인지 모르겠습니다. 말이 쓸모없음을 알지만, 그러나 말을 하지 않고는 살 수 없는 현실을 꽥꽥거리는 거위에 비유했는지 모르겠습니다. 침묵하는 거위는 본래의 거위 모습이 아닙니다. 마찬가지로 말의 덧없음을 깨달았으나 침묵만 하고 있는 철학자는 철학자가 아닙니다.

이 글을 쓰는 이유에 대해 "침묵할 수 없어 말을 할 수밖에 없었던 장자처럼, 제대로 그 뜻을 전달하지 못함을 알지만 글을 쓸 수밖에 없습니다"라고 말한다면 장자가 어떤 반응을 보일까요? 천지를 가슴에 품은 장자이기에 저의 요란한 혀놀림도 그냥 웃어넘기지 않을까요?

장자의 암묵적 동의(?)를 바탕으로 《장자》 이야기를 시작합니다.

붕 어 , 장 주 를 욕 하 다

공자, 맹자에서 자|子|는 '선생님'과 같은 의미라고 했지요. 마찬가지로 장자|莊子|도 '장 선생님' 정도로 해석하면 되겠죠. 장자의 본명은 장주|莊周|라고 알려져 있습니다.

《장자|莊子|》*는 장자와 그의 제자들이 엮은 책입니다. 제자 중에도 흔히 정통이라 불리는 제자들이 있고, 그렇지 않은 사람들이 있었나 봅니다. 현재 전해지는 《장자》에는 33편의 글이 실려 있는데, 그 말하는 바가 조금씩

다릅니다. 《장자》를 연구하는 학자들은 이런 글들을 분류해서 각 편마다 어떤 학파가 쓴 글인지 추측하기도 합니다. 2천 년이 훨씬 지난 글을 두고 추측하니 의견이 분분할 수밖에요. 그러나 전체 33편 중에서 7편은 장자가 직접 쓴 글이고 나머지는 제자나 다른 사람들이 썼다는 데는 대개 의견이 일치하고 있습니다. 장자가 썼다는 그 7편을 〈내편〉이라고 합니다. 〈내편〉이 있으니 〈외편〉도 있겠지요. 〈외편〉은 15편이고, 나머지 11편을 〈잡편〉이라고 합니다. 정확하게 언제부터인지 모르겠지만 아무튼 현재 《장자》는 내편 7편, 외편 15편, 잡편 11편이 전해지고 있습니다. 원래는 훨씬 더 많았다고 합니다.

그런데 장자가 직접 썼다는 〈내편〉도 자세히 읽어보면 나중에 제자들이

장자 33편의 구성

현재 전해지는 《장자》는 전문 6만 5천여 자, 33장으로 구성되어 있습니다. 전체 33장은 〈내편〉 7장과 〈외편〉 15장, 〈잡편〉 11장으로 나눌 수 있습니다. 〈내편〉의 각 장 제목은 그 주제에 따라 붙여져서 장의 제목 자체에 뜻이 담겨져 있습니다. 그러나 〈외편〉과 〈잡편〉은 《논어》의 장 제목처럼 별 의미 없이 첫머리에 나오는 글자를 따서 붙인 것입니다. 각 장의 세목은 다음과 같습니다.

내편 : 소요유, 제물론, 양생주, 인간세, 덕충부, 대종사, 응제왕
외편 : 변무, 마제, 거협, 재유, 천지, 천도, 천운, 각의, 선성, 추수, 지락, 달생, 산목, 전자방, 지북유
잡편 : 경상초, 서무귀, 측양, 외물, 우언, 양왕, 도척, 설검, 어보, 열어구, 천하

사마천은 《사기》에서 《장자》가 10여만 자로 이루어져 있다고 쓰고 있습니다. 현재 전해지는 것보다 4만 자나 더 많습니다. 《사기》보다 2세기 뒤에 나온 《한서예문지》에도 《장자》는 52장으로 구성되어 있다고 쓰고 있습니다. 그러나 아쉽게도 원본 《장자》의 내용이나 그 성립 연대에 대해서는 정확하게 따질 방법이 없습니다. 다른 고전들과 마찬가지로 후세 사람들이 간추려 편집한 것이 오늘까지 전해지고 있습니다.

《장자》 33편 중에서 정말 장자가 쓴 부분은 어디일까, 하는 의문은 아주 오래 전부터 제시되었습니다. 〈내편〉 중에서도 '소요유'와 '제물론' 정도만 장자가 직접 썼을 것이라는 게 통설입니다. 그러나 〈내편〉 내용에 따라 제목을 붙인 걸로 미루어 보아, 본문 첫머리 글자를 대충 따서 붙인 〈외편〉과 〈잡편〉보다 오히려 후에 만들어졌을 수 있다는 견해도 있습니다.

손을 댄 것 같습니다. 왜냐하면 글 속에서 장자를 '장자'라고 말하고 있기 때문입니다. 다시 말해 장자가 스스로 '장 선생님'이라고 말하는 게 좀 이상하지 않나요? 아무튼 《장자》에는 '장 선생님'과 '장주'가 있습니다. '장 선생님'은 대체로 돈과 관직에 초연하고 스스로에 만족했던 성인으로 등장합니다. 반면 '장주'는 매우 인간적인 모습을 하고 있습니다. 평범한 우리처럼 막 화를 내기도 합니다.

앞으로 우리는 많은 '장자' 이야기를 다룰 것입니다. 성인 장자 이야기를 하기 전에 인간 '장주'에 관한 몇 편의 이야기를 미리 보는 것도 좋을 것 같습니다. 《논어》를 읽기 전에 인간 공구|孔丘|에 대한 지식이 있으면 더 재미있게 볼 수 있듯이 말입니다. 참, 《장자》에도 공자가 꽤 많이 등장합니다. 때로는 성인으로 때로는 어리석은 사람으로 등장하는데, 이 이야기는 조금 후에 다시 하기로 하죠.

장주가 가난하여 감하후라는 제후에게 양식을 꾸러 갔습니다. 그 제후가 말했습니다.
"좋다. 이제 내 땅에서 나오는 세금을 곧 걷는데, 너에게 삼백 금을 빌려주겠다. 그래도 되겠느냐?"
그러자 장주는 화를 내면서 다음과 같이 말했습니다.
"제가 어제 이리로 오는데 누가 부르는 소리를 들었습니다. 돌아서 보니 수레바퀴 자국에 붕어 한 마리가 있었습니다. 제가 그 붕어에게 물었지요. '붕어야, 무슨 일이니?' 붕어가 이렇게 대답했습니다. '나는 동해의 파도를 관장하는 관리인데 선생께서 물을 한 말 정도 길어주시면 제가 살 수 있을 것 같습니다.' 그래서 제가 말했지요. '좋다. 내가 지금 남쪽으로 오나라와 월나라 왕에게 유세하러 가고 있는데, 서강|西江|의 물을 막았다가 한꺼번에

이리로 흘려보내겠다. 그렇게 하면 되겠지?

그러자 붕어가 화를 내면서 말했습니다. '저에게 꼭 있어야 할 것이 지금 없습니다. 그저 물 한 국자 정도만 있어도 지금 살 수 있습니다. 그런데 당신이 그렇게 말한다면 차라리 나를 건어물점에서 찾는 것이 낫겠군요.'"〈외물〉

장주는 칠원|漆園|이라는 정원의 관리직을 맡은 적이 있었는데, 이것이 그의 유일한 관직이었습니다. 위 이야기는 칠원의 관리직을 버리고 궁핍한 생활을 할 때의 일화인 것 같습니다. 공자와 맹자, 특히 맹자는 수많은 제자들을 거느리고 먹는 것만큼은 크게 걱정하지 않고 살았지만 장자는 그렇지 않았습니다. 다른 이야기를 통해 보면 장자의 아내가 옷이나 이불을 수선해서 번 돈으로 근근이 살아갔던 것 같습니다.

그러던 어느 날 부잣집에 쌀을 꾸러 간 이야기가 바로 위의 글입니다. 당장 먹을 밥이 없어 쌀을 꾸러 갔는데, 몇 달 후에 돈 수백만 원을 빌려주겠다고 하니 장자가 분통이 터진 거죠. 그런데 장자는 대놓고 이야기는 못하고, 오는 길에 붕어와 나눈 대화로 자신의 마음을 표현합니다.

그 붕어, 동해에서 왔다고 합니다. 바다에 사는 붕어? 아무튼 어쩌다가 길바닥에 버려졌는지 모르겠지만, 당장 물이 없어 숨을 쉬기 힘들었나봅니다. 그런데 이것을 아는지 모르는지 나중에 강물의 물길을 바꾸어 이리로 흘려보내겠다고 합니다. 붕어 속이 탔겠죠. 차라리 건어물 가게에서 날 찾으라고 힐난합니다. 장자도 마찬가지였습니다. 당장 배고파 죽겠는데 먼 훗날의 이야기를 하고 있으니 차라리 내일 장례식장에서나 나를 찾으라고 말한 것입니다.

《장자》에는 이처럼 동물이나 다른 사람을 빗대어 한 이야기가 많습니다. 그래서 딱딱하지 않고 재미가 있습니다. 무언가 느낌이 옵니다. 그런데 그 느낌은 읽는 이마다 천차만별입니다. 그리고 읽을 때마다 다릅니다.

참, 어제 제 사무실에 자원봉사를 하는 어떤 학생이 찾아왔습니다. 불우한 사람들을 돕기 위해 기부금을 내라는 거죠. 곧 회의가 있기도 하고, 사무실에 오는 잡상인들은 늘 그냥 돌려보냈던 터라 '나중에 낼게요'라고 말하려고 했습니다. 그런데 문득 머릿속에서 붕어가 나타나 한마디 하려는 것 같았습니다. 지갑을 열어 남은 용돈을 털어 만 원짜리 몇 장 꺼내드렸습니다. 이것도 우화의 힘이라면 힘이겠지요.

인 간 장 주 , 조 릉 에 서 깨 닫 다

인간 장주 이야기 한 편만 더 보겠습니다. 이번 이야기는 매우 중요합니다. 인간 장주가 깨달음을 얻어 본격적인 수양에 돌입하게 되는 계기가 되는 이야기입니다. 줄거리는 이러합니다.

장주가 조릉|彫陵|이라는 저택 옆으로 놀러갔습니다. 석궁을 들고 갔다고 하니 아마 사냥하러 간 것 같습니다. 그때 갑자기 매우 큰 까치 한 마리가 장주의 이마를 스치고 지나갔습니다. 그러더니 밤나무 가지 위에 한참을 앉아 있었습니다.

정확하게 조릉이 어떤 곳인지 모르겠지만 아무나 들어갈 수 있는 곳은 아닌 것 같습니다. 아마 어떤 제후의 저택이 아니었을까요. 아무튼 장주는 큰 까치에 정신이 팔려 저택으로 들어갔습니다. 마음속으로는 '저렇게 큰 눈을 가지고 있으면서도 나를 보지 못하는구나'라고 생각했죠. 석궁으로 까치를 겨누었습니다.

그런데 나무 위의 까치가 무엇을 뚫어져라 쳐다보고 있었습니다. 까치의

눈길을 따라가보니 거기에는 앞발을 쳐들고 무언가를 노리는 사마귀가 있었습니다. 사마귀가 무엇을 노리는지 살펴보니 그건 매미였습니다. 나무 그늘 아래에서 시원한 그늘을 즐기고 있던 매미는 자신을 노리는 사마귀를 전혀 느낄 수 없었습니다. 이 모습을 지켜본 장주가 한숨을 푹 쉬었습니다. 그리고 이렇게 생각했습니다.

'참으로 어리석도다. 매미는 그늘을 즐길 줄 알지만 자신을 노리는 사마귀가 있다는 것을 모르고 있다. 사마귀 또한 매미를 잡겠다는 생각에만 빠져 까치의 밥이 될 줄을 모르고 있다. 까치는 사마귀에 정신이 팔려 나의 사냥감이 되는 줄을 모르고 있다. 아, 얼마나 어리석은 존재들인가!'

이런 깨달음을 얻고 그는 조릉에서 나오려 했습니다. 그때 뒤에서 화난 사람의 목소리가 들렸습니다.

"이봐요, 거기 누구요? 여기는 아무나 들어오는 곳이 아니란 말이요! 어서 나가요!"

결국 자신도 까치에 눈이 팔려 들어가서는 안 될 곳에 들어갔던 것입니다. 장주는 집으로 돌아와 3개월 동안이나 집밖으로 나오지 않았다고 합니다. 그만큼 충격적이었나봅니다.

장자는 대체 무슨 생각을 했을까요?

곧 죽을 줄도 모르고 시원한 그늘에서 넋을 잃고 있는 매미, 매미를 좇느라 자신이 위험한지 전혀 모르는 사마귀, 사마귀를 좇느라 곧 화살에 몸이 뚫릴 위험을 모르는 까치, 그 까치를 좇느라 진입금지구역으로 들어간 나. 이런 상황에서 그는 인생의 덧없음을 말하지 않습니다. 모든 것이 연관되어 있다는 것은, 한편으로는 세상을 내 뜻대로 살 수 없다는 뜻이기도 합니다. 그러나 장자는 그런 연관을 끊으려 하지도 않습니다. 왜냐하면 끊을래야 끊을 수 없다는 것도 너무나 잘 알고 있기 때문입니다. 흔히 노자나 장자라고 하면 세속적인 것에서 초탈하여 계룡산 꼭대기에서 바둑이나 두고 있을 법한 신선의 이미지를 떠올리는데 전혀 그렇지 않습니다.

장자의 말을 직접 들어보죠. 조릉에서 돌아와 3개월 동안 집밖으로 나가지 않자 인저|藺且|라는 제자가 찾아와서 나눈 대화입니다.

"선생님께서는 무엇 때문에 통 바깥으로 나오지 않으십니까?"

장주가 대답했습니다.

"지금까지 나는 바깥으로 드러난 것만 지켰지 나 자신은 잊고 있었네. 나는 혼탁한 물에 비추어 보았을 뿐 맑은 연못에 대해서는 알지 못했지. 게다가 나는 선생님으로부터 이미 '다른 풍속에 들어가서는 그곳의 규칙을 따르라'는 말씀을 들은 바가 있다. 얼마 전 내가 조릉에서 놀고 있을 때, 나는 내 자신을 잊고 말았어. 이상한 까치가 내 이마를 스치고 날아갈 때 나는 밤나무 숲을 헤매면서 나의 생명을 잊었고, 사냥터지기는 나를 무단 침입자로 여겼네. 이것이 내가 밖으로 나가지 못하는 이유일세."

여기서 말하는 장자의 선생님이 누구인지는 모르겠습니다. 그러나 그가 들었다는 말은 '다른 풍속에 들어가서는 그곳의 규칙을 따르라' 는 말이라고 하네요. 말투로 봐서는 그 말을 비판하려는 것이 아니라, 그 말뜻을 이제야 알았다는 것 같습니다. 어떻게 해석해야 할까요? 누가 보더라도 속세를 떠나고자 하는 사람의 말은 아닌 것 같습니다.

이 말뜻을 이해하기 위해 바로 전에 했던 말을 보죠. 그는 혼탁한 물로 비추어 보았을 뿐 깨끗한 물에 비추어 보지 못했다고 합니다. 무엇을 비추어 보았을까요? 그 자신일 수도 있고 세상일 수도 있겠지요. 그렇게 보면 혼탁한 물은 바로 '선입견' 이라 할 수 있습니다. '상식' 이라고 할 수도 있고, 고정된 생각이라고 할 수도 있습니다. 반면 깨끗한 연못은 선입견을 떨쳐버린 깨끗한 마음이라고 볼 수 있습니다. 이렇게 보면 '다른 풍속에 들어가서는 그곳의 규칙을 따르라' 는 말도 이해가 됩니다. 깨끗한 물이라야 모든 것을 제대로 비출 수 있듯이, 다른 풍속으로 들어가면 기존의 선입견을 버리고 그 풍속을 따르라는 것으로 이해할 수 있습니다.

요컨대 그 풍속을 따르되 혼탁한 물에 자신을 맡기지 말고 깨끗한 연못에 자신을 비추어 보기를 게을리 하지 말라는 말인데, 아주 완벽한 처세술처럼 보이지 않나요? 처세라는 말은 부정적인 말이 아닙니다. 남들과 사귀면서 살아가는 것을 처세라고 합니다. 세상을 살아가는 방법이 바로 처세입니다. 세상의 모든 가치를 부정하고 초탈한 것같이 여겨지는 장자야말로 우리가 미처 깨닫지 못한 가장 훌륭한 처세 전문가일지도 모릅니다. 유방을 도와 한나라를 건국한 장량, 삼국지에서 가장 많은 인기를 얻고 있는 제갈량이 모두 노장사상의 영향을 받았다는 사실은 결코 우연이 아닙니다.

고 약 한 장 자

　《장자》를 읽다보면 어디까지가 진짜고 어디까지가 지어낸 이야기인지 모를 때가 많습니다. 《논어》나 《맹자》에서처럼 자신의 생각을 힘주어 강조하는 곳은 거의 없고 온통 남들 이야기밖에 없습니다. 가장 많이 등장하는 단골 주인공은 다름 아닌 공자입니다. 정확하게 세어보지 않아 잘 모르겠습니다만 최다 출연자인 것만은 분명합니다. 아마 장자 생존 당시에 최대의 사상적 라이벌이 공자였던 것 같습니다.

　그런데 여기서 좀 이해 안 되는 면이 있습니다. 지금까지 알려진 바로는 장자는 맹자와 동시대 인물입니다. 《사기》에 보면 장자는 양나라 혜왕, 제나라 선왕과 동시대 인물이라고 적혀 있습니다. 이 두 왕의 이름이 낯익지 않나요? 《맹자》 제1장에서, 먼 길 찾아온 맹자에게 인사치레로 "선생께서 천릿길을 멀다 않고 찾아주셨으니 장차 이 나라를 이롭게 할 방도를 가져오셨겠지요?"라고 물었다가 "왜 하필 이익을 말하십니까?"라고 면박을 당했던 인물이 양나라 혜왕입니다. 도살장으로 끌려가는 소를 보고 측은히 여겨 소 대신 양으로 바꾸라고 했던, 일명 '곡속장'의 주인공이 바로 제나라 선왕입니다. 그런데 《장자》에는 맹자에 대해 단 한 번의 언급도 없습니다. 《맹자》에도 역시 장자 이야기는 전혀 없습니다. 추측컨대 맹자가 장자보다 조금 전 시대에 살았고, 장자의 활동 범위가 지역적으로 좀 좁았던 것 같습니다.

　《장자》에 등장하는 공자의 이야기를 곧이곧대로 믿지는 마시기 바랍니다. 개중에는 사실도 있겠지만 장자가 순전히 꾸민 이야기도 있습니다. 물론 꾸몄다고 하더라도 삼류 드라마처럼 무턱대고 허황된 이야기로 만들지는 않았습니다. 공자의 생각과 행동으로 봤을 때 아마도 그럴 수 있었을 거라는 생각이 드는 이야기입니다. 공자만 그런 것이 아닙니다. 공자가 숭상했던 요임금과 순임금의 이야기도 자주 등장합니다. 그러나 다들 그렇게 좋은 이미지로 등장하지는 않습니다. 장자는 공자를 향해서 비판과 조소, 때때로 험담도 서슴지 않습니다.

대표적인 이야기 하나만 하고 넘어가죠.

어느 날 다리가 잘린 사내가 공자를 찾아왔습니다. 아마 형벌로 다리가 잘렸던 모양입니다. 예전에는 형벌이 잔혹했습니다. 《사기》를 지은 사마천도 허리를 부러뜨려 죽이는 형벌과 자신의 성기를 잘라내는 형벌 중에서 택해야 했던 것 기억나시죠? 아무튼 이 사람 이름이 숙산무지|叔山無趾|였습니다. '무지'는 '없을 무'에 '다리 지'자입니다. 설마 진짜 이름이 저랬겠습니까. 그러니 이것 역시 장자가 지어낸 이야기입니다.

공자가 숙산무지에게 이렇게 말했습니다.
"자네는 일찍이 조심하지 못하고 죄를 지어 이 꼴이 되었거늘, 이제 와서 나를 찾아온들 무슨 소용이 있겠는가?"
이 말을 듣고 무지가 한마디 합니다.
"그렇습니다. 저는 제 할 바를 모르고 몸을 함부로 굴리다가 이처럼 발을 잃었습니다. 그러나 오늘 제가 이렇게 찾아온 것은 발보다 더 귀중한 것이 있기 때문입니다. 그것을 온전히 지키고 싶었던 것입니다. 무릇 하늘은 모든 것을 덮어주고 땅은 모든 것을 떠받듭니다. 저는 선생님께서 그런 하늘과 땅과 같은 분이라 생각했었습니다. 이 정도밖에 안 되는 분인 줄 몰랐습니다."
공자는 그제서야 자신의 말이 경솔했음을 알고 이렇게 말합니다.

"내가 생각이 좁았네. 안으로 들어오게나. 내가 듣고 배운 바를 말해주겠네."

그러나 무지는 그냥 나가버렸다고 합니다. 아마 단단히 화가 났나보죠.

이 일이 있고 난 후 공자는 제자들에게 이렇게 말했습니다.

"너희는 힘써 배워라. 무지는 죄를 짓고 다리가 잘렸지만 더욱 자신을 갈고닦아서 지난날의 잘못을 갚으려 한다. 하물며 온전한 덕을 가진 너희들이랴."

어떤가요? 천하의 성인인 공자가 죄를 짓고 발이 잘린 불구자한테 한 수 배우고 있습니다. 이어지는 이야기를 마저 들어볼까요.

무지는 공자의 집에서 나와 노자에게 가서 이렇게 말했습니다.

"공구|孔丘|는 지인|至人|*의 경지에 이르려면 아직 까마득하게 멀었습니

지 인 | 至 人 |

이상적인 인간형을 표현할 때 노자는 성인|聖人|이라 했고 장자는 진인|眞人| 또는 지인|至人|이라고 했습니다.

《장자》에서 진인 또는 지인을 묘사한 부분은 꽤 많습니다. 다음과 같은 말들입니다.

'지인의 마음 씀은 거울과 같다. 지난 일을 좇지 않고, 다가올 일을 미리 걱정하지도 않는다.' '옛날의 진인은 삶을 기뻐할 줄 모르고, 죽음을 미워할 줄 모른다. 나오는 것을 기뻐하지 않고, 들어가는 것을 거역하지도 않는다.' '쓸쓸하기가 가을과 같고 따뜻하기가 봄과 같다.' '옛날의 진인은 잠을 자도 꿈을 꾸지 않고, 깨어 있어도 근심이 없었다.'

반면 장자가 싫어하는 다섯 종류의 인간이 있습니다. 〈각의〉편에 나오는 구분인데, 다음과 같습니다. 산곡지사|山谷之士|는, 자신은 고매하게 행동하고 고상한 정신세계를 가지고 있어 세상의 풍속을 멀리하면서 이를 위대하게 여기는 사람입니다. 굴원과 같은 사람이죠. 평세지사|平世之士|는 교육자나 도덕가를 말합니다. 입으로만 인과 충을 논하는 사람입니다. 조정지사|朝廷之士|는 정치가를, 강해지사|江海之士|는 은둔자를 말합니다. 도인지사|道引之士|는 도교의 가르침을 좇아 불로장생하기 위해 양생법을 연구하는 사람을 말합니다. 이들은 겉으로는 그럴 듯하지만 아직 진인이 아닙니다. 굳이 산 속으로 숨지 않아도 고상한 행동이 몸에 익고, 공을 세우지 않아도 다스려지고, 인의를 떠벌리지 않더라도 저절로 수양이 되는 사람이야말로 진인이자 지인입니다.

다. 그런데 어찌하여 그토록 많은 무리들이 그를 따르는지 모르겠습니다. 그는 어떻게든 자신의 이름을 세상에 알리는 일만 생각하고 있습니다. 성인은 이런 것에 연연하지 않습니다."

이 말을 듣고 노자가 말했습니다.

"그렇다면 공자에게 삶과 죽음, 옳고 그름을 하나로 보라고 가르쳐주지 그랬느냐! 이 가르침으로 공자의 손과 발을 풀어주었으면 좋았을 텐데……."

무지가 대답했습니다.

"그것은 하늘이 내린 벌입니다. 제가 어찌 풀어줄 수 있겠습니까?"

결국 공자는 노자보다 훨씬 모자라며, 공자의 사람 됨됨이도 덜 되었다는 이야기입니다. 공자를 하늘이 내린 형벌에서 벗어날 수 없는 인간으로 그리고 있습니다. 이런 이야기만 보자면 장자는 백발에 긴 흰 수염을 바람에 흩날리는 도사의 모습이 아니라 고약한 심보의 노인네 같아 보입니다. 천하의 공자와 요임금, 순임금 그리고 당대 최대의 논리학파 거장인 혜자惠子도 《장자》에서만큼은 조연일 뿐입니다. 다른 이야기를 보면, 신인神시은 손톱 밑의 때로도 요임금과 순임금을 만들 수 있다고 하는 장면이 나옵니다. 요·순을 낮잡아 말하는 거죠.

그런데 장자는 왜 이런 심술궂은 이야기를 만들었을까요? 자기 생각만 말하면 될 것을 왜 남들을 빗대어, 그것도 남들이 모두 우러러마지 않는 성인들을 한낱 코믹 엑스트라로 전락시켰을까요?

성 인 동 화 장 자 의 출 연 진 들

《장자》에는 공자 외에도 수많은 인물들이 등장합니다. 사람도 있고 동물도 있고 나무도 있고. 사람 중에는 이미 성인으로 이름난 사람들도 있고 다리가 잘리고 등이 구부러진 이들도 있습니다. 《장자》에 등장하는 인물들을 보겠습니다.

먼저 제1편 〈소요유〉에 북쪽 깊은 바닷속 물고기 '곤', 엄청 큰 새 '붕'이 등장합니다. 이런 동물들 또는 신화적인 것들로는 매미, 새끼 비둘기, 원숭이, 꿩, 사마귀, 오리, 학, 황하의 신 '하백', 북해의 신 '약', 개구리, 거북이, 고고한 새 '원추', 올빼미, 물고기, 바다새, 싸움 닭 등이 있습니다.

앞에서 다리 잘린 '숙산무지' 이야기를 봤지요. 《장자》에는 장애인을 비롯해 무언가 모자라고 부족하고 신분이 낮은 이들이 등장합니다. 이런 약자들이 성인 군자들을 깨우치는 역할을 합니다. 숙산무지 외에도 다리 잘린 '왕태'와 '신도가', 외발 장군 '우사', 소 잡는 백정 '포정', 호랑이 키우는 사람, 말을 사랑하는 사람, 목수, 꼽추 '지리소', 미친 사람 '접여', 못생긴 남자 '애태타', 절름발이에다 꼽추, 언청이인 '인기지리무신', 등 굽은 여인 '여우', 술취한 사람, 이 빠진 '설결'이 등장합니다.

그 외에도 사당의 쓸모없는 나무, 엄청나게 큰 나무도 등장하죠. 이 나무도 사람의 꿈 속에 나타나 말을 합니다.

대개 이와 같이 장애인이나 쓸모없는 나무 등이 좋은 역할을 맡고, 우리가 익히 아는 인물들, 즉 공자나 안회, 요임금, 순임금, 혜자 등이 조금 모자라는 역할을 맡습니다. 심지어 장자의 선배격인 노자조차 조금 모자라는 인물로 그려지기도 합니다.

여기서 혜자라는 이름이 좀 낯설죠? 혜자의 본명은 혜시|惠施|. 고대 중

국 논리학파의 대표라 할 수 있습니다. 《장자》에서는 줄곧 장자와 말씨름을 하는 호적수로 등장합니다. 주인공이 장자이니 당연히 말싸움에서 장자가 이기곤 합니다. 마치 맹자와 고자의 논쟁에서 늘 맹자가 이겼듯이. 그러나 막상 혜자가 죽자 장자는 그 무덤을 찾아가 "나는 이제 함께 이야기할 상대가 없구나" 하고 슬퍼했다고 합니다. 장자와 혜자 이야기는 조금 후에 살펴보죠.

《장자》에는 이처럼 다양한 군상들이 등장합니다. 때로는 이솝 우화나 라 퐁텐 우화를 보는 듯하고, 그리스·로마 신화를 보는 듯하고, 어떨 땐 실존 인물을 주인공으로 한 팩션|faction|을 보는 듯합니다. 《논어》와 《맹자》에 비하면 파격적인 형식인 셈입니다. 《장자》의 이런 이야기 기법을 우언, 중언, 치언이라고 합니다.

우언|寓言|은 이솝 우화를 떠올리면 쉽습니다. 자기가 하고 싶은 말을 남의 입을 빌려서 하는 거죠. 그것이 동물일 수도 식물일 수도 있고 때로는 사람일 수도 있습니다.

중언|重言|은 우언과 비슷하지만, 사람들이 익히 아는 위대한 사람의 입을 빌려서 말하는 겁니다. 대표적인 인물이 공자와 요임금, 순임금입니다.

치언|卮言|은 임기응변이라고 생각하면 됩니다. 부처는 사람들에게 설법을 할 때 그 사람의 처지에 따라 서로 다른 이야기를 했습니다. 이를 '방편' 이라고 합니다. 마찬가지로 장자도 듣는 사람의 수준에 따라 비유도 달리하고 말하는 수위도 달리했습니다. 불교에서 말하는 '방편'이 《장자》에서 치언에 해당됩니다. 살아서 나쁜 짓을 많이 한 사람들이 죽어서는 고통에서 벗어날 수 없는 지옥에 떨어진다는 이야기도 방편이죠. 부처의 이 말을 듣고 사람들은 살아서 나쁜 일을 하지 않도록 조심하니까요. 치언의 치|卮|는 '술잔 치'입니다. 술 못 마시는 사람에게는 조금만 따르고, 잘 마시는 사람

에게는 많이 따르겠죠. 이렇게 그때그때 상황을 봐가면서 한 이야기라는 뜻에서 술잔에 비유하지 않았나 생각합니다. 치언이라는 말조차도 비유네요.

장자가 이런 식으로 이야기를 풀어가다보니 한 번 읽어서는 어디까지가 자신의 말이고 어디까지가 남의 이야기인지 알기 어렵습니다. 무엇이 본심이고 무엇이 지어낸 이야기인지 알쏭달쏭합니다. 그런데 이것이 바로 《장자》를 읽는 맛이요, 《장자》를 다른 어떤 고전과도 비교할 수 없을 정도로 탁월하게 만드는 힘입니다.

남의 말을 빗대고 우화를 통해 비유와 은유를 사용하는 이유는 단순히 문학적인 완성도를 높이기 위한 것이 아닙니다. 《장자》를 몇 번 읽다보면, 이런 장자의 표현 기법이 정말로 '장자답다' 고 느껴집니다. 장자는 우리에게 어떤 '사실' 을 그냥 알려주려 한 것이 아닙니다. 장자가 아는 지식을 그냥 전하려 했던 것이 아닙니다. 그는 자신이 깨달은 바를 누구나 잘 알아들을 수 있도록 최선을 다했습니다. 그것이 바로 우언이요 중언이요 치언입니다. 그렇게 해서 장자는 《장자》를 읽는 사람들이 실제로 '변화' 하길 원했던 것입니다. 아이들에게 '거짓말하지 말라' 고 다그치는 것보다는 거짓말을 하면 코가 길어지는 피노키오 이야기를 들려주면 거짓말하는 것이 좋지 않다는 것을 저절로 알게 되듯이 말입니다. 이렇게 보면 《장자》는 성인을 위한 동화입니다.

우화 이야기가 나왔으니 이솝에 대해 말하지 않을 수 없겠네요. 흔히 우화라고 하면 누구나 이솝을 최고로 꼽습니다. 고대 그리스의 노예로 태어나 수천 년이 지나도록 잊혀지지 않는 이야기를 남겼으니 당연하다고 봅니다. 이솝에 대해서는 많은 것이 알려져 있지 않습니다. 아마 노예였기 때문이겠죠. 그러나 전해오는 몇 가지 에피소드를 보면 대단한 사람이었던 것만은 분명한 것 같습니다.

어느 날 한 농부가 철학자 크산토스에게 "왜 정성스럽게 키우는 채소가 아무렇게나 두는 잡초보다 훨씬 못 자라는지요?"라고 물었습니다. 크산토스는 이솝의 주인이었습니다. 황당한 질문에 크산토스는 "신의 섭리가 아닌가"라며 슬쩍 넘어가려 했지요. 하지만 그의 노예였던 이솝이 이렇게 이야기합니다.

"대지의 입장에서 보면, 원래 그 자리에 있던 잡초가 친자식이고 농부가 억지로 씨를 뿌리고 심는 채소는 의붓자식 아닌가요?"

이솝은 그야말로 언어의 연금술사였습니다. 그 언어는 결국 삶의 지혜와 철학으로부터 나온 것이겠지요. 그 지혜와 철학적 고민을 직설적으로 표현하지 않고 우화라는 형식을 통해 표현했기 때문에 이솝 이야기는 오늘날까지 그 인기가 그칠 줄 모르는 것입니다. 어린아이를 키우고 있는 저는 요즘도 이솝 이야기를 읽을 때가 있는데, 그럴 때마다 예전에 미처 깨닫지 못했던 촌철살인의 지혜에 감동하곤 합니다. 바로 우화의 힘이죠.

《장자》가 동서양을 막론하고 널리 읽히는 이유도 이 때문입니다. 성인을 위한 동화, 신화, 우화의 형식을 빌고 있지만 그 속에 담겨 있는 뜻은 매우 심오합니다. 철학적으로 말하자면 심오한 존재론적 고민과 인식론적 사유가 담겨 있습니다. 《장자》를 철학적으로 파헤치다보면, 남들도 다 아는 이야기를 그저 쉽게 하기 위해 우언을 썼던 게 아님을 알 수 있습니다. 은유나 비유가 아니면 도저히 말할 수 없는 그 무엇을 말하려고 한 것 같습니다.

그가 정말 말하고 싶었던 것이 무엇이었을까요? 은유와 비유에 가려진 그의 속내를 단 한 꺼풀이라도 벗기는 것이 이 글의 목적입니다. 그래서 이번 《장자》편의 목표를 '장자로 철학하기'로 잡았습니다. 함께 머리를 굴리며 생각하는 시간이 되었으면 좋겠습니다. 다행히 그 결과로 무언가 깨달음을 얻을 수 있다면 정말 더 이상 바랄 나위가 없겠습니다.

이제부터 '장자로 철학하기'를 시도합니다. 철학이라고 하면 너무 거창하게 생각해서 지레 겁부터 먹는 경우가 많은데 그러지는 마시기 바랍니다. 세상의 여러 학문 중에 그 학문의 이름을 보고 내용을 이해할 수 없는 것이 있으니 그게 철학입니다. 경제학은 경제를 공부하는 것이고, 물리학은 물리를 공부하는 것입니다. 그렇다면 철학은? 구체적인 대상이 없습니다. 인생, 세계, 지식 등 두루두루 공부하는 것입니다. 그저 '깊게 생각하기' 정도로만 정의하고 넘어갔으면 좋겠습니다. 단 한 가지만 유의하면 될 것 같습니다. 철학은 결코 '지식'이 아닙니다. 그것은 생각하는 습관입니다. 이론이 아니라 실천이라는 말이지요. 그래서 저는 '철학'이라는 말보다는 '철학하기'라는 말이 더 어울린다고 봅니다.

그런데 '철학하기'라고 하면 너무 광범위하여 무엇을 다루어야 할지 막막합니다. 《장자》라는 책이 읽기는 쉬워도 그 뜻을 깊게 이해하려면 그렇게 호락호락한 책이 아니니까요. 그래서 주제를 좀 한정할까 합니다. 저는 《장자》를 '소통과 실천'이라는 관점에서 보려 합니다.

말이 좀 어려운 느낌이 있습니다만 '소통'은 말 그대로 '막히지 않고 통함'을 의미합니다. 여기서는 특히 '의사소통'을 말하고 있습니다. 서로의 의견이 상대방에게 잘 전달되는 것을 말하죠. 흔히 '무위자연[無爲自然]'이라고 하여 아무것도 하지 않음을 미덕으로 생각하는 것을 도가의 전통이라고 생각하는데 장자는 결단코 그러지 않았음을 말씀드리고 싶은 것입니다. 오히려 장자야말로 사람과 사람 사이의 오해와 불신을 근본적으로 해결하기 위해 가장 많은 고민을 했던 사람임을 밝히려고 합니다. 또한 장자가 추구했던 지식이 관념적이고 사변적인 지식이 아니라 '실천적인 지식'임을 밝히고자 합니다.

저의 이런 글쓰기가 자칫 《장자》의 재미를 반감시킬 수도 있을 것 같아 걱정이 됩니다. 《장자》에는 재미있는 우화들이 많습니다. 그 우화를 읽는 것만으로도 무언가 느껴지는 것이 있습니다. 그런 이야기 몇 편만 추려 살짝 몇 마디만 덧붙여도 재미있는 글이 될 것입니다. 괜한 사족이 되지 않을까 염려되기도 하지만 《장자》를 이솝 우화 수준에서 끌어올려 여럿이 함께 살아가는 데 꼭 필요한 소통의 아름다움을 알려드리고 싶어 욕심 좀 부려봤습니다. 한번쯤은 너와 나, 우리가 함께 사는 세상에서 진정한 '소통'이란 무엇인지 고민해봤으면 하는 바람입니다.

물 고 기 가 변 해 거 대 한 새 가 되 었 다

일반적으로 《장자》에서 가장 잘 알려진 이야기는 제1편 첫머리에 나오는 물고기가 붕새가 된 이야기와 장자가 나비가 되어 날아다니는 꿈을 꾼 '나비의 꿈' 이야기입니다. 책 이름 때문에 유명해진 '학의 다리가 길다고 자르지 말라'는 이야기도 있습니다. 우리에게 익숙한 이 세 편의 이야기를 먼저 보면서 《장자》라는 책이 어떤 이야기를 담고 있는지 개략적으로 살펴보겠습니다.

'북쪽 깊은 바다'에 물고기 한 마리가 살았는데, 그 이름을 곤|鯤|이라 하였습니다. 그 크기가 몇 천 리인지 알 수 없었습니다. 이 물고기가 변하여 새가 되었는데, 이름을 붕|鵬|이라 하였습니다. 그 등 길이가 몇 천 리가 되어 도시 잴 길이 없었습니다. 한번 기운을 모아 푸드덕 날아오르면 날개는 하늘

에 드리운 구름장 같았습니다. 이 새는 바다 기운이 움직여 물결이 흉흉해
지면, 남쪽 깊은 바다로 가는데, 그 바다를 예로부터 천지|天池|라 하였습니
다. (중략)

고인 물이 깊지 않으면 큰 배를 띄울 힘이 없습니다. 물 한 잔을 방바닥 패인
곳에 부으면 그 위에 지푸라기를 띄울 수 있지만 잔을 놓으면 바닥에 닿아
버리고 맙니다. 물이 얕은데 배가 너무 크기 때문입니다. 바람이 충분하지
못하면 큰 날개를 띄울 힘이 없습니다. 구만리 창공에 오른 붕새는 큰 바람
을 타야 푸른 하늘을 등에 지고 거침 없이 남쪽으로 날아갑니다. 〈소요유〉

좀 황당하죠. 처음 읽으면 도대체 무슨 뜻인지 알 길이 없습니다. 장자의
허풍이 장난이 아니구나 하는 정도로 느껴질 뿐입니다. 그런데 몇 번 읽다
보면 가슴이 후련해집니다. 장자의 기개가 느껴집니다.

곤|鯤|은 원래 물고기 뱃속의 알이라는 뜻입니다. 그만큼 작은 놈이죠. 그
런데 장자는 이것의 크기가 몇 천 리나 되어 알 수 없다고 합니다. 이 때문에
곤|鯤|이라는 글자에 '상상 속의 큰 물고기'라는 뜻이 추가되었습니다. 장
자의 이 한마디로 글자의 뜻이 바뀐 거죠. 아무튼 이 알이 엄청나게 큰 물고
기가 되었는데, 이놈이 다시 엄청나게 큰 새가 되어 하늘로 날아올랐다고
합니다.

마치 신화를 읽는 기분입니다. 신화라고 봐도 될 것입니다. 장자가 창작
한 것인지 아니면 원래부터 전해오던 것인지는 모르겠습니다. 원래부터 전
해오던 것이라면 왜 하필 이렇게 터무니없는 이야기로 《장자》를 시작했을
까요?

장자가 이런 신화적인 이야기를 맨 앞에 둔 데에는 분명한 의도가 있었을
것입니다. 설렁설렁할 것 같은 이미지의 장자는 실제로 매우 박학다식한 사

람이었습니다. 《사기》를 보면 장자에 대해 '그의 학문은 살피지 않은 것이 없을 정도로 박학다식하였다'라고 쓰고 있습니다.

상식적인 선에서 보자면 신화는 우리에게 상상의 여지를 줍니다. 'A는 B이다'라는 확실한 그 무엇을 가르쳐주지 않습니다. 생각하게 만듭니다. 또한 신화는 어른들을 어린아이의 마음으로 되돌립니다. 어른들은 다른 사람의 주장을 접하면 즉각적으로 머릿속에서 비판정신이 발동합니다. 신화는 그런 비판적인 자세를 원천봉쇄하는 효과가 있습니다. 왜냐하면 신화니까.

장자는 일부러 자신의 주장을 강력하게 드러내지 않은 것 같습니다. 대신 신화의 은유로 자신이 말하고자 하는 바를 넌지시 드러내려 한 것 같습니다. 그러면서 앞으로 자신이 하는 이야기를 들으려면 기존의 선입견을 던져버릴 것을 주문합니다.

제일 먼저 등장하는 것이 북쪽의 깊은 바다입니다. 북쪽의 깊은 바다는 '어둠' 그 자체입니다. 거기에 물고기가 한 마리 살았다고 합니다. 아마도 지금부터 하는 이야기를 듣기 위해서는 북쪽 깊은 바닷속의 어둠처럼 기존의 모든 선입견들을 던져버리라는 뜻인 것 같습니다. 아니면 우리는 어둠 속에서 사는 물고기처럼 무지한 상태에서 살고 있다는 뜻인 것 같습니다.

그런 물고기가 '변해서' 새가 됩니다. 새는 하늘 높이 날아오릅니다. 깊은 바닷속의 깜깜함과는 대비가 됩니다. 무지에서 앎으로 변하는 과정이라고 볼 수 있습니다. 무지로부터의 탈출이기도 합니다. 그 새는 이제 자유롭습니다. 우리도 이렇게 변할 수 있다는 것입니다. 붕새는 엄청난 변화를 보여주는 상징입니다. 거대하기 그지없는 붕새도 처음에는 한낱 알이었습니다. 그 작은 것이 물고기가 되고, 어둠을 탈출하여 거대한 새가 되어 하늘을 날아다닙니다. 이 엄청난 가능성! 그것도 다른 어떤 이의 도움도 받지 않고 스스로 '변해서' 그렇게 되었다고 하니 기분이 좋지 않나요? 저는 속이 후련

합니다.

그런데 이어지는 이야기가 재미있습니다.

매미와 새끼 비둘기가 그것을 보고 함께 웃으면서 말합니다. "우리는 한껏 날아 보아야 겨우 느릅나무나 박달나무에 이를 뿐이고 어떤 때는 거기에도 못 미쳐 땅에 내려앉고 마는데, 구만리를 날아 남쪽으로 간다니."

가까운 숲으로 놀러가는 사람은 세 끼 먹을 것만 가지고 가도 돌아올 때까지 배고픈 줄 모르지만, 백리 길을 가는 사람은 하룻밤 지낼 양식을 준비해야 하고, 천리 길을 가는 사람은 석 달 먹을 양식을 준비해야 합니다. 매미나 새끼 비둘기 같은 미물이 어찌 이를 알 수 있겠습니까? 조금 아는 것으로 많이 아는 것을 헤아릴 수 없고, 짧은 삶으로 긴 삶을 헤아릴 수 없습니다.

이런 사실을 어떻게 알 수 있습니까? 아침에 잠깐 났다가 시드는 버섯은 저녁과 새벽을 알 수 없습니다. 여름 한철 사는 메뚜기는 봄과 가을을 알 수 없습니다. 이것이 '짧은 삶'입니다.

초나라 남쪽에 '명령'이라는 신령한 거북이 살았습니다. 이 거북에게는 봄·가을이 오백 년씩이었습니다. 그보다 더 오랜 옛날에 '춘'이라는 큰 나무가 있었습니다. 이 나무에게는 봄·가을이 각각 팔천 년씩이었습니다. 이런 것이 '긴 삶'입니다. 그런데 팽조|彭祖|(700~800년간 살았다는 전설의 인물)가 오래 살았다고 사람들이 부러워하니 슬프지 않습니까? 〈소요유〉

참 재미있죠. 붕새와 아주 극명하게 대비하여 매미와 새끼 비둘기를 등장시킵니다. 그들은 붕새의 이야기를 믿지 않고 있습니다. 어떻게 그 먼 데까지 가느냐고 비웃고 있습니다. 그런데 이상한 것은, 그런 붕새가 있다는 사실을 부정하지는 않습니다. 붕새가 있다는 것은 알고 있지만 어떻게 그렇게 멀리 날아갈 수 있는지 믿을 수 없다는 이야기입니다. 자기네들은 기껏 날아봐야 이 나무에서 저 나무로 옮겨다니는 수준이고, 어떤 때는 그것도 힘이 들어 땅바닥에 주저앉고마는데 구만리 먼 남쪽으로 날아간다니 믿을 수 없다는 것이지요. 이쯤 해서 누구나 알 수 있듯이 붕새가 아주 큰 인물이라면 매미는 아주 쩨쩨한 정신의 소유자입니다. 철학적으로 말하자면 '회의주의자'들입니다. 경험적으로 볼 때 붕새 이야기는 터무니없다고 여깁니다. 즉 상식적으로 봤을 때 그럴 수 없다고 믿는 것입니다.

이에 대해 장자가 직접 논평을 합니다. 여름 한철 사는 메뚜기가 봄과 가을을 알 수 없듯이 매미나 새끼 비둘기가 붕새의 그런 변화를 알 수 없는 건 당연하다고. 매미처럼 '조금 아는 것'이 있으면 붕새처럼 '많이 아는 것'도 있고, 매미처럼 '짧은 삶'이 있다면 거북이나 큰 나무처럼 '긴 삶'도 있다고. 그런데 사람들이 겨우 700~800년밖에(?) 살지 못한 팽조를 부러워하니 어찌 슬프지 않느냐고.

이 이야기에서 눈여겨볼 것이 두 군데 있습니다. 하나는 물고기가 '변해서' 새가 된 것이고, 또 하나는 장자가 '조금 아는 것'과 '많이 아는 것'을 구분하였다는 것입니다.

변한다는 것은 한자로 '화|化|'입니다. 나중에 '나비의 꿈' 이야기에도 이 '화' 자가 등장합니다. 장자가 나비가 되고, 나비가 장자가 되는 이런 변화를 가리켜 '물화|物化|'라고 표현하고 있습니다. 이런 의미에서 장자의 철학은 '변화의 철학'이라고 할 수 있습니다. 변한다는 것은 원래는 하나였다는 것이기도 합니다. 물고기가 변해 새가 되었다면 결국 물고기와 새의 근본은 같은 것이라 할 수 있습니다. 그렇지만 다르게 보입니다. 불일불이|不一不二| 즉, '하나도 아니고 둘도 아니다'라는 말이 있습니다. 불교의 연기설|緣起說|을 보면 인|因|과 과|果|를 불일불이의 관계로 봅니다. 원인이

있으니 결과가 있다는 말이겠지요. 장자는 끊임없이 '이것'이 있으니까 '저 것'이 있다고 말합니다. 작은 것이 있으니까 큰 것이 있다는 식입니다. 기준 에 따라 다르다는 것이죠. 이를 '상대주의'라고 합니다. 상대주의에 따르면 절대적인 그 무엇은 없습니다. 《장자》에는 상대주의로 해석할 수 있는 이야 기가 꽤 많이 나옵니다. 그런데 철저한 상대주의자는 결국은 자멸할 수밖에 없습니다. 이것도 상대적이고 저것도 상대적이고, 이런 말을 하는 나의 생 각도 역시 상대적이니 결국 자신의 주장을 절대적으로 옹호할 수도 없습니 다. 급기야 나중에는 입을 다물 수밖에 없습니다.

장자는 상대적이기는 하지만 모든 것을 동등하게 여기지는 않습니다. 이 럴 수도 있고 저럴 수도 있다고 해서 그 두 가지를 동등한 것으로 취급하지 않습니다. 예를 들어 사람이 기분이 나쁘면 남을 때릴 수도 있고 심지어 살 인할 수도 있는데, 이런 것을 두둔하지는 않는다는 말입니다. 붕새와 매미 이야기에서 나오듯이 장자는 '조금 아는 것'과 '많이 아는 것'을 선명하게 비교하는데, 결국은 '많이 아는 것'이 좋다는 이야기를 하고 있습니다. 붕 새의 큰 뜻을 매미나 새끼 비둘기가 어찌 알겠느냐는 투이지, 붕새도 옳고 매미도 옳다는 이야기를 하는 것이 아닙니다. 장자는 상대주의가 가지고 있 는 치명적인 함정을 알고 있었던 것입니다.

나 비 가 된 장 자 , 장 자 가 된 나 비

《장자》 제1편 〈소요유〉에 이어 제2편 〈제물론〉에 나오는 이야기입니다. 《장자》 전편을 통틀어 가장 유명한 이야기가 아닌가 싶습니다. 이 이야기를 일명 '호접지몽|胡蝶之夢|'이라고 합니다. '호접'이 나비이니 우리말로 '나

동 양 고 전 강 의

비의 꿈'이라고 하는 게 좋겠습니다.

어느 날 장주가 나비가 된 꿈을 꾸었다. 훨훨 날아다니는 나비가 되어 유유자적 재미있게 지내면서도 자신이 장주임을 알지 못했다. 문득 깨어보니 다시 장주가 되었다. 장주가 나비가 되는 꿈을 꾸었는지 나비가 장주가 되는 꿈을 꾸었는지 알 수가 없다. 장주와 나비 사이에 무슨 구별이 있기는 있을 것이다. 이런 것을 일러 '물화|物化|'라고 한다. 〈제물론〉

이 이야기로 인해 예로부터 장자를 '몽접주인|夢蝶主人|'이라고 불렀습니다. 요즘 말로 '나비 꿈 선생'이라 할 수 있습니다. 그만큼 이 이야기는 장자와 《장자》를 이해하는 핵심이기도 합니다.

'나비의 꿈'을 통해 장자가 무슨 말을 하고 싶었던 것일까요? 인생은 일장춘몽|一場春夢|이라는 이야기일까요? 인생은 한 편의 연극이라고 말하고 싶었던 것일까요? 아무리 생각해도 그건 아닌 것 같습니다. 《장자》를 몇 번 읽어보면 '덧없다'는 느낌이 전혀 들지 않습니다. 기존의 상식을 흔들어 우리의 고정관념을 깨기는 하지만 그렇다고 속세를 떠나라고 하지 않습니다. 꽉꽉 우는 거위 이야기에서 알 수 있듯이 말입니다.

붕새 이야기를 하면서 이미 말씀드렸듯이 여기서 핵심은 '물화|物化|'입니다. 장자가 보기에 세계는 '이것'과 '저것'으로 나뉘어 있지 않고, 모든 것이 얽히고 설킨 관계, 즉 하나도 아니고 둘도 아닌 불일불이|不一不二|의 세상입니다. '장주와 나비 사이에 무슨 구별이 있기는 있을 것이다'라고 했듯이 그 차이는 인정하면서도 결국은 하나라는 말을 하고 있습니다. 이것과 저것 사이로 넘나드는 것을 '물화'라고 합니다.

그런데 이런 변화, 즉 물화를 언제 알 수 있을까요?

장자는 꿈에서 깨어나서야 자신이 꿈을 꾸었다는 것을 알았습니다. 꿈이 꿈인 것을 알기 위해서는 깨어나야만 합니다. 물고기는 물 밖으로 나와야 자신이 물 없이는 살 수 없음을 압니다. 경상도 사람은 서울에 올라와서야 자신이 쓰는 말이 사투리라는 것을 실감할 수 있습니다. 이것은 매우 중요한 발견입니다. 익숙한 것으로부터 떨어질 때만이 자신을 돌아볼 수 있다는 말입니다. 낯선 것과의 부딪침, 그것은 고통이 아니라 자신을 알 수 있는 가장 좋은 기회입니다.

앞으로 계속되는 장자의 이야기는 우리에게 끊임없이 '낯설어지기'를 요구할 것입니다. 왜냐하면 낯설어지지 않고서는 결코 나의 고정된 생각, 선입견을 떨쳐버릴 수 없기 때문입니다. 선입견을 떨쳐버리지 않고서는 진정으로 상대방과 소통할 수 없습니다.

학의 다리가 길다고 자르지 말라

오리의 다리가 짧다고 길게 늘여주어도 괴로움이 따르고, 학의 다리가 길다고 잘라주어도 아픔이 따릅니다. 그러므로 본래 긴 것은 자를 것이 아니며, 본래 짧은 것은 늘일 것이 아닙니다. 두려워하거나 괴로워할 까닭이 없습니다. 인의(仁義)가 사람들의 본래 특성일 수 있겠습니까? 저 인(仁)을 갖춘 사람들, 괴로움이 얼마나 많겠습니까? 〈변무〉

〈변무〉는 외편에 속합니다. 장자의 후학들이 지은 겁니다. 보통 어떤 조직이든 강경파와 온건파가 있는데, 장자의 후학들도 이렇게 분류할 수 있을 것입니다. 위 이야기는 아마 강경파 쪽에서 만든 이야기 같습니다. 제가 강경파라 함은 유가의 윤리를 철저하게 배격하여 윤리 자체를 완전히 무시하는 사람들을 말합니다. 윤리 이전의 원시 상태로 돌아가야 한다고 생각했던 거죠.

그런데 이런 생각은 장자의 생각과 조금은 거리가 있어 보입니다. 내편의 여러 글들을 보면 대체로 윤리가 중요하기는 하지만 그것만으로는 충분하지 않기 때문에 그것을 넘어서야 한다는 생각입니다. 그러나 여기서는 유교적인 인의 자체를 완전히 거부합니다. 이런 경향은 〈도척〉편에서 절정에 달합니다. 공자가 천하의 도둑 '도척'을 만나 그를 설득하려다가 오히려 도척에게 혼쭐이 난다는 이야기입니다. 아무리 좋게 해석하려 해도 도가 지나치다는 생각이 듭니다. 장자였다면 그렇게 힐난하지는 않았을 것입니다. 앞서 다리 잘린 숙산무지가 공자를 찾아갔다가 면박을 당하고 와서 노자에게 공자를 욕하는 장면이 있었습니다. 그러나 그 이야기도 자세히 읽어보면 공자가 자신의 잘못을 바로 깨닫고 자세를 낮추고 사과하는 장면이 있습니다. 마음이 상한 숙산무지가 그냥 돌아갔지만 숙산무지를 높이 추켜세우고 제자들에게 더욱 정진하라고 가르치는 대인다운 풍모가 남아 있습니다. 또 어떤 편에서는 공자가 장자의 사상을 대변하는 성인으로 등장하기도 합니다. 〈변무〉편은 조심해서 읽어야 할 것 같습니다.

비록 강경파의 주장이기는 하지만 근거로 든 예는 참 문학적이고 설득력이 있습니다. 오리의 다리가 짧다고 길게 늘여주고, 학의 다리가 길다고 잘라주어서는 안 된다는 표현이 참 멋집니다. 무엇을 말하고자 하는지 바로 알 수 있습니다. 유가에서 말하는 인의는 사람의 본성이 아니라는 이야기이지요. 한편 이 이야기는 앞으로 다룰 '소통'의 관점에서도 읽을 수 있습니다. 사람의 눈으로 볼 때 오리의 다리가 짧고 학의 다리가 길게 느껴지듯이, 남들을 볼 때 자신의 선입견에 따라 달리 보게 된다는 뜻이 될 수도 있습니다. 나와 달라 보인다고 해서 학의 다리를 자르면 안 되듯이 남의 입장에서 생각해야만 서로 통할 수 있다고 해석할 수도 있겠죠.

서로 통하는 것, 이걸 소통이라고 합니다. 이제부터는 본격적으로 '소통' 이라는 관점에서 《장자》를 읽어보겠습니다.

나를 움직이는 또 다른 나, 초자아

뚱딴지 같은 질문 하나 할게요. 혹시 여러분은 여러분 자신의 얼굴을 본 적이 있나요?

있다구요? 그럼 여러분은 지금 거짓말을 하고 있는 것입니다. 사람은 몸의 구조상 자신의 얼굴을 직접 볼 수 없습니다. 우리가 볼 수 있는 건 거울에 비친 모습밖에 없지요. 그 비친 모습을 보고 자신이라고 확신하고 있습니다. 과연 확신할 수 있는 걸까요?

거울 앞의 나와 거울 속에 비친 내 모습이 같다는 것을 알기 위해서는, 거울 앞에서 거울을 보는 나의 모습을 옆에서 지켜봐야 합니다. 그렇다면 나를 A라고 하고, 거울에 비친 내 모습을 A´ 라고 하면 A와 A´ 가 동일하다는 것을 지켜보는 B라는 내가 있어야 한다는 것 입니다. 실제로 이럴 수는 없겠죠. 이론적으로 우리는 단 한 번도 자신의 얼굴을 본 적이 없으면서 마치 자신의 얼굴을 알고 있는 것처럼 살아가고 있습니다. 그런데 이것이 잘못인가요? 굳이 이것을 증명해야 하나요? 증명할 필요도 없이 '현실적으로(!)' 우리는 거

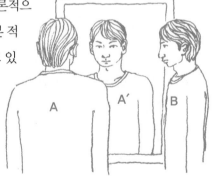

울 속의 모습이 자신임을 알고 있습니다. 그렇다면 나를 바라보는 B는 도대체 어디에 있는 것일까요?

정신분석학 이론에 의하면 실제로는 없지만 상상 속에 있는 B의 자리를 '초자아(superego)'라고 부릅니다. 좀 어렵지만 초자아라는 개념은 앞으로 중요하게 다뤄지니 예를 하나 더 들어보죠. 어렸을 때 동화 《피노키오》를 읽은 사람 중에 거짓말을 하면 정말 코가 길어지는 줄 알았던 사람이 분명 있을 겁니다. 저도 그랬으니까요. 또는 그렇지 않다고 하더라도 거짓말을 하는 것은 참 나쁜 행동이라는 것은 자연스럽게 알았을 것입니다. 그 후로 나이가 더 들어 어른이 되어도 여전히 거짓말은 안 좋은 행동이라고 우리는 믿게 됩니다. 누구에겐가 거짓말을 하는 순간 마음속에서 '이러면 안 돼. 이건 나쁜 짓이야' 라는 생각이 들게 됩니다. 만화적으로 표현하자면 내 머리 위에서 천사가 나타나서 '그러면 안 돼!' 라고 하는 것이죠. 이렇게 내 마음속에서 나의 행동에 대해 잘잘못을 따지는 또 다른 나, 즉 내 머리 위에서 맴돌며 나에게 사사건건 참견하는 천사를 '초자아' 라고 할 수 있습니다. 다시 말해 내 마음속의 기준 또는 규칙이라고 할 수 있습니다. 평소에 잘 드러나지 않으니 무의식이라고 할 수도 있습니다.

그렇다면 초자아가 나쁜 것일까요? 그렇지는 않습니다. 만약 초자아라는 것이 없다면 우린 아무런 행동도 못하게 됩니다. 초자아는 내가 무언가를 하고 싶은 이유, 하지 말아야 할 이유를 알려주는 역할을 합니다. 학생이 귀찮지만 아침에 일어나는 이유는 학교에 가야 하기 때문이고, 어른들은 회사에 가야 하기 때문이겠죠. 그렇게 하지 않으면 학교에서, 회사에서 혼날 각오를 해야 합니다. 그것을 미리 알고 있기 때문에 내 마음속의 또 다른 나인 '초자아' 가 나의 행동을 이래라 저래라 지시하는 거죠. 초자아는 사회 속에서 살면서 없어서는 안 될 꼭 필요한 요소입니다.

갓난아이가 제일 먼저 배우는 것은 엄마의 사랑을 받는 방법입니다. 이 아기는 엄마가 자기를 낳았다는 것을 알지 못합니다. 그러나 본능적으로 엄마에게 사랑받고자 노력합니다. 처음에는 울음이 무기입니다. 자신을 본체만체하던 엄마라도 막 울면 다가와서 안아주고 달래줍니다. 아이는 이것을 엄마의 사랑이라고 생각합니다. 그러다가 점점 의식이 생기면서 엄마의 관심과 사랑을 받는 방법들이 변해갑니다. 아이의 머릿속에는 점점 '엄마가 좋아하는 것'과 '엄마가 싫어하는 것'이라는 뚜렷한 판단 기준이 생기게 됩니다. 아이는 이렇게 커갑니다. 결국 아이는 엄마라는 '초자아'에 맞춰 자신을 만들어가고 있는 셈이죠.

이것을 확대해본다면 결국 우리가 원한다고 믿고 있는 것들이 실제로는 다른 사람들이 원하는 것임을 알게 됩니다. 내가 학교에서 공부하는 것도 부모님의 바람 때문이겠죠. 만약 그 차원을 넘어서 정말 스스로 원해서 공부한다고 하더라도, 그것도 어디까지나 사회에서 인정받고 싶은 욕구 때문이지요. 공부를 잘해야 남들이 나를 인정해주고, 좋은 대학을 졸업하고 좋은 곳에 취직해야 남들 보기 떳떳한 삶을 살기 때문이 아닐까요. 그래서 자크 라캉|Jacques Lacan|이라는 정신분석학자는 우리는 항상 '다른 사람이 바라는 것만을 바란다'라는 말을 했던 것입니다. 다른 사람이 바라는 것, 이게 사실은 내 마음속에서 내가 바라는 것이고, 이것이 바로 '초자아'입니다.

그런데 여기서 중요한 것이 하나 있습니다. 우리는 절대로 남들이 진짜 바라는 것이 무엇인지 알 수 없다는 것입니다. 모르면서 그들이 바라는 대로 살고 있다는 겁니다. 우리의 현실 자체가 어쩌면 꿈인지도 모릅니다.

장자의 '나비의 꿈' 이야기를 다시 한 번 보겠습니다.

어느 날 장주가 나비가 된 꿈을 꾸었다. 훨훨 날아다니는 나비가 되어 유유

자적 재미있게 지내면서도 자신이 장주임을 알지 못했다. 문득 깨어보니 다시 장주가 되었다. 장주가 나비가 되는 꿈을 꾸었는지 나비가 장주가 되는 꿈을 꾸었는지 알 수가 없다. 장주와 나비 사이에 무슨 구별이 있기는 있을 것이다. 이런 것을 일러 '물화|物化|'라고 한다. 〈제물론〉

내가 나비인지, 나비가 나인지. 다시 보니 장자의 이런 말이 단순히 말장난이 아님을 알 수 있습니다. 분명 그는 꿈속에 있지 않고 깨어난 것입니다. 깨어서 보니 이전의 자기 모습이 꿈이었음을 알았습니다. 내가 바라고 원하던 것들이 결국은 꿈이라는 것을 알았다는 말이지요.

그런데 또 중요한 것 하나! 나뿐 아니라 다른 사람들도 그들이 아닌 다른 사람들이 바라는 대로 살고 있다는 것입니다. 결국 이 사회에서 어느 누구도 온전히 자신이 바라는 대로 살고 있는 사람은 없습니다. 서로가 서로의 꿈을 꾸며 살아가는 동안 사람들끼리 충돌이 없을 수 없겠죠. 장자는 아마 이것을 잘 알고 있었던 것 같습니다. 장자는 현실이 꿈이라고 말하면서도 '인생은 일장춘몽' 식의 허무주의에 빠지지는 않습니다. 자신을 잊은 채 남들의 바람대로 얽히고 설키어 사는 어지러운 인간세를 떠나라고 말하지 않습니다. 오히려 이런 현실을 불가피한 것으로 받아들이고 있습니다. 이를 위해 그는 공자의 입을 빌립니다. 아무래도 현실을 실감나게 이야기할 때는 공자를 내세우는 것이 효과적이라고 생각했던가 봅니다.

공 자 의 조 언

섭공|葉公|이 사신 자격으로 제나라에 갈 때 공자에게 조언을 구하러 왔습니다. 왕명을 받고 막중한 임무를 띠고 제나라로 가야 하는데 일이 잘되지

않을까 걱정하며 공자를 찾아왔던 것입니다. 이에 대한 공자의 조언입니다.

세상에는 지킬 것이 크게 두 가지가 있습니다. 하나는 명|命|이요, 다른 하나는 의|義|입니다. 자식이 부모를 섬기는 것은 '명'이므로 마음에서 지울 수가 없는 것입니다. 신하가 임금을 섬기는 것은 '의'로서 어디를 가나 임금이 없는 데는 없습니다. 하늘과 땅 사이 어디를 가도 이 두 가지를 피할 수 없는 것. 그러기에 이를 '크게 조심할 것|大戒|'이라고 합니다. 그러므로 자녀는 언제 어디서나 부모를 편안하게 해드리는 것이 효|孝|의 극치요, 신하는 언제 어디서나 임금을 편안하게 섬기는 것이 충|忠|의 완성입니다.
자기 마음을 섬길 때 슬픔과 기쁨이 눈앞에 엇갈리어 나타나게 하지 말고, 불가능한 일은 어쩔 수 없는 일로 여기고 운명으로 편안하게 받아들이는 것이 덕|德|의 극치입니다. 신하나 자식 된 사람이 부득이한 일을 당하면 사물의 실정에 맞게 행하면서, 자신을 잊어버려야 합니다. 삶을 기뻐하고 죽음을 싫어할 겨를이 어디 있습니까? 〈인간세〉

여기서 공자는 장자의 대변인입니다. 그런데 이상하지 않습니까? 지금 장자는 분명히 인의|仁義|, 충효|忠孝|를 따르라고 말하고 있습니다. 인의와 충효는 유가의 이념입니다. 유가와 장자를 대립되는 사상으로 보았던 많은 분들이 혼란을 느끼는 구절입니다. 그런데 이런 장자의 생각을 우린 앞에서 엿볼 수 있었습니다. 바로 조릉에서 장자가 깨달은 바로 그것입니다. 그때 장자는 스승의 말이라고 하면서 '다른 풍속에 들어가서는 그곳의 규칙을 따르라'고 말했습니다. 이 말은 어쩌면 매우 진부한 말인지도 모릅니다. 그러나 실은 매우 실천하기 어려운 말이기도 합니다. 우리는 낯선 곳에 가면 그곳 사람들이 이상하게 보이고 그곳의 규칙도 비합리적으로 보입니다.

회사를 옮기면 제일 힘든 것이 그곳의 문화이고, 학교를 옮기면 가장 고민되는 것이 적응하지 못하고 따돌림당하는 것은 아닐까 하는 것입니다. 우리는 낯선 곳에 가면 본능적으로 그 전에 자신이 익숙했던 것에 집착하려는 경향이 있습니다. 마음속으로는 '그래도 옛날이 좋았지'라는 생각을 떨칠 수가 없는 것이죠.

살면서 자신이 속한 공동체를 옮기는 일은 비일비재합니다. 초등학교, 중학교, 고등학교, 대학교를 차례로 거쳐 직장도 여러 번 옮겨 다닙니다. 이사도 여러 번 하게 됩니다. 처음엔 낯선 사람이었겠지만 만나서 정이 들면 결혼도 합니다. 아기를 낳게 되어 부모가 되고, 아이가 학교에 들어가면서 학부모가 됩니다. 어떤 이는 이민을 가기도 합니다. 인간으로 사는 동안 우리는 단 하루도 공동체를 벗어날 수 없습니다.

장자는 유가에서 말하는 인의, 충효가 모두 꿈이라는 것을 알고 있습니다. 그러나 그런 이념이 실제 사람들에게 큰 영향을 주는 것을 알고 있습니다. 대부분의 사람들이 충효를 말하고 인의를 말하는데, 그것을 따르지 않는다면 그는 공동체에서 살기 힘들어질 것입니다. 심지어 죽을 수도 있겠죠. 그렇다고 그 공동체를 벗어나서 다른 곳으로 가면 상황이 달라질까요? 어차피 사람 사는 곳에서는 피할 수 없는 것이 바로 공동체의 규칙입니다. 그런 규칙을 벗어날 수 없는 것이 인간임을 장자는 알고 있었던 것입니다.

공자는 '불가능한 일은 어쩔 수 없는 일로 여기고 운명으로 편안하게 받아들이는 것이 덕|德|의 극치'라고 말합니다. 장자의 생각이기도 합니다. 운명을 편안하게 받아들이는 것을 안명론|安命論|이라고 합니다. 숙명론과는 다릅니다. 운명을 편안하게 받아들이는 것은 생존을 위한 것입니다. 다른 사람들과의 '관계'를 떠나서 살 수 없는 인간의 타고난 운명만큼은 순수히 받아들이라는 것입니다. 이 이야기만 보더라도 장자의 발은 현실에서 결

코 떨어져 있지 않았다는 것을 알 수 있습니다.

서울사람 되기

이야기가 딱딱해진 것 같아 제 이야기를 잠깐 하겠습니다. 저는 고등학교를 졸업할 때까지 대구에서 살았습니다. 행동반경은 집과 학교를 벗어나지 않았습니다. 그러다가 서울에 있는 대학을 다니기 위해 서울로 올라왔습니다. 처음 한 달 정도는 아무 생각도 없었습니다. 모든 것이 새로우리라는 것을 이미 알았고, 제 마음도 그 모든 것을 받아들일 준비가 되어 있었습니다.

그런데 한 달쯤 지나자 뜻하지 않은 큰 문제에 부딪쳤습니다. 어느 날 선배들에게 저의 진지한 고민을 털어놓게 되었는데, 이 선배들, 저의 심각한 고민에는 관심이 없고 키득키득 웃기만 하는 것이었습니다. 경상도에서 온 새내기가 자못 진지한 얼굴로 인생을 논하고 있으나, 오히려 사투리가 재미있는 듯 했습니다. 그때서야 전 이전과는 다른 새로운 공동체에 들어왔음을 알았습니다. 여기서 '안다'는 것은 '실감'했다는 말입니다. 처음으로 서울이 낯설게 느껴진 겁니다. 이전에 있었던 공동체(대구)와 새 공동체(서울)의 경계를 확연히 느낄 수가 있었죠. 물고기가 물 밖으로 나가서야 자신이 물속에 살고 있었음을 알 수 있듯이 말입니다.

의사소통에 장애가 생겼음을 몸으로 느끼게 되었습니다. 술 마시고 즐기는 자리라면 상관없지만, 진지하게 나의 삶과 철학을 이야기해야 할 때면 사투리가 장애가 될 수 있겠구나 하는 생각이 들었습니다. 내가 아무리 전혀 상관없다고 생각해도 정작 듣는 이는 은연중에 나의 사투리로 인해 지방에서 올라온 촌놈이라고 생각할 수도 있겠고, 촌놈이라고 생각해도 상관은 없지만 그것이 진지한 의사소통에 방해가 되어서는 안 된다는 생각을 했습니다. 저는 당장 고쳐야겠다고 마음먹고 참 많이 노력했습니다. 서울 출신 선배들과 동기들의 말을 내용뿐만 아니라 어휘와 억양까지 주의 깊게 들었습니다. 그리고 연습했습니다. 서울말도 아니고 경상도 사투리도 아닌 국적 불명의 언어를 쓰는 과도기를 지나자 채 1년이 되지 않아 괄목할 만한 발전이 있었습니다. 아직도 남쪽의 억양이 남아 있기는 하지만, 가끔 제가 남쪽이 고향이라고 하면 전혀 뜻밖이라는 사람들도 있습니다. 저의 '서울사람 되기' 프로젝트는 성공했습니다. 최소한 언어에서만큼은요. 장자가 말한 '다른 풍속에 들어가서는 그곳의 규칙을 따르라'는 말을 실천한 셈이죠. 물론 그때는 장자가 이런 말을 했다는 것을 전혀 몰랐지만요.

마 음 을   굶 겨 야   도 가   보 인 다

《장자》에서는 끊임없이 고정관념, 선입견을 깰 것을 우언을 통해 말하고 있습니다. 〈소요유〉에 나오는 송나라 모자 장수 이야기를 한번 볼까요.

송나라 사람이 예식 때 쓰는 모자를 잔뜩 가지고 월나라에 팔러 갔습니다. 그러나 월나라 사람들은 모두 머리를 짧게 깎고 몸에는 문신을 해서 모자가 필요 없었습니다. 〈소요유〉

송나라 사람 이야기는 앞에서도 자주 나왔죠. 늘 이름도 없이 그저 '송나라 사람'이라고만 나오고 하나같이 어리석은 인물로 그려지고 있습니다. 옛날 상나라 유민이 사는 나라여서 업신여겼기 때문이라고 앞서 말씀드린 바

있습니다. 그런데 공교롭게 장자도 송나라 사람입니다.

여하튼 이 송나라 사람이 월나라에 모자를 팔러 갔는데, 월나라는 원래 머리를 짧게 깎고 다니는 풍습이 있어 모자가 필요 없었다고 합니다. 이 이야기는 무엇을 의미할까요? 그저 송나라 사람의 어리석음을 알려주려 한 것은 아닌 것 같습니다. 송나라 사람이 월나라에 무언가를 팔려고 한다면 먼저 월나라의 풍습을 알아야 했습니다. 그런데 자신이 살던 송나라의 풍습만 알고 월나라도 송나라와 똑같겠거니 생각하고 그냥 갔던 거죠. 장자가 보기에 뭇사람들의 모습이 송나라의 이 모자 장수처럼 보였나 봅니다. 자신에게 익숙한 것, 즉 선입견이나 고정관념을 떨쳐버리지 못하고 살아가고 있는 것처럼 보였던 모양입니다. 송나라 모자 장수가 송나라에만 있었다면 전혀 문제가 되지 않았을 것입니다. 문제는 월나라에 가서까지 송나라의 풍습대로 생각한 것입니다.

장자는 송나라 모자 장수가 가졌던 이런 마음을 '성심[成心]'이라고 명명합니다. '이루어진 마음', 즉 이미 만들어진 마음, 굳어버린 마음을 뜻합니다. 이미 만들어져 굳은 것이니 요즘말로 선입견이라고 볼 수 있습니다. 고정관념이라고 할 수 있고, 어려운 말로 '고착된 자의식'이라고 할 수 있습니다. 이를 장자는 '성심'이라는 새로운 단어로 표현했습니다.

우리에게 생긴 '굳은 마음[成心]'을 따라 그것을 스승으로 떠받들면, 스승 없는 사람이 어디 있겠느냐? 그렇게 되면 어찌 변화의 이치를 아는 현명한 사람들만이겠느냐, 우둔한 사람들도 마찬가지지. 아직 이런 굳은 마음이 없는데도 옳고 그름을 따지는 것은 오늘 월나라를 향해 떠나 어제 그곳에 도착했다는 것과 같이 있을 수 없는 일을 있다고 억지를 부리는 것이다. 〈제물론〉

좀 뜻이 헷갈립니다만 풀이하자면 이렇습니다. 사람들에게 '굳은 마음'이 없을 때는 옳고 그름을 따질 수도 없습니다. 다시 말해 '굳은 마음'이 생긴 연후에 옳고 그름을 따지는 마음이 생긴다는 것입니다. 그런데 그런 '굳은 마음'을 스승으로 떠받든다면 세상에 어느 누가 스승이 없겠냐고 말합니다. 우둔한 사람도 '굳은 마음'을 스승으로 떠받들고 있는데, 그것이 바로 현재의 모습이 아니겠느냐는 말입니다.

'굳은 마음'을 선입견이나 초자아로 본다면, 초자아 없이는 옳고 그른 것을 따질 수 없다는 것입니다. 맞는 말이죠. 그렇다면 옳고 그름을 따지는 행위가 우둔한 것이니 그러지 말라는 뜻일까요? 아마 그런 건 아닌 것 같습니다. 선입견이 없다면 사람들은 아무런 판단을 못하게 됩니다. 문제는 이런 선입견을 나 아닌 다른 사람, 여기가 아닌 다른 공동체에 그대로 적용하는 데서 큰 문제가 발생하는 것입니다. 바로 소통의 장애가 오는 거죠.

너는 들어보지 못했느냐? 옛날 바다새가 노나라 서울 밖에 날아와 앉았다. 노나라 임금이 이 새를 친히 종묘 안으로 데리고 와 술을 권하고, 구소[九韶]의 음악을 연주해주고, 소와 돼지, 양을 잡아 대접했다. 그러나 새는 어리둥절해 하고 슬퍼할 뿐, 고기 한 점 먹지 않고 술도 마시지 않은 채, 사흘 만에 죽어버리고 말았다. 이것은 자기와 같은 사람을 기르는 방법으로 새를 기른 것이지, 새를 기르는 방법으로 새를 기르지 않았기 때문이다. 〈지락〉

오리의 다리가 짧다고 늘리고, 학의 다리가 길다고 자르는 것과 비슷한 비유인 것 같습니다. 새를 새처럼 대접하지 않고 국빈처럼 대접하니 얼마 안 가 죽을 수밖에요. 아무리 섹시한 절세 미녀라도 참새에게 다가가면 날아가버리고, 물고기도 도망가버립니다. 미녀의 기준은 그때그때 다르며, 특히 사람의 미의 기준이 동물들에게 그대로 적용될 수는 없습니다. 국빈 대접하듯 새를 대접한들 새에게는 한줌의 보리 이삭만큼의 가치도 없습니다. 새의 입장에서 새를 보살피지 않고 사람의 마음으로 새를 대접한 이 사람은, 결국 '굳은 마음으로 스승을 삼은' 꼴입니다. 굳은 마음으로 스승을 삼는 것을 누가 나무라겠습니까. 정말 귀빈 대접할 사람을 극진히 대접했다면 이것보다 더 좋은 것이 어디 있겠습니까. 그러나 문제는 사람이 아니라 새입니다. 다시 말해 내가 아니라 다른 사람이며, 내가 익히 몸담고 있던 이곳이 아니라 새로운 저곳입니다. 낯선 곳에서는 기존의 '굳은 마음'을 버리지 않고서는 적응할 수가 없습니다. 소통할 수가 없습니다.

사람 사이도 마찬가지입니다. 사람과 새가 다르듯이 '나'와 '너'도 다릅니다. 새를 보살필 때 새의 입장에서 보살피듯이 '너'와 이야기할 때는 '나'를 고집해서는 안 됩니다. '너'와 소통하기 위해 '나'를 버리는 것, 이것을 장자는 마음을 굶긴다는 뜻의 '심재|心齋|'라는 말로 표현했습니다.

안회 : 저로서는 이제 더 생각해낼 도리가 없습니다. 부디 방법을 가르쳐주십시오.

공자 : 재|齋|하라. 기존의 마음을 그대로 붙들어둔다면 쉽게 될 수 없다.

안회 : 저는 가난하여 여러 달 동안 술도 못 마시고 양념한 음식도 못 먹었습니다. 이것을 재|齋|라고 할 수는 없나요?

공자 : 그런 것은 '제사 때의 재|齋|'이지, 마음의 재|齋|가 아니다.

안회 : 부디 '마음의 재'가 무엇인지 말씀해 주세요.

공자 : 먼저 마음을 하나로 모아라. 귀로 듣지 말고 마음으로 들어라. 다음엔 마음으로 듣지 말고 기|氣|로 들어라. 귀는 고작 소리를 들을 뿐이고 마음은 고작 사물을 인식할 뿐이지만 기는 텅 비어서 무엇이든 받아들이려 기다린

다. 도|道|는 오직 빈 곳에만 있는 것. 이렇게 비우는 것을 곧 '마음의 재' 라고 한다. 〈인간세〉

공자의 제자 안회와 공자가 나눈 대화입니다. 여기서도 장자는 공자의 입을 빌려 '심재|心齋|'를 말하고 있습니다. 여기서 재|齋|는 '재계하다' 는 뜻입니다. 재계한다는 것은 제사를 지낼 때 몸과 마음을 깨끗이 하는 것을 말합니다. 목욕재계한다는 말이 있습니다. 제사를 지내기 전에 술이나 고기, 파, 마늘 등 자극적인 음식을 피하는 것을 말합니다. 늘 먹던 것도 이때만큼은 먹지 말라는 이야기입니다. 장자는 도|道|는 비어 있는|虛| 곳에만 있고, 이것이 바로 심재라고 말했습니다. 비어 있기 위해 마음을 닦는 것, 마음을 비우는 것*, 이것을 좀 실감나게 표현하기 위해 마음을 굶기는 것이라고 했습니다. 내 마음을 굶겨야 남의 마음을 있는 그대로 받아먹을 수 있는 게 아니겠습니까? 그것이 나 아닌 다른 사람의 마음이든, 우주 만물이 돌아가는 법칙이든, 그 무엇이든 말입니다. 다른 사람들의 마음을 받아먹는 것이 곧 소통이고, 우주 만물이 돌아가는 법칙을 받아들인다면 그것이 곧 도통한 것이 아니겠습니까? 소통을 위해서든 도통을 위해서는 먼저 기존의 굳은 마음을 비워야 하나 봅니다.

마음을 비우면 텅 빈 방도 환하게 보인다

마음을 비우고, 마음을 닦고, 나를 잃어버리고, 앉아서 잃어버리고……. 장자는 끊임없이 마음을 비우라 말합니다. 마음을 비우게 되면 캄캄한 밤이라도 그 어둠 속에서 절로 밝아지는 것처럼 보입니다. 이를 일러 장자는 허실생백|虛室生白|이라 했습니다. 텅 빈 방을 환하게 밝힌다는 말입니다.

노자는 "허의 극치에 도달하면 고요함을 철저하게 지킨다"고 했습니다. 허심일 때 마음이 흐트러지지 않는다는 말이겠지요. 또한 마음이 고요해져야 허심도 이룰 수 있겠지요. 흐르는 물에 얼굴을 비출 순 없지만 고요히 괴어 있는 물은 거울과 같습니다. 이처럼 '비움'과 '고요함'을 뜻하는 허정|虛靜|은 노장사상을 통해 수양하려는 이가 가장 중시하는 개념입니다.

《장자》에서 심재|心齋|와 비슷한 뜻으로 쓰인 말 중에 '오상아|吾喪我|', '좌망|坐忘|'이라는 말도 있습니다. '오상아'는 글자 그대로 나를 잃어버렸다는 뜻이고, '좌망'은 앉아서 잊어버렸다는 뜻입니다. 비슷한 뜻이라 따로 예를 들지 않겠습니다.

도는 걸어다녔기 때문에 만들어진 것이다

도|道|라는 말이 나왔으니 도에 대해 좀 짚고 넘어가겠습니다. 노장사상뿐만 아니라 중국의 고전을 읽으면서 도|道|라는 글자를 만나지 않는 경우가 거의 없을 것입니다. 공자 이래로 누구든 도를 말하고 있습니다. 그러나 그 도가 정확하게 무엇인지, 어떤 의미로 썼는지를 풀어 설명하기는 힘들 것 같습니다. 아마도 조금씩 그 의미를 달리한 것 같습니다. 멀리 갈 것도 없이 근현대 철학에서도 하나의 단어가 여러 뜻으로 쓰이는 경우가 매우 많습니다. 실존*이라는 말도 중세철학에서 사용했을 때와 헤겔, 키에르케고르, 사르트르 등이 썼을 때 그 의미가 조금씩 달랐습니다.

노장사상을 이야기할 때도 도|道|를 빼놓고 이야기하기가 힘듭니다. 왜냐하면 노장사상의 원조인 노자의 《도덕경》의 첫머리가 바로 '도가도비상도 명가명비상명|道可道非常道 名可名非常名|'이라는 말로 시작하기 때문입니다. 《도덕경》은 도와 덕을 논했기 때문에 그리 이름이 붙여졌습니다.

흔히 도는 '완성된' 그 무엇, '완전한' 그 무엇, '변하지 않는' 그 무엇, '초월한' 그 무엇이라고 생각합니다. 이렇게 초월적인 지식을 얻는 학문을 형이상학이라고 합니다. 아마도 지금 도를 말하는 사람이 있다면 그는 분명 이런 형이상학적인 도를 말하는 것이겠지요. 길을 가다가 느닷없이 다가와서 "도를 아십니까?"라고 묻는 사람들이 말하는 도가 바로 그런 뜻의 도일 것입니다.

그러나 《장자》가 쓰여질 당시, 즉 전국시대로 돌아가 보면 오늘날과 같이 형이상학적 의미로 쓰인 게 아닌 것 같습니다. 먼저 공자의 《논어》를 보면 이런 구절이 보입니다.

> "아침에 도를 들으면 저녁에 죽어도 좋다."
> 조문도석사가의 | 朝聞道夕死可矣 |

그런데 참 이상한 게 있습니다. 왜 공자는 "나는 도를 들으면 바로 죽어도

실 존

변기의 물로 얼굴을 씻지 않듯이 세면대와 변기는 용도가 정해져 있습니다. 이것이 변기와 세면대의 본질일 수 있습니다. 그러나 사물이 아닌 인간의 삶의 방식에도 본질이 있을까요? 두 임금을 모실 수 없다며 단종의 복위를 꾀하다 죽은 사육신은 지조의 본보기였습니다. 시뻘겋게 달군 쇠로 다리를 꿰고 팔을 잘라내는 잔학한 고문에도 세조를 '전하'라 하지 않고 '나리'라 불렀던 성삼문의 굳은 절개가 인간의 본질일까요? 나라는 둘째치고, 회사를 위해 목숨을 바치는 사람이 과연 인간 본질에 충실한 것일까요? 이처럼 인간의 삶의 방식만큼은 본질을 미리 규정지을 수가 없습니다. 현실 존재가 바로 본질에 앞선다는 말이기도 합니다.

'실존'은 문자 그대로 '구체적·실질적으로 존재'하고 있음을 나타내는 말입니다. 철학에서는 '본질'에 대비되는 말로 사용됩니다.

그러나 '실존'이라는 말처럼 철학에서 애매하게 사용된 경우도 드물 것입니다. 철학자에 따라 그 쓰임새가 매우 다양하기 때문에 한마디로 정의하기가 힘듭니다. 원래 중세철학에서 '실존existential'이란 '(로부터) 나가다', 또는 '(로부터) 나와서 현재 있다'를 의미하였고, 이에 대응하는 본질 lessentiall은 영원불변의 것을 가리켰습니다.

헤겔이 영원불멸하는 그 무엇, 즉 이성, 절대정신이라는 본질을 추구하였다면, 키에르케고르는 진리는 주관적이므로 '삶'의 근본은 합리적·객관적으로 설명할 수 없다고 했습니다. 이때 그는 '실존'이라는 용어를 썼는데, 개인이 유일무이한 존재라는 뜻을 담고 있습니다. 이후 니체, 야스퍼스, 하이데거, 사르트르 등이 실존을 철학의 주요 주제로 잡았습니다. 이들을 흔히 실존주의 철학자라고 합니다.

좋다"라고 하지 않고, 아침에 들었는데 굳이 저녁이 되어서야 죽어도 좋다고 했을까요? 아침과 저녁이라는 글자는 별 의미가 없는 글자라고 생각할 수도 있습니다. 그러나 그게 아닌 것 같습니다. 고대의 여러 문헌에서 '도'는 주로 '길'이라는 의미로 쓰였습니다. 글자를 뜯어봐도 마찬가지입니다. 도|道|라는 글자의 옛날 글자는 행|行|과 수|首|로 이루어져 있었습니다. 따라서 '생각하며 걸어감' 정도의 의미가 될 수 있습니다. '길'이든 '생각하며 걸어감'이든 모두 실천의 의미를 담고 있는 것입니다. 그냥 머릿속에만 있는 '지식' 차원의 진리가 아닌 것입니다.

그래서 공자는 아침에 도를 깨우쳤지만 그건 머리로만 안 것이고, 실천을 위한 시간이 필요했을 것입니다. 스스로 실천해보지 않고서 어찌 도를 깨우쳤다고 말할 수 있겠습니까. 그리스에서 자연철학이 발생할 즈음 중국에서는 공자를 비롯한 제자백가들의 '정치철학'이 발전했듯이, 서양에서 형이상학적 진리에 목을 매는 동안 중국 철학은 늘 언행일치|言行一致|, 지행합일|知行合一|을 강조했습니다. 장자의 다음 말을 들으면 확실히 도가 실천적인 개념임을 알 수 있습니다.

도|道|는 걸어다녔기 때문에 만들어진 것이고, 사물은 우리가 그렇게 말하기 때문에 그렇게 된 것이다. 어찌해서 그렇게 되었는가? 그렇다고 하니까 그렇게 된 것이다. 어찌해서 그렇지 않게 되었는가? 그렇지 않다고 하니까 그렇지 않게 된 것이다. 〈제물론〉

여기서 도는 확실하게 '길'이라는 의미로 사용되었습니다. 이 부분은 도 자체를 정의하는 것이 아니라 도를 알기 쉽게 비유한 것으로 볼 수 있습니다. 여기서 장자는 공자가 말한 도라는 개념을 한층 발전시켰습니다. 공자

에게 도는 언제나 주나라의 예, 즉 주례|周禮|를 뜻했습니다. 그것이 바로 성인이 만든 길|道|이었고 그것을 따르고자 했습니다. 그러나 장자의 고민은 여기서 더 나아갔습니다. 주나라의 예는 도대체 어떻게 만들어졌는가, 결국 그것은 이전의 성인이 걸어갔던 길이 아니었는가!

전설에 의하면 신농이 몸소 산천의 풀을 모두 뜯어 먹어보고 약초와 독초를 구분했다고 합니다. 그렇게 죽을 고비를 넘겨가며 만든 지식과 지혜의 산물이 바로 도가 아니겠습니까. 장자는 도라는 것도 결국은 이렇게 앞선 사람들의 실천을 통해 만들어질 수밖에 없었음을 알았던 것입니다. 그래서 도는 걸어다녔기 때문에 이루어진 것이라고 말했습니다. 원문을 보면 '도행지이성|道行之而成|'이라고 되어 있습니다. 장자는 도라는 글자보다 행|行|이라는 글자에 주목했습니다. 이미 '만들어진 도'가 아니라 '도가 만들어지는 과정'을 생각했던 것입니다.

포 정 의   소   각 뜨 기

《장자》는 역시 직접적으로 말하는 것보다는 우언이 더 재미있습니다. 도에 대한 장자의 생각이 잘 드러난 우언 하나를 소개합니다.

포정|庖丁|이라는 훌륭한 요리사가 문혜군|文惠君|을 위하여 소를 잡았다. 그 손이 닿는 곳, 어깨로 미는 곳, 발로 밟는 곳, 무릎으로 누르는 곳, 움직일 때마다 설컹설컹 쓱쓱싹싹하며 뼈와 살이 떨어지는 소리와 칼질 소리가 범벅이 되어 들렸는데 마치 음악에 맞춘 듯하였다.
문혜군이 감탄하며 입을 열었다.

"참 훌륭하도다. 기술이 어찌 이런 경지에까지 올랐는고?"

요리사가 칼을 내려놓고 대답했다.

"제가 좋아하는 것은 도道입니다. 기술을 넘어선 것입니다. 제가 처음 소를 잡을 때 눈에 보이는 것은 소뿐이었습니다. 그런데 삼 년이 지나자 소 자체는 보이지 않았습니다. 지금 저는 정신으로 대할 뿐 눈으로 보지 않습니다. 감각기관은 모두 쉬고, 정신이 원하는 대로 움직입니다. 하늘이 낸 결을 따라 큰 결 사이에 칼을 대고 큰 구멍에 칼을 집어넣습니다. 이렇게 본래의 모습을 따랐을 뿐인데, 아직 가로 세로 얽힌 힘줄을 베어 본 일이 없습니다. 하물며 큰 뼈야 말할 것도 없지 않겠습니까?

훌륭한 요리사는 해마다 칼을 바꿉니다. 살을 가르기 때문입니다. 보통의 요리사는 달마다 칼을 바꿉니다. 뼈를 자르기 때문입니다. 저는 지금까지 19년 동안 이 칼만으로 수천 마리의 소를 잡았습니다. 아직도 이 칼은 이제 막 숫돌로 갈아놓은 것 같습니다. 소의 뼈마디에는 틈이 있지만 이 칼날에는 두께가 없을 정도입니다. 두께가 없는 칼날이 틈이 있는 뼈마디 사이를 오가니 칼을 마음대로 다룰 수 있는 것입니다. 그러기에 19년이 지났지만 여전히 칼날이 이제 막 숫돌에서 갈려 나온 것 같습니다.

그렇기는 하지만 힘줄과 뼈가 엉켜진 곳을 만날 때면 저도 다루기가 어려워 한층 긴장하여 조심합니다. 시선을 한 곳으로 모으고 손발도 천천히 움직이면서 칼질을 매우 조심히 하면 뼈와 살이 툭 갈라지는데 그 소리가 마치 흙덩이가 땅에 떨어지는 듯합니다. 그러고나서야 저는 칼을 집고 일어서서 사방을 둘러봅니다. 흐뭇한 마음으로 칼을 닦아 손질하여 넣어둡니다."

문혜군이 말했다.

"훌륭하도다. 나는 오늘 포정의 말을 듣고 양생養生이 무엇인지를 알았노라." 〈양생주〉

포|庖|는 부엌 또는 요리사라는 뜻입니다. 아마 문혜군의 전담 주방장 정도 됐나 봅니다. 그러나 주방장이라고 해도 소를 잡는 백정이니 그 신분의 낮음은 달리 말할 필요가 없을 것입니다. 그런 포정이 임금 앞에서 감히 도|道|를 논합니다. 이미 익숙해졌듯이 《장자》에서 도를 논하는 사람은 신분이 떨어지고 정상적인 신체를 가지지 않은 사람이 많습니다. 포정도 그중 하나죠.

문혜군은 포정이 신들린 듯이 소를 잡는 것을 보고 참으로 대단한 기술을 가졌다고 칭찬합니다. 그런데 포정이 말하길, 그건 기술이 아니라 도라고 말합니다. 그러면서 묻지도 않은 도에 대해 일장 연설을 합니다. 눈으로 보고 귀로 듣는 단계를 뛰어넘어 하늘이 낸 결을 따라 마음대로 칼을 다룰 수 있는 경지에 다다랐다는 것입니다. 원문을 직역하면 '신|神|을 만나 천리|天理|대로' 칼을 다룬다고 쓰여 있습니다. 자신의 마음을 비우고 하늘이 내린 결을 따라 움직이기만 했을 뿐이라는 말입니다. 나를 버리고 소조차도 잊어버린 그 경지에서 소가 아닌 하늘이 내린 결|天理|을 따라 움직였다고 합니다.

그런데 하늘이 내린 결이란 게 원래부터 있었던 것일까요? 만약 그랬다면 다른 베테랑 요리사들은 왜 그 길을 알지 못했을까요? 아마 그것은 원래부터 있었던 것이 아니라 포정이 수년간 소의 각을 뜨면서 터득한 기술일 것입니다. 뭇 요리사들의 경지를 넘어섰으니 단순한 기술이 아니라 도|道|라고 불렀던 것이겠죠. 하늘이 내린 결은 결국 다름 아닌 포정이 몸소 실천하여 찾은 포정만의 결입니다. 장자는 도는 걸어다녔기 때문에 만들어진 것이라 했습니다. 포정이 찾은 천리|天理|라는 도|道|도 포정이 걸어가며 만든 길인 것입니다.

약 자 와 무 지 렁 이 를 위 한 사 상

　정리해볼까요. 지금까지 《장자》를 소통과 실천이라는 관점에서 바라보았습니다. 내가 너를 만날 때, 이곳을 떠나 다른 공동체로 들어갈 때 마음속에 이미 고정되어 굳은 마음, 곧 성심|成心|을 비워야 한다는 것이 소통의 핵심이었습니다. 이런 점에서 장자는 적극적인 소통의 철학이라고 말할 수 있습니다. 또한 장자는 도|道|를 이미 고정된 그 무엇으로 보지 않았다고 했습니다. 도는 걸어가면서 만들어진 것이라는 말에서 도의 실천적인 의미를 찾았습니다. 문혜군의 주방장 포정이 소의 각을 뜨는 신기|神技|도 결국은 포정이 정성을 다하여 이루었던 또 하나의 도였음을 알았습니다. 장자가 생각한 도는 북극의 바닷속 물고기 곤이 붕새가 되어 하늘 높이 훨훨 날아 한 번에 구만리나 날아갈 정도의 큰 자유의 사상이었습니다. 범인이 생각할 수 없는 초월의 사상을 가진 철학자였습니다. 말로 표현하기 힘든 깨달음을 얻은 장자는, 그러나 말로 표현하기 위해 우언, 중언, 치언이라는 절묘한 표현 방법을 통해 수천 년이 지나도록 널리 읽히는 고전을 남겼습니다.

　이렇듯 저는 그동안 관념적이고 속세의 사상과는 무관하다고들 생각했던 장자가 그 누구보다 현실적인 인물임을 부각하였습니다. 그러나 아무리 그렇다고 해도 공자나 맹자의 유가, 상앙과 한비자의 법가, 심지어는 같은 노장사상의 원조인 노자의 사상보다도 관념적인 것은 사실입니다. 이 점에서, 그는 '소통'을 말하고 있지만 관념 속의 소통을 말한다고 볼 수 있습니다. '실천'을 말하지만 현실을 변화시키는 적극적인 의미의 실천이 아니라 나를 현실에 맞추는 처세의 실천일 수 있습니다. 이런 까닭에 장자의 사상은 일반 백성들에게 마음의 위안이 되기도 했지만 권력에 봉사했다는 부정적인 평가도 있습니다.

마르크스의 최대의 공헌은 현재의 자본주의를 '과도기'라고 본 것입니다. 모든 사람이 자본주의를 인류 역사 발전의 종착점으로 볼 때 마르크스는 이 사회 이후에 어떤 사회가 또 있을 수 있음을 말했습니다. '상식'에 반기를 든 것입니다. 장자 역시 '상식'에 반기를 든 대표적인 인물입니다. 당시 유가와 법가의 사상이 '상식'의 사상이었다면 장자는 그것을 초월하고자 한 인물이었습니다.

장자가 태어나 살았던 곳은 송나라였습니다. 상나라 유민들이 세운 아주 작은 나라였습니다. 전국시대에 약소국에 살면서 가혹한 현실을 직접 목격했을 것입니다. 주류가 아닌 비주류, 강자가 아닌 약자의 눈으로 세상을 볼 수밖에 없었습니다. 전국시대는 오늘날의 세계 자본주의와 별반 다를 바가 없었던 것 같습니다. 군사적 힘이 경제적 힘으로 대치되었을 뿐, 여전히 힘의 논리가 지배하는 사회입니다. 이런 사회에서 장자는 고통 받는 개인들의 자유에 관심을 가질 수밖에 없었을 것입니다. 《장자》는 그 자유의 최고의 상태, 즉 아무것에도 기대지 않고 아무런 방해도 받지 않는 그런 상태를 이상으로 그리고 있습니다. 그것은 곧 자신을 버리고 마음을 비워, 운명을 편안하게 받아들인 상태라야 가능합니다. 나약하고 패배적으로 보일 수도 있지만, 장자는 단 한 순간도 현실을 떠나버릴 것을 종용하지는 않습니다. 현실을 받아들이되 약자로서 자유와 해방을 누릴 수 있는 그 무엇을 찾으려 했습니다.

부처가 태어나서 '천상천하유아독존|天上天下唯我獨尊|'이라고 말했다는 것은 유명한 일화입니다. 인간 싯다르타가 신격화되면서 만들어진 이야기겠죠. 그러나 그 의미는 되새겨볼 만합니다. 카스트 제도에 의해 자신의 운명이 사회적으로 결정된 당시의 사회에 무시무시한 반기를 든 것이죠. 사회적 구속으로부터의 해방을 선언한 것입니다. 사회적 구속에 매몰되지 않

고 하나의 '개인'으로서 홀로 존중받을 수 있다는 개인 해방의 선언이었습니다.

《장자》에 등장하는 면면들도 모두 약자요, 무지렁이 개인입니다. 물고기가 붕새가 되고, 소 잡는 백정이 임금에게 도를 가르치고, 발 잘린 불구자가 공자를 가르칩니다. 아무도 거들떠보지 않는 쓸모없는 나무가 실은 천수를 누리는 나무라고 말하고 있습니다. 강자에 대한 약자, 거대한 사회에 속박되어 있는 개인을 위한 사상이 아닐 수 없습니다. 다만 부처와 다른 것이 있다면 장자는 현실과의 인연을 끊을 수 없다고 생각한 것입니다. 원문에서 이를 '부득이不得已'라고 표현하고 있습니다. 부득이한 현실을 받아들이되 이에 얽매이지 않고 자유로운 정신을 가지고 살아갈 수 있도록 한, 약자와 개인을 위한 사상이라 할 수 있습니다. 다만 그것이 관념 속의 자유라는 한계일 수 있습니다.

장자의 사상이 우리 시대의 대안이 될 수 있을지는 모르겠습니다. 그러나 《장자》에서 나타난, 자유를 향해 비상하려는 호탕한 기운과 이미 굳어버린 생각을 깨트리는 초월의 관점은 매우 중요한 의미로 다가옵니다. 어차피 우리 시대의 대안은 우리가 만들어야 하는 것이니까요.

장자가 남긴 말말말

쉽게 쓰려 했지만 '철학하기'는 역시 쉽지 않은 것 같네요. 이제 머리를 식힐 겸, 《장자》에 나오는 몇 편의 이야기를 부담 없이 읽어보시기 바랍니다. 가급적 사족을 많이 달지 않겠습니다.

물고기의 즐거움

어느 날 장자가 혜자와 호(濠)라는 강의 다리 위를 거닐고 있었습니다.

장자가 말했습니다.

"저길 보게. 피라미가 물 속에서 자기 마음 내키는 대로 헤엄치고 있군. 저것이 바로 물고기의 즐거움이겠지."

혜자가 말했습니다.

"자네는 물고기가 아닌데 어찌 물고기의 즐거움을 안단 말인가?"

장자가 대답했습니다.

"자네는 내가 아닌데 어떻게 내가 물고기의 즐거움을 모른다는 것을 알 수 있는가?"

혜자가 다시 말했습니다.

"나는 자네가 아니니까 물론 자네의 심중을 모르지. 마찬가지로 자네는 물고기가 아니니까 물고기의 즐거움을 모른다는 것도 사실이 아닌가?"

장자가 말했습니다.

"자, 그럼 다시 이야기해보세. 물고기의 즐거움을 알 수 없다고 먼저 말한 것은 자네가 아닌가. 그것은 이미 자네가 내 심중을 알고 있다는 뜻이었겠지. 그렇다면 다

리 위에 서 있는 내가 물고기의 즐거움을 알 수 있다는 것을 인정하고 말한 게 아니겠나."〈추수〉

지식의 상대성을 말하고 있습니다. 철학적으로 말하자면 '인식론'에 해당되는 논쟁입니다. 논리적으로는 물고기의 즐거움을 알 수 없겠지만 그것을 뛰어넘어 알 수 있다고 결론내립니다. 장자가 물고기의 즐거움을 안다고 한 것은 인식의 문제가 아니라, 인식을 뛰어넘은 그 무엇을 이야기하고 있는 것 같습니다.
지식의 상대성에 대한 이야기 하나만 더 소개하겠습니다.

논쟁이 안 되는 이유
나와 자네가 논쟁을 한다고 하세. 자네가 나를 이기고 내가 자네를 이기지 못했다면, 자네가 정말 옳고 내가 정말 그르다고 할 수 있겠는가? 또한 내가 자네를 이기고 자네가 나를 이기지 못했다고 내가 정말 옳다고 할 수 있겠는가? 한쪽이 옳으면 다른 한쪽은 반드시 그르다고 할 수 있겠는가? 두 쪽이 다 옳거나 두 쪽이 다 그른 경우는 없을까? 자네도 나도 알 수 없으니 다른 사람이라고 해서 누가 알겠는가? 혹시 누구에게 부탁해서 판단해달라고 하면 정말 좋을까?
자네와 비슷한 생각을 가진 사람에게 판단하라고 하면 이미 자네 생각과 같은 것이니 그가 어떻게 옳게 판단할 수 있겠는가? 그렇다고 나처럼 생각하는 사람에게 판단을 맡기면 나와 생각이 같으니 어찌 제대로 판단할 수 있겠는가? 만약 자네와 나의 생각 모두 다르게 생각하는 사람에게 맡기면 바로잡을 수 있을까? 자네와 나의 생각이 모두 다른데 어찌 바로잡을 수 있겠는가? 이렇게 자네나 나나 혹은 다른 사람도 모두 알지 못할 노릇인데 또 누구를 기다려야 하겠는가? 〈제물론〉

보편적인 지식에 대한 비판입니다. 모든 것이 상대적일 수 있다는 이야기입니다.

그러나 장자가 언제나 상대적인 것만 고집하여, 이것도 저것도 필요 없다고 하지는 않았다는 점이 중요합니다. 지식은 필요 없으니 책도 읽지 말고 공부도 하지 말라고 한 것이 아닙니다. 그는 남들이 절대적이라고 하는 그 무엇에 반기를 들었을 뿐입니다. 남들에게는 책은 옛사람의 찌꺼기일 뿐이라고 말하면서도 당시 다른 누구보다도 많이 읽고 박학다식했던 사람이 장자입니다.

차라리 진흙 속에 꼬리를 끌면서 살겠다

장자가 복|濮|이라는 강에서 낚시를 하고 있었습니다. 초나라 임금이 대부 두 사람을 보내 자신의 뜻을 전했습니다.

"부디 나랏일을 맡아주시기 바랍니다."

장자는 낚싯대를 쥔 채 돌아보지 않고 대답했습니다.

"제가 듣자 하니 초나라에는 죽은 지 삼천 년이나 되는 신령한 거북이 있는데, 왕께서 그것을 비단에 싸서 상자에 넣고 사당 위에 잘 모셔두었다고 하더군요. 이 거북은 죽어서 뼈를 남겨 귀하게 여겨지길 바랐을까요, 아니면 살아서 진흙에 꼬리를 끌면서 다니고 싶었을까요?"

두 대부가 말했습니다.

"물론 살아서 진흙에 꼬리를 끌고 다니고 싶었겠지요."

장자가 말했습니다.

"돌아들 가세요. 나도 진흙에 꼬리를 끌고 다녀야겠소." 〈추수〉

'개똥 밭을 뒹굴어도 저승보다 이승이 낫다'는 속담이 있습니다. 이와 비슷한 뜻입니다. 꽤 많이 알려진 이야기입니다. '예미도중|曳尾塗中|'이라고 합니다. '끌예', '꼬리 미', '진흙 도' 자입니다. 권력을 마다하고 자연과 더불어 살겠다는 뜻이 잘 드러나 있습니다. 권력을 부정하는 것 같기도 하고, 또 한편으로는 대단히

낙천적인 세계관처럼 보입니다. 분명한 것은 여기서 결코 장자의 부정적인 이미지를 볼 수 없다는 것입니다.

우물 안의 개구리

우물 안 개구리에게는 바다 이야기를 할 수 없지요. 한 곳에 갇혀 살기 때문입니다. 여름 벌레에게 얼음 이야기를 할 수 없지요. 한 철에 매여 살기 때문입니다. 마음이 굽은 선비에게 도|道|를 이야기할 수 없지요. 한 가지 가르침에 얽매여 살기 때문입니다. 지금 당신은 좁은 강에서 나와 큰 바다를 보고 비로소 당신이 미미함을 알게 되었습니다. 이제 당신에게 큰 이|理|에 대해 말할 수 있게 되었습니다. 〈추수〉

그 유명한 '우물 안 개구리'의 출전입니다. 마지막 줄의 이|理|를 도|道|로 바꿔 읽어도 뜻이 통합니다. 포정이 소를 잡을 때 하늘이 내린 결을 따라 잡는다고 했는데, 그때 천리|天理|라는 단어를 사용하였습니다. 이|理|는 지극한 이치입니다. 그것이 바로 도|道|이지요.

《장자》에서 우물 안 개구리는 두 군데 등장합니다. 나머지도 마저 소개합니다.

못쓰게 된 우물 안에 청개구리 한 마리가 살고 있었습니다. 어느 날 청개구리가 우물가에서 큰 자라를 만났습니다. 자라는 동해에서 왔습니다.

청개구리가 우물 자랑을 했습니다.

"난 이 우물 안에서 사는 것이 얼마나 좋은지 몰라요. 우물 난간에서 뛰어놀기도 하고 피곤하면 우물 안에 들어가 벽에 기대 한참을 자곤 합니다. 그렇지 않으면 머리와 입만 내놓고 몸을 편안히 물에 담그고 있든가 부드러운 흙 위에서 거닐곤 합니다. 방개나 올챙이를 보아도 나만큼 재미있게 사는 게 없는 것 같습니다. 게다가 난 이 우물을 혼자 차지하고 큰소리치면서 살거든요. 자라님도 우물 안에 들어와서 내가 사는 것을 구경해보세요.”

“그래. 그럼 어디 구경해볼까?” 하면서 자라가 우물 안으로 들어가려 했습니다.

그러나 왼쪽 다리를 들여놓기도 전에 오른쪽 다리가 걸리고 말았습니다. 자라는 어정어정 뒷걸음쳐 돌아와 동해 이야기를 했습니다.

“동해의 크기는 천리 거리로도 그 크기를 말할 수 없고, 천길 길이로도 그 깊이를 말할 수 없네. 우임금 때 십 년 동안 아홉 번이나 홍수가 났지만 바닷물은 불어나지 않았고, 탕임금 때 팔 년 동안 일곱 번이나 큰 가뭄이 있었지만 바닷물은 줄지 않았네. 시간이 흘러도 변하지 않고, 비가 많거나 적다고 불거나 줄어드는 법이 없지. 이것이 동해의 큰 즐거움일세.”

우물 안의 개구리는 이 말을 듣고 놀라 자빠져버렸습니다. 〈추수〉

더 설명이 필요 없겠죠. 그런데 참 웃기지 않나요. 개구리가 그 말을 듣고 놀라 자빠져버렸다니요. 앞에서 붕새가 구만리를 날아간다고 해도 그럴 리가 없다면서 재잘거리던 매미와 새끼 비둘기 이야기와 대조해서 보면 재미있을 것 같습니다.

빈 배

사공이 배로 강을 건너는데 빈 배 하나가 떠내려오다가 그 배에 부딪쳤습니다.

그 사람 비록 성질이 급한 사람이지만 화를 내지 않았습니다.

그런데 떠내려오던 배에 사람이 타고 있으면 당장 소리치며 비켜 가지 못하겠느냐고 말합니다.

한 번 소리쳐서 듣지 못하면 다시 소리치고, 그래도 듣지 못하면 결국 세 번째 소리치는데, 그땐 반드시 욕설이 따르게 마련입니다.

처음에는 화를 내지 않다가 지금 와서 화를 내는 것은, 처음에는 배가 비어 있었고 지금은 배가 채워져 있기 때문입니다.

사람들이 모두 자기를 비우고 인생의 강을 흘러간다면 누가 능히 그를 해치려 하겠습니까? 〈산목〉

참으로 아름다운 이야기입니다. 제 말을 덧붙이는 것이 그야말로 사족인 것 같습니다. 이 이야기는 시남자|市南子|라는 사람이 노나라 임금에게 한 충고입니다. 중요한 것은 군주에게 말한 내용이라는 것입니다. 누구든 이 이야기를 듣고 느끼는 바가 있겠지만, 군주에게 저런 말을 했을 땐 또 다른 뜻이 있는 것 같습니다. 아마 전국시대의 패권 경쟁에 대한 은연중의 비판인 것 같습니다. 배를 타고 서로 싸우는 것이 마치 전국시대 여러 나라의 모습 같아 보입니다. 그저 빈 배 흘러가듯 그렇게 두면 아무 문제없이 잘 살 수 있을 텐데 말입니다. 그러나 이런 말에 귀 기울인 군주는 없었나 봅니다. 전국시대는 결국 하나의 강력한 세력에 의해 통일되고 맙니다.

당신이나 왕의 치질을 신경 쓰게

송나라 조상|曹商|이 왕의 사신이 되어 진나라에 갔습니다. 떠날 때 이미 수레 몇 대를 받았는데, 진나라 왕이 또 수레 백 대를 주었습니다. 송나라로 돌아와 장자를 찾아갔습니다. 그리고는 장자에게 이렇게 말했습니다.

"이렇게 좁고 지저분한 뒷골목에서 짚신이나 삼고 버썩 마른 목에 누런 얼굴로 군색하게 사는 것에 나는 소질이 없네. 수레 만 대를 가진 임금을 한 번 일깨워주고 수레 백 대를 받아오는 일, 나는 이런 일을 잘하지."

장자가 대답했습니다.

"진나라 왕이 병이 나서 의원을 부르면, 종기를 따서 고름을 빼주는 의원에게는 수레 한 대를 주고 치질을 핥아서 고쳐주는 의원에게는 수레 다섯 대를 준다는데, 치료할 곳이 더러우면 더러울수록 수레를 더 많이 준다고 하더군. 자네는 치질을

얼마나 많이 고쳐주었기에 그렇게 많은 수레를 얻은 것인가. 어서 물러가게."〈열어구〉

앞서 장자를 고약하다고 표현한 적이 있습니다. 성인들을 노리개로 삼아 이야기를 자유자재로 풀어내니, 그 성인을 숭상한 사람들 마음이야 오죽 불편했겠습니까. 그런데 장자는 뭇 성인들에게만 그런 것이 아닌가봅니다. 나라에 큰 공을 세우고 거들먹거리며 찾아 온 친구에게 내뱉은 한 마디는 참으로 날카롭습니다. 의롭지 못한 사람에게 빌붙어서 세상을 어지럽게 만드는 것도 못마땅한데 제 발로 찾아와 자랑을 해대니 장자가 말을 하지 않을 수가 없었겠지요.

그런데 다르게 생각해보면 송나라 조상이라는 사람이 매우 현실적인 사람이 아닐까요? 오히려 장자가 현실에 적응하지 못한 낙오자인 것 같습니다. 아마 보통 사람들 생각은 이와 비슷할 것입니다. 지금의 우리 주위를 둘러보아도 마찬가지고요. 군색하게 사는 사람들이 미련하게 보입니다.

역설적이게도 그러나 장자에게는 현실주의자들이야말로 지독한 관념론자로 보였을 것입니다. 왜냐하면 그들이야말로 '굳은 생각' 즉 철저하게 고착화된 생각에서 벗어나지 못하는 것이니까요. 장자가 원하는 것은 그런 고착화된 생각을 깨트리는 것이 아니었을까요. 그 방법으로 통쾌한 풍자가 담긴 우언을 사용할 수밖에 없었던 것이 아닐까요.

《 장 자 》 입 문 을 위 한 추 천 도 서
《장자》, 오강남 옮김, 현암사, 1999
《장자 이야기》, 모로하시 데쓰지, 사회평론, 2005

원 문 에 가 깝 게 더 읽 어 보 시 려 면
《장자》, 안동림 옮김, 현암사, 1993

하나를 읽고 열을 배우는 **독서퍼즐**

		1	2			5		
						6		
3		4		7		8		13
				10		9		
				11		12		
						14		
	15		16					
			17					
18								

[가 로 열 쇠]

1. 공자와 맹자는 '공맹', 노자와 장자는 'ㅇㅇ'

3. 간사한 꾀로 남을 속여 희롱함을 이르는 말. 먹이를 아침에 세 개, 저녁에 네 개씩 주겠다는 말에는 원숭이들이 적다고 화를 내더니 아침에 네 개, 저녁에 세 개씩 주겠다는 말에는 좋아하였다는 데서 유래한다. 제2편 〈제물론〉에 나온다.

6. 인간과 세계에 대한 근본 원리와 삶의 본질 따위를 연구하는 학문. 흔히 인식, 존재, 가치의 세 기준에 따라 하위 분야를 나눌 수 있다. 《장자》는 심오한 ㅇㅇ 서적이자 훌륭한 문학작품이기도 하다.

7. 규모가 작고 값이 싼 여관. ○○○ 주인에게 두 첩이 있었는데 미녀보다는 추녀를 더 사랑하는 이야기가 〈산목〉편에 나온다. "미녀는 스스로 아름답다고 하여 아름다운 줄 모르겠는데, 추녀는 스스로 못났다고 하여 못남을 모르겠습니다"라고 주인이 말한다.

9. 사람의 힘을 더하지 않은 그대로의 자연, 또는 그런 이상적인 경지. 흔히 도가에서 말하는 이상적인 경지로 알고 있다.

11. 한자로 '추어', 우리말로 '밑구리'라고 부르는 민물 물고기. 이를 요리해 만든 탕을 추어탕이라고 한다. "사람이 습지에서 자면 허리가 아프고 반신불수가 되겠지. ○○○○도 그럴까?"〈제물론〉

14. 박으로 만든 다목적 그릇. 혜자가 장자에게 너무나 큰 ○○○는 쓸모가 없다고 하자, 장자는 큰 것이 쓸모가 없는 게 아니라 큰 것을 제대로 쓰는 방법을 모르는 것이라고 대답한다. 〈소요유〉

15. 흔히 가야금과 대비되는 우리나라 현악기. 변론을 잘하는 혜자, 북채를 들고 장단을 잘맞추는 사광, ○○○를 잘 타는 소문을 예로 들어 세 가지 지극한 경지를 설명한다. 〈제물론〉

17. 나라를 다스리는 일. 노자의 《도덕경》은 ○○ 지도자를 위한 지침서라 할 정도로 ○○ 참여를 염두에 두었지만, 《장자》의 일차적 관심사는 개인의 삶이다.

18. 마지못하여 하는 수 없이. 《장자》는 ○○○○한 현실을 받아들이되 이에 얽매이지 않고 자유로운 정신을 가지고 살아갈 수 있도록 한 약자와 개인의 사상이다.

[세 로   열 쇠]

2. 오래도록 살고 죽지 아니함. 도가 사상이 인간의 내면적 초월과 자유를 추구한 것이라면, 도교 신앙은 주로 육체의 ○○○○를 우선으로 생각한다.

3. 서로 잘 어울림. 동아시아의 2대 사상인 유교와 도교는 배척의 관계가 아니라 ○○와 균형의 관계로 발전해왔다.

4. 예의를 차리거나 먼지와 추위 따위를 막기 위해 머리에 쓰는 것. 〈소요유〉편에는 머리를 짧게 깎는 것이 풍습인 월나라에 ○○를 팔러간 송나라의 어리석은 모자 장수 이야기가 나온다.

5. 한 치의 쇠붙이로도 사람을 죽일 수 있다는 뜻으로, 간단한 말로도 남을 감동시키거나 남의 약점을 찌를 수 있음을 이르는 말. 《장자》의 우화는 ○○○○의 지혜를 담고 있다.

8. 《장자》에 등장하는 다리 잘린 사람의 이름. 불구자이지만 공자를 일깨우는 역할로 등장한다.

10. 유난히 소리가 큰 곤충. 수컷이 울음 소리를 내며 여름을 상징한다. ○○를 노리는 사마귀, 사마귀를 노리는 까치, 그리고 그 까치를 노리는 장자. 이 상황에서 장자는 크게 깨달아 3개월 동안 집밖으로 나오지 않았다고 한다.

12. 프랑스의 우화 작가. 이솝과 더불어 대표적인 우화 작가로 이름나 있다. 이솝과 각종 동양 우화를 소재로 삼아 재구성했다.

13. 춘추전국시대 활약한 학자와 학파의 총칭. 장자도 그중 한 사람이다.

15. 장수의 상징이자 아주 느린 동물의 대명사. 초나라 임금이 장자에게 대부의 자리를 주겠다고 하자, "○○○는 과연 죽어서 뼈를 남겨 귀히 여겨지길 바랄까요? 아니면 살아서 진흙에 꼬리를 끌고 다니고 싶을까요?"라고 반문하며 제의를 거절한다. 〈추수〉

16. 한번 정한 대로 변경하지 아니함. 《장자》는 직접적으로 무엇을 가르쳐주기보다 우리의 ○○ 관념을 스스로 돌아보게 만든다.

세상을 읽는 64개의 실마리

주역

저의 점괘를 자주 보지는 않습니다. 스스로의 점괘를 보면 나쁜 괘가 나오지 않을까 걱정을 하게
됩니다. 나쁘게 나와도 좋게 해석하려 합니다. 결국 틀리고 마는 겁니다. 그래서 주역에서 올바른
예측을 하려면 주역 지식뿐만 아니라 수양이 필요한 겁니다. 결국 수양입니다.   – 김석진

동양고전 마지막 시간입니다. 이번에는 난해하기 그지없다는 《주역》입니다. 흔히 《주역》을 떼면 길거리에 나가 돗자리를 깔아도 될 거라고 생각합니다. 점쟁이가 될 수 있다는 말이지요. 좋게 이야기하면 우주와 인생의 이치를 깨달은 것입니다. 낯선 사람을 앞에 두고 미래를 예견할 수 있으려면 세상의 이치를 깨닫지 않고는 불가능할 테니까요.

그러나 제가 읽은 대부분의 《주역》 해설서의 서문은 '주역은 점술서가 아니다'로 시작하고 있습니다. 《주역》이 점술서인지 아닌지, 심오한 우주의 원리를 담은 철학서인지 아닌지, 이런 평가는 그다지 중요하지 않습니다. 본문에서 자세히 살펴보겠지만, 처음에는 분명 점술서였습니다. 그러다가 훗날 유가에서 해설을 붙이면서 철학서로 자리를 잡았습니다. 이런 까닭에 지금도 점술서로 사용하는 사람이 있고 심오한 우주의 이치를 담은 사서삼경의 하나로 떠받드는 사람도 있는 것입니다. 점치는 책으로 사용하든 깨달음을 위한 화두집으로 사용하든, 읽는 사람 마음이겠지요.

우선은 《주역》이라는 책이 어떤 내용을 담고 있는지 살펴보는 것이 순서일 것 같습니다. 그런데 《주역》이 담고 있는 내용이 그리 재미있지가 않습니다. 표현이 애매하기 그지없습니다. 해석 또한 천차만별입니다. 《주역》을 공부하다가 며칠을 못 견디고 책을 집어던졌다는 이야기도 많이 들었습니다. 오죽했으면 만 명이 읽으면 만 개의 《주역》이 있다는 말이 있을까요.

그러나 미리 좌절할 것까지는 없습니다. 이 글의 목적은 어디까지나 《주역》이 어떤 책인지, 그리고 어떤 내용을 담고 있는지를 알려주는 예고편에 불과하니까요. 예고편치고 재미없는 게 어디 있겠습니까? 재미삼아 읽으시고, 혹시 더 깊은 호기심이 발동하면 그때 두툼한 《주역》을 직접 펴보세요. 미리 말씀드리자면 《주역》은 평생을 곁에 두고 읽을 만한 책입니다. 평생을 두고 생각해봄직한 사유의 실마리가 64개나 있습니다.

《주역》을 알려면 괘를 알아야 합니다. 우리나라 태극기에서 태극 모양 주
위에 그려진 바코드처럼 생긴 작대기들을 괘라고 합니다. 태극기에는 건,
곤, 감, 이(리) 네 개의 괘가 그려져 있습니다. 괘를 알기 위해서는 효를 알아
야 하고, 효를 알기 위해서는 음양을 알아야 하며, 음양을 제대로 이해하기
위해서는 무극과 태극의 이치를 알아야 합니다. 대개의 《주역》 해설서들은
이런 것을 먼저 다루고 있는데, 제가 읽어보니 몇 페이지 읽다가 덮어버리
고 싶은 마음이 굴뚝같았습니다.

이 책을 통해 《주역》을 처음 접하는 독자들도 비슷한 심정일 거라 생각합
니다. 그래서 《주역》의 역사와 원리를 자세히 설명하기 전에 《주역》으로 점
치는 방법부터 짚고 넘어가려 합니다. 대칼로 연습하기도 전에 진검을 휘두
르는 격이지만 흥미를 일으키는 데는 훨씬 나은 방법이라 생각해서입니다.
그러나 《주역》에서 말하는 대로 점을 치려면 매우 복잡합니다. 대나무 조각
50개를 만들어 양손에 쥐고 몇 개를 뽑았다 쥐었다 수없이 반복해야 하는
데, 그러지는 않겠습니다. 준비물은 달랑 동전 하나. 정통이 아닌 약식으로
점을 쳐보며 《주역》이라는 책의 구성을 한번 훑어보려 합니다. 《주역》이라
는 것이 이렇게 생겼구나 하는 생각이 좀 들면 그때 가서 《주역》의 역사와
거기에 담긴 깊은 뜻을 음미해보는 시간을 가졌으면 합니다.

점을 치기는 하겠지만, 점괘는 늘 애매모호합니다. 우리가 잘 아는 토정
비결이 그러하고 《주역》 역시 마찬가지입니다. 꿈보다는 해몽입니다. 어떻
게 해석하느냐에 따라 전혀 다른 의미가 됩니다. 저는 이것을 일종의 '바넘
효과'라고 생각합니다.

19세기 말 어느 곡예단에 사람들의 성격과 특징을 기막히게 알아맞히는

바넘|Barnum|이라는 사람이 있었습니다. 참 용한 점쟁이였습니다. 그리고 1940년대 심리학자 포러|Forer|가 성격 진단 실험을 통해 바넘의 족집게 같은 성격 진단의 원리를 밝혀냈습니다. 그래서 '포러 효과'라고도 합니다.

그런데 그 실체란 다름 아닌 '근거 없음'이었습니다. 사람들에게는 보편적으로 외부로부터 들어오는 정보를 일단 정확한 정보로 받아들이는 경향이 있습니다. 누구에게나 통용되는 일반적인 점괘를 마치 자신을 묘사하는 것처럼 오해하는 것이죠. 포러는 자신의 수강생들에게 그럴 듯한 성격 진단지를 나눠주고 테스트를 합니다. 그런 후에 이 테스트와는 전혀 상관없이 신문 점성술 코너에서 몇 개를 뽑아 내용을 약간 고쳐 학생에게 나눠주었습니다. 학생들은 대부분이 자신의 성격과 잘 맞는다고 대답하였습니다. 포러가 학생들의 성격 진단 결과로 나누어 준 점성술 코너의 내용은 대부분의 사람들이 가지고 있는 보편적인 특성을 기술한 것이었습니다.

대부분의 사람들은 막연하고 일반적인 특성을 자신만이 가지고 있는 독특한 특성으로 믿으려는 경향이 있습니다. 다른 사람들에게도 그러한 특성이 있는지의 여부는 생각하지 않습니다. 이러한 경향은 대개 자신에게 유리하거나 좋은 것일수록 강해지는데, 이처럼 착각에 의해 주관적으로 끌어다붙이거나 정당화하는 경향을 '바넘 효과'라고 합니다.

점집을 찾아 점보는 것을 미신이라 배격하는 사람들 중에도 혈액형에 따른 성격 분류를 믿는 사람들이 의외로 많습니다. 술자리 농담삼아 이야기하면서도 은근히 그것을 사실로 받아들이는 경향이 많습니다. 결론부터 말씀드리자면 이것이야말로 '바넘 효과'의 전형입니다.

다음 표는 ABO식 혈액형에 따른 인종별 혈액형 빈도를 나타낸 것입니다. 한국인과 일본인은 대개 고르게 분포되어 있습니다. 그러나 영국과 미국인을 보면 B형과 AB형이 거의 없습니다. 영국과 미국에 혈액형에 따른 성격 분류 개념 자체가 없는 것은 바로 이 때문입니다. 반면 우리나라와 일본에서는 사람의 성격을 네 가지로 분류해 그것이 무슨 형의 성격이라고 규정해도 대충 4분의 1의 확률을 가집니다. '당신은 스스로 소심하다고 생각할지 모르지만 때로는 대범하게 행동해 주위에서 의외라고 합니다' 라고 하면 누가 감히 아니라고 대답할 수 있겠습니까. 말을 살짝 바꾸어 '당신은 평소 대범하지만 가끔은 소심하게 고민하는 경우도 있습니다' 라고 한다면?

인종별 ABO 혈액형의 빈도(%)

구분	O형	A형	B형	AB형
한국인	28	34	27	11
일본인	29	38	22	11
영국인	47	42	8	3
미국(백인)	45	42	10	3
페루 인디언	100	0	0	0
마야인	98	1	1	1

서울 아산병원 혈액은행 제공

《주역》도 크게 다르지 않습니다. 《주역》의 괘 중에서 절대적으로 좋거나 완전히 나쁜 괘는 하나도 없습니다. 《주역》 괘의 특징을 한마디로 표현하라면 전화위복|轉禍爲福|이요, 흥진비래|興盡悲來|입니다. 지금의 어려움은 도리어 복이 될 수 있고, 즐거움이 다하면 슬픔이 온다는 것입니다. 《주역》의 역|易|은 '바뀌다' '변하다' 라는 의미입니다.

이것을 미리 염두에 두고, 자 이제 동전을 꺼내볼까요.

동전으로 점치기

먼저 10원짜리 동전 하나를 준비해 주세요. 10원짜리가 아니어도 상관없습니다. 앞뒤를 구분할 수 있는 어떤 물건이든 상관없습니다. 필기구와 종이 한 장도 필요합니다. 괘를 그려야 하니까요.

준비가 됐으면 두 손으로 동전을 쥐고 흔듭니다. 마치 홀짝 놀이를 하듯 잘 흔들어보세요. 이때 자신이 점을 치고자 하는 문제를 머릿속으로 진지하게 생각합니다. 흔들기를 멈춘 다음 조용히 숨을 죽이고 경건한 마음으로 손을 펼칩니다.

손바닥 위의 동전이 앞면이면 양|陽|, 뒷면이면 음|陰|입니다. 양을 나타내는 기호는 ―입니다. 음을 나타내는 기호는 ――입니다. 이 기호를 효|爻|라고 합니다. 종이 위에 양(―)또는 음(――)의 효를 그립니다.

뒷면일 때, 음 ▬▬ ▬▬
앞면일 때, 양 ▬▬▬▬

다시 손에 쥐고 흔든 다음 손을 펼칩니다. 두 번째 효는 처음 그린 효 위에 그려야 합니다. 이렇게 여섯 번 반복하면서 아래에서 위로 여섯 개의 효를 차례로 그립니다. 여섯 개가 쌓이면 이것이 하나의 괘가 됩니다.

주사위로 할 수도 있습니다. 1부터 6까지의 숫자 중에서 홀수는 양(―)이고 짝수는 음(――)입니다. 주사위를 여섯 번 던져 양 또는 음의 효를 여섯 번 그리면 됩니다. 물론 이때도 아래에서 위로 하나씩 그려야 합니다.

이렇게 해서 나올 수 있는 괘의 가짓수는 64개입니다. 양 또는 음의 가짓수가 2이고, 이것을 여섯 번 반복하니까 $2 \times 2 \times 2 \times 2 \times 2 \times 2$, 즉 2^6이 되어 총 64가지의 괘를 만들 수 있습니다. 《주역》은 64괘의 뜻풀이를 담고 있는 책입니다. 이제 종이 위에 그린 괘에 대한 설명을 《주역》에서 찾아 읽으면 됩니다.

팔 패 는 외 워 야 한 다

그런데 우리가 방금 종이 위에 그린 괘의 모양과 똑같은 것이 《주역》의 어디에 설명되어 있는지 찾기가 쉽지 않습니다. 이 문제는 국어사전 찾듯이 몇 번 반복해 찾다보면 금방 해결이 됩니다. 정작 문제는 잘 찾아 읽는다 해도 전혀 뜻이 통하지 않는 데 있습니다.

예를 들어 ☰ 모양의 그림이 되었다고 합시다. 혹시 정말 이런 그림이 나왔다면, 당신은 정말 복이 많은 사람입니다. ☰ 모양은 태ㅣ泰ㅣ괘라고 합니다. 태괘는 64괘 중에서 둘째가라면 서러울 정도로 좋은 괘입니다. 《주역》 태괘를 펼치면 이런 말이 나옵니다.

☰ 지천태ㅣ地天泰ㅣ

태ㅣ泰ㅣ는 작은 것이 가고 큰 것이 온다. 길하고 형통하다.

〈단전〉에서 말하기를, 태괘는 작은 것이 가고 큰 것이 오기 때문에 길하고 형통하다. 이는 천지가 사귀어 만물이 통하는 것이다. 위와 아래가 사귀어 그 뜻이 같은 것이다. 양이 안에 있고 음이 밖에 있다. 안으로는 강건하고 밖으로는 순하다. 군자가 안에 있고 소인이 밖에 있으니 군자의 도는 커나가고 소인의 도는 사라진다.

〈상전〉에서 말하기를, 하늘과 땅이 사귀는 것을 태ㅣ泰ㅣ라고 한다. 왕이 이를 보고 천지의 도에 천지의 마땅함을 보태어 백성을 도와준다.

초구ㅣ初九ㅣ: 띠풀을 뽑으니 얽혀 있다. 무리를 지어 가면 길하다.

〈상전〉에서 말하기를, 띠풀을 뽑듯 무리지어 나가면 길하다는 것은 뜻이 밖에 있음이다.

구이ㅣ九二ㅣ: 거친 것을 포용하고, 홀몸으로 강을 건너는 사람을 쓰며, 멀리

하거나 버리지 아니하며, 붕당이 없으면 중도를 행하는 데 짝을 얻는다.
〈상전〉에서 말하기를, 거친 것을 포용하여 중도를 행하는 데 짝을 얻어 광
대하게 한다.

(이하 생략)

길하고 형통하다고 하니 좋은 뜻 같은데, 나머지는 무슨 말인지 도무지
갈피를 잡을 수 없습니다. 첫술에 배부른 법은 없습니다. 내용을 이해하기
전에 우선 레이아웃부터 훑어보겠습니다. '지천태', '단전', '상전', '초
구', '구이'가 무엇을 의미하는지부터 살피는 것이 순서일 것입니다.

제목부터 보죠. 괘의 이름이 지천태|地天泰|입니다. 그냥 태|泰|괘라 하
지 않고 앞에 지천|地天|이라는 말이 붙어 있습니다. 지|地|, 천|天|과 같이
괘의 이름 앞에 붙는 한자는 모두 8개입니다.

아래 표를 보세요.

	☰	☱	☲	☳	☴	☵	☶	☷
이름	건乾	태兌	이离	진震	손巽	감坎	간艮	곤坤
자연현상	하늘天	못澤	불火	우레雷	바람風	물水	산山	땅地
성질	강건	즐거움	광명	움직임	들어감	험난	그침	유순

괘의 이름은 건, 태, 이, 진, 손, 감, 간, 곤이라 일컫습니다. 우리나라 태극
기*에는 건, 곤, 감, 이(리) 등 4개의 괘가 그려져 있습니다. 이들 괘는 모두 3
개의 작대기 모양으로 이루어져 있습니다. 작대기 하나를 효|爻|라고 합니
다. 3개의 효가 모여 하나의 괘를 이루니, 이를 일러 소성괘라고 합니다. 작
은 괘라는 뜻입니다. 음양을 나타내는 효가 3개 겹쳐 있으니 8가지 모양을
만들 수 있습니다. 따라서 이것이 팔괘가 됩니다.

딸아이가 다니는 유치원에 가보니 태극기를 그려놓고 사방의 괘를 두고

건, 곤, 감, 이(리)라는 이름을 가르치고 있었습니다. 저는 초등학교 때 배웠던 기억이 납니다. 이처럼 우리나라 사람이라면 누구나 어려서부터 팔괘 중 가장 기본이 되는 4개의 괘를 익힌 상태입니다. 팔괘 중에서 태극기에는 왜 건, 곤, 감, 이(리) 4개의 괘가 선택됐을까요?

우선 태극기에 그려져 있는 4개의 괘를 보세요. 그리고 공통점을 찾아보세요.

모르겠다면 그림을 거꾸로 한번 보세요. 바로 보나 거꾸로 보나 모양이 똑같습니다. 태극기에는 이처럼 팔괘 중에서 뒤집어도 같은 모양의 괘만 4개를 골라 실었습니다. 나머지 괘는 어떤 식으로든 치우친 모양입니다.

뜻으로 보자면, 건곤은 하늘과 땅, 감리는 물과 불이 됩니다. 물론 뜻으로 풀자면 한없이 더 많은 의미를 부여할 수 있습니다. 동서남북의 방위로도, 인의예지 등 4덕으로도 풀 수 있습니다. 그러나 최초로 태극기를 만든 사람이 정확하게 이 모든 것을 감안하고 만든 것 같지는 않습니다. 치우친 모양이 없는 4개의 괘를 골라 나름대로의 의미를 부여한 것이 아닐까 합니다.

《주역》을 공부하시려면 태극기의 4괘를 포함한 팔괘만큼은 반드시 알아

태극기의 태극 모양 때문에 남북이 분단됐다?
태극기 이야기가 나왔으니 태극의 모양에 대해서 하나만 짚고 넘어가겠습니다.
원래 예부터 전해오는 태극의 모양은 좌우로 나뉜 모양을 하고 있습니다. 태극기 속의 태극의 모양은 상하로 나뉘어 있습니다. 어떤 사람은 이 모양이 남북 분단을 상징한다고 풀이합니다. 그러나 이런 식의 해석이라면 태극이 원래 모양대로 좌우로 나뉘었다면 동서 분단이 돼야 하는 상황입니다. 태극은 회전하는 모양입니다. 시작도 끝도 없는 무극의 세계에 양과 음이 나뉘는 모양을 담고 있습니다. 양과 음이 늘 조화를 이루며 순환하는 모습이 바로 태극입니다.

야 합니다. 그냥 외워야 합니다. 모두 외우기 어렵다면 괘의 이름보다 자연 현상을 나타내는 단어부터 외우는 것이 좋습니다. ☰는 천|天|입니다. ☷는 지|地|입니다. ☷(지|地|)가 위에 있고 ☰(천|天|)이 아래에 있는 모양을 일러 지천태|地天泰|라고 합니다. 반대로 ☰(천|天|)이 위에 있고 ☷(지|地|)가 아래에 있는 모양을 천지비|天地否|괘라 합니다. 비|否|는 '막힐 비' 자입니다. 태괘와는 달리 매우 좋지 않은 괘입니다. 하늘이 위에 있고 땅이 아래에 있어 매우 이상적인 모양 같지만, 그렇지 않습니다. 하늘의 기운은 계속해서 위로 올라가려 하고, 땅의 기운은 아래로 내려가려고만 하기 때문에 둘은 서로 만나지 못합니다. 하늘과 땅이 서로 등을 맞대고 소통하지 않는 상태가 바로 천지비괘입니다.

손가락으로 팔괘 표시하기

팔괘는 손가락으로 표시할 수 있습니다. 엄지를 제외한 검지와 중지, 무명지, 이렇게 3개의 손가락이 각각 하나의 효를 나타냅니다. 3개를 겹쳐놓았으니 소성괘 하나를 만들 수 있는 셈입니다.

이때 엄지는 양과 음을 표시하는 역할을 합니다. 엄지손가락을 갖다 댄

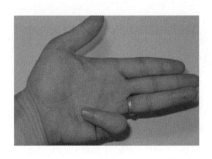

손가락은 양(—)이 되고, 그렇지 않으면 음(--)이 됩니다. 왼쪽 그림과 같이 엄지손가락이 아무 데도 닿지 않은 상태는 모두 음(--)을 나타냅니다. 따라서 이 괘는 3개의 음으로 구성된 ☷(곤|坤|)괘를 뜻합니다.

건|乾| 천|天| ☰
엄지손가락을 나머지
3개의 손가락에 모두
붙입니다.

손|巽| 풍|風| ☴
검지와 중지에 붙입니
다.

태|兌| 택|澤| ☱
중지와 무명지만 붙입
니다. 아래 2개만 양인
태괘입니다.

감|坎| 수|水| ☵
중지에만 붙입니다.

이|离| 화|火| ☲
중지를 제외하고 검지
와 무명지에 붙입니다.

간|艮| 산|山| ☶
검지에만 붙입니다.

진|震| 뇌|雷| ☳
무명지에만 붙입니다.

곤|坤| 지|地| ☷
아무 데도 붙이지 않았
으므로 모두 음인 곤괘
입니다.

손가락으로 표현할 수 있는 괘는 팔괘입니다. 이를 소성괘라고 한다고 했죠. 이 소성괘를 2개 붙여놓으면 대성괘가 됩니다. 소성괘 하나로 8가지 괘를 만들 수 있으니, 이를 조합하면 8×8=64, 64괘가 만들어집니다. 64괘는 저마다 이름을 가지고 있습니다. 《주역》은 곧 64개의 대성괘에 대한 설명을 담은 책입니다.

지천태괘의 첫 줄 "태|泰|는 작은 것이 가고 큰 것이 온다. 길하고 형통하다"가 바로 태괘를 설명하고 있는 구절입니다. 이 부분을 괘사|卦辭|라고 합니다.

팔괘 외우는 방법

《주역》을 공부하기 위해서 팔괘는 꼭 외워야 된다고 말했습니다. 그러나 쉽게 외울 수 있는 뾰족한 방법이 없어 옛 선인들께서 외우던 방식을 알려 드리겠습니다.

옛사람들은 주역의 괘를 외울 때 두 가지 단계를 거쳤습니다. 먼저 팔괘의 괘명과 괘상을 순서대로 나열하는 방법입니다.

일건천, 이태택, 삼리화, 사진뢰, 오손풍, 육감수, 칠간산, 팔곤지

풀어 쓰자면, '일건천' 이란 '1은 건|乾|이요 하늘|天|' 이라는 뜻입니다. 나머지도 마찬가지입니다. 표를 참고하세요.

순서	1	2	3	4	5	6	7	8
괘명	건乾	태兌	이离	진震	손巽	감坎	간艮	곤坤
괘상	하늘天	못澤	불火	우레雷	바람風	물水	산山	땅地
읽기	일건천	이태택	삼리화	사진뢰	오손풍	육감수	칠간산	팔곤지

다음으로는 괘의 모양까지 암기해야 합니다. 괘의 모양을 손가락으로도 표시할 수 있다고 했죠. 그때 엄지손가락을 붙이면 양, 떼면 음이라고 했습니다. 붙인다는 뜻으로 연|連|, 뗀다는 뜻으로 절|絕|자를 사용하면 이렇게 표현할 수 있습니다.

건삼련, 태상절, 이허중, 진하련, 손하절, 감중련, 간상련, 곤삼절

풀어 쓰자면, '건삼련' 이란 '건|乾|은 3개|三|가 모두 이어져 있다|連|' 는

뜻입니다. '태상절'은 '태|兌|는 가장 위쪽|上|이 떨어져 있다|絶|'가 됩니다. '이허중'은 '이|离|는 가운데|中|가 비어 있다|虛|'는 뜻이 됩니다. 즉 나머지는 연결되어 있다는 뜻이죠. 이런 식으로 진은 아래쪽만 연결되어 있고, 손은 아래쪽만 떨어져 있고, 감은 가운데만 연결되어 있고, 곤은 모두 떨어져 있다는 뜻이 됩니다. 손가락으로 모양을 만들면서 외우면 훨씬 빠르게 외울 수 있습니다.

	☰	☱	☲	☳	☴	☵	☶	☷
이름	건乾	태兌	이离	진震	손巽	감坎	간艮	곤坤
모양	건삼련	태상절	이허중	진하련	손하절	감중련	간상련	곤삼절

더욱 그럴 듯하게

손가락으로 괘 모양을 만들고, "지천이니 태괘로구나" 하고 읊을 수 있다면 돌팔이 역술가 흉내는 낼 수 있을 것입니다. 이제 좀 더 그럴 듯하게 보이게 해보겠습니다. 괘를 그릴 때 양효(—)와 음효(--)를 숫자 9와 6으로 바꿔 쓰면 됩니다. 물론 한자로 써야겠지요. 양효(—) 대신에 九를, 음효(--) 대신에 六을 쓰면 됩니다. 역술가들이 종이 위에다 숫자 九와 六을 어지럽게 쓰는 것은 바로 이 때문입니다.

지천태|地天泰|괘 설명 중에 '초구|初九|: 띠풀을 뽑으니 얽혀 있다. 무리를 지어 가면 길하다'에서 초구|初九|의 九가 바로 양효(—)라는 뜻입니다. 처음 동전으로 괘를 그릴 때, 아래에서 위로 효를 차례대로 그린다고 했죠. 맨 아래, 즉 맨 처음 효가 양이라는 뜻으로 '초구|初九|'라고 쓴 것입니다. '구이|九二|: 거친 것을 포용하고, 홀몸으로 강을 건너는 사람을 쓰며, 멀리하거나 버리지 아니하며, 붕당이 없으면 중도를 행하는 데 짝을 얻는다'에

서 구이|九二|의 九도 양효(—)를
나타냅니다. 양효가 두 번째에
있다는 뜻입니다.

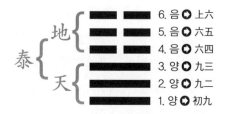

그림을 보면서 종합하겠습니
다. 64괘 중에서 태|泰|괘의 위
쪽(상괘)에 지|地|를 뜻하는 곤|坤|괘가 있습니다. 아래쪽(하괘)에는 천|天|
을 뜻하는 건|乾|괘가 있습니다. 이를 일러 지천태|地天泰|괘라고 합니다.

이 괘를 다시 밑에서 차례대로 보면, 양 → 양 → 양 → 음 → 음 → 음의
순으로 되어 있습니다. 이것을 한자로 쓰면 九 → 九 → 九 → 六 → 六 →
六 순입니다. 처음의 효는 맨 처음이라는 뜻으로 초|初|를 앞에 쓰고, 맨 뒤
의 효는 가장 위에 있다는 의미에서 상|上|자를 앞에 씁니다. 나머지 2~5효
의 차례를 나타내는 숫자는 뒤에 씁니다. 그래서 초구 → 구이 → 구삼 → 육
사 → 육오 → 상육과 같이 표현하는 것입니다.

《주역》에서 각각의 효에 대해 순서대로 하나하나 설명한 것을 효사|爻辭|
라고 합니다. 조금 전에 괘를 전반적으로 설명한 것을 괘사|卦辭|라고 한다
고 했습니다. 이 괘사와 효사가 《주역》의 핵심입니다. 이를 경|經|이라고 합
니다.

양과 음의 대표 九와 六

양(—)과 음(- -)을 표시할 때, 양은 九, 음은 六으로 쓴다고 했습니다. 왜
수많은 숫자들 중에서 9와 6일까요.

이것은 하도|河圖|라는 그림에서 유래했습니다. 지금으로부터 5천여 년

전, 전설 속의 삼황 중 한 사람인 복희씨 때의 일입니다. 황하 주위에 무슨 구경거리가 난 듯 사람들이 모여 웅성거렸습니다. 복희씨가 나아가 살펴보니 그 물에는 머리는 용이요 몸은 말의 형상을 한 용마|龍馬|가 있었습니다. 용마의 등에는 1에서 10까지의 숫자를 뜻하는 모양이 그려져 있었는데, 이것을 하도|河圖|라고 합니다. 이를 본 복희씨가 '우주 만물이 오직 1에서 10까지 10수 안에 존재하고 있다' 는 것을 깨달았다고 합니다.

우주 안의 수는 1에서 10까지인데, 1에서 5까지를 근본이 되는 수, 만드는 수라고 해서 생수|生數|라 합니다. 6에서 10까지는 이루어진 수라는 뜻에서 성수|成數|라고 합니다. 말뜻에서부터 생수가 근본임을 알 수 있습니다.

생수 중에서 1, 3, 5 홀수는 양을 뜻하고 2, 4의 짝수는 음을 뜻합니다. 홀수는 짝이 없으므로 무언가 부족함을 느끼는 숫자입니다. 따라서 움직이려는 성질을 가지고 있습니다. 양의 성질입니다. 반면 짝수는 안정된 숫자입니다. 짝을 이루고 있으니 움직이려는 성질이 부족합니다. 그래서 음의 성질입니다. 양을 나타내는 1, 3, 5의 숫자를 합치면 9가 됩니다. 그래서 9는 양을 대표하는 숫자가 됩니다. 음을 나타내는 숫자 2, 4를 합친 6은 음을 대표하는 숫자가 됩니다.

그런데 양과 음은 끊임없이 변합니다. 양이 극에 달한 숫자가 9, 음이 극에 달한 숫자가 6입니다. 그래서 9를 늙은 양이라는 뜻의 노양|老陽| 또는 태양|太陽|이라 하고, 6은 노음|老陰| 또는 태음|太陰|이라고 합니다. 우연의 일치인지, 아라비아 숫자 9를 뒤집으면 6이 됩니다. 양이 극에 달하면 음으로 변하는 모습입니다.

《주역》의 핵심이라 할 수 있는 괘사와 효사는 경|經|에 속합니다. 경|經|은 원본 텍스트이고 전|傳|은 주석서입니다. 말하자면 경|經|은 교과서이고 전|傳|은 참고서와 같습니다. 예를 들어, 공자가 지었다는 《춘추|春秋|》를 좌구명|左丘明|이라는 사람이 해설한 책을 《춘추좌씨전|春秋左氏傳|》이라고 합니다.

《주역》은 누가 봐도 어렵습니다. 《주역》의 괘사와 효사는 원래 고대 사람들이 점을 친 기록입니다. 점괘는 어느 특정한 사안에만 적용되어서는 안 됩니다. 그러려면 점괘가 수천수만 가지가 되어도 부족합니다. 따라서 고대 사람들이 점을 친 결과 중에서 두루두루 통용되는 일반적인 원칙만을 엮어 점괘집을 만들었을 것입니다. 그러다 보니 점괘가 두루뭉술하여 해석하기가 이만저만 어렵지 않습니다. 태괘의 괘사는 "작은 것이 가고 큰 것이 온다. 길하고 형통하다"입니다. 그 깊은 뜻을 알 길이 없습니다.

그래서 후대의 누군가가 여기에 해설을 덧붙여 놓았습니다. 수많은 사람들이 주석을 달았겠지요. 그러나 《주역》 참고서 중에서 공인된 것은 열 가지뿐입니다. 이것이 《주역》에 날개를 달아주었다고 해서 열 개의 날개, 즉 십익|十翼|이라 합니다.

지천태|地天泰|괘의 설명 중에 '〈단전〉에서 말하기를' 또는 '〈상전〉에서 말하기를' 이라고 쓰여진 부분이 바로 《주역》의 해설에 해당됩니다. 누가 해설을 달았는지는 정확하게 알려져 있지 않습니다. 아마 후대의 유가 학파에서 손을 댄 것 같습니다. 〈단전〉과 〈상전〉도 십익 중의 하나입니다. 십익 중에서도 〈단전〉과 〈상전〉, 그리고 〈문언전〉은 《주역》 본문에 포함되어 있고, 나머지 일곱 개의 전|傳|은 책 뒤에 권말부록처럼 실려 있습니다.

이제 지천태|地天泰|괘를 설명한 본문을 다시 보겠습니다.

제목	지천태|地天泰|
본문(괘사)	태|泰|는 작은 것이 가고 큰 것이 온다. 길하고 형통하다. ➡ 괘사 : 괘에 대한 설명
해설1	〈단전〉에서 말하기를, 태괘는 작은 것이 가고 큰 것이 오기 때문에 길하고 형통하다. 이는 천지가 사귀어 만물이 통하는 것이다. 위와 아래가 사귀어 그 뜻이 같은 것이다. 양이 안에 있고 음이 밖에 있다. 안으로는 강건하고 밖으로는 순하다. 군자가 안에 있고 소인이 밖에 있으니 군자의 도는 커나가고 소인의 도는 사라진다. ➡ 괘사에 대한 해설
해설2	〈상전〉에서 말하기를, 하늘과 땅이 사귀는 것을 태|泰|라고 한다. 왕이 이를 보고 천지의 도에 천지의 마땅함을 보태어 백성을 도와준다. ➡ 괘사에 대한 해설
본문(효사)	초구|初九| : 띠풀을 뽑으니 얽혀 있다. 무리를 지어 가면 길하다. ➡ 효사 : 제1효에 대한 설명
해설	〈상전〉에서 말하기를, 띠풀을 뽑듯 무리지어 나가면 길하다는 것은 뜻이 밖에 있음이다. ➡ 효사에 대한 해설
본문(효사)	구이|九二| : 거친 것을 포용하고, 홀몸으로 강을 건너는 사람을 쓰며, 멀리하거나 버리지 아니하며, 붕당이 없으면 중도를 행하는 데 짝을 얻는다. ➡ 효사 : 제2효에 대한 설명
해설	〈상전〉에서 말하기를, 거친 것을 포용하여 중도를 행하는 데 짝을 얻어 광대하게 한다. ➡ 효사에 대한 해설 (이하 생략)

주나라 점괘의 데이터베이스

데이터베이스라는 말이 있습니다. 불과 십여 년 전만 해도 이 말은 컴퓨터를 전공하는 사람들만 알아들을 수 있는 용어였습니다. 지금은 누구나 한

번쯤 들어보았을 것입니다. 인터넷을 연결하면 으레 처음 접속하는 곳이 검색 사이트입니다. 검색 사이트는 엄청난 정보를 쌓아놓은 데이터베이스의 전형입니다.

데이터베이스 관리 프로그램 중에 오라클|oracle|이라는 프로그램이 있습니다. 꽤 유명한 프로그램입니다. 비싸기도 하고요. 오라클의 우리말 뜻은 '신탁|神託|'입니다. 옛날에는 인간이 판단하기 어려운 문제를 곧잘 신|神|에게 물었습니다. 이때 신이 응답한 것을 신탁이라고 합니다.

신탁의 초기 형태가 점|占|입니다. 신의 뜻을 직접 알 수 없어서 점을 쳤습니다. 별을 보고 신의 뜻을 알아차리는 점성, 꿈을 해몽하는 꿈점, 짐승의 뼈나 거북의 등껍질을 이용하는 점 등 여러 가지 방법이 있었습니다. 지역에 따라 방법도 달랐습니다. 물론 아무나 할 수 있었던 것은 아닙니다. 신의 뜻을 읽을 수 있는 특수한 위치의 사람만이 할 수 있었습니다. 이런 사람을 샤먼|shaman|, 영매자|靈媒者|라고 합니다.

중국 허난성|河南省| 샤오툰촌|小屯村|에 있는 고대 상나라의 수도인 은|殷|의 유적을 은허|殷墟|라고 합니다. 은허에서 출토된 유물 중에 갑골문자는 널리 알려져 있습니다. 이 갑골문자는 고대 상나라의 점술가가 왕가를 위하여 점을 친 점괘의 기록입니다. 갑골|胛骨|은 귀갑|龜甲|과 우골|牛骨|의 줄임말입니다. 거북의 등가죽과 소뼈입니다. 상나라 민족은 아마도 수렵과 목축을 주로 했던 것 같습니다. 그러니 신의 뜻이 거북이나 짐승의 뼈에 머물러 있다고 생각했겠죠.

반면 일찍이 농경생활에 들어간 주|周|민족은 신탁을 위해 시서|蓍筮|라는 방식을 사용했습니다. 시|蓍|는 풀의 일종인데, 이 풀을 이용해서 점|筮|을 치는 것을 시서라고 합니다. 이 풀을 다루기가 쉽지 않아 후세에 와서 대나무 가지로 바꾸었습니다. 《주역》에는 댓가지로 점치는 방법이 소개되어

있습니다. 그로부터 수천 년이 흘렀습니다. 저는 댓가지조차 구하기 어려워 주머니 속의 동전으로 점을 치고 있습니다. 수렵인은 짐승 뼈로, 농경인은 풀과 댓가지로, 그리고 자본주의 사회를 살고 있는 저는 동전으로.

이처럼 고대인들은 신의 뜻을 물었고, 그중 일부를 기록했습니다. 그 기록 중 단연 으뜸은 《주역》입니다. 수천 년을 이어온 한자|漢字|의 힘이기도 합니다.

《주역》에는 고대인들이 신의 뜻이라고 여겼던 것들이 담겨 있습니다. 신탁 데이터베이스, 이것이 바로 《주역》입니다. 신탁은 곧 예언입니다. 사람의 운명을 예언한다는 역술가들의 전공 필독서가 《주역》인 것은 바로 이 때문입니다. 참, 영화 〈매트릭스〉에 등장하는 예언자 이름도 '오라클'이었죠, 아마.

분 서 갱 유 에 서   살 아 남 다

그런데 가끔 《주역》을 해설한 책을 보면, 《주역》은 보편타당한 원리를 담은 철학서이지 점술서가 아니라고 주장하기도 합니다. 송나라 때 정이천이라는 학자는 《주역》에서 철저하게 점술적인 요소를 빼고 의리|義理|의 관점에서 해석했습니다. 그러나 그렇다고 해서 《주역》이 점술서였다는 사실을 감출 수는 없습니다. 진 시황의 분서갱유 사건에서 알 수 있듯이 말입니다.

춘추전국시대를 통일한 것은 진나라였습니다. 통일 후 34년, 진 시황의 강력한 중앙집권체제를 여전히 비판하는 일부 세력이 있었는데, 그 선봉에 유가가 있었습니다. 유생들이 진제국의 철저한 군현제 강행을 반대하고 봉건제 부활을 주장하기에 이르렀습니다. 시황제는 일단 그 의견을 조정의 공론에 붙였습니다.

철저한 법가 원칙으로 일관한 승상 이사|李斯|는 이에 반대하는 데 그치지 않고, 나중에라도 사적인 학문으로 정치를 비판하는 일이 없도록 근본적인 대책을 세웁니다. 그래서 나온 대책이 진나라 역사서 이외의 사서는 모두 불태우고 《시경》, 《서경》을 포함한 다른 제자백가의 책을 가지고 있는 자는 30일 이내에 모두 관에 신고하여 불태우도록 했습니다. 이를 어기면 노비로 삼았습니다. 그래도 정신을 못차린 채 옛것을 들먹이며 현실 정치를 비방한 자는 다리를 잘라버렸습니다. 단 의약·점복·농업 등 실용 서적은 제외했습니다. 이런 초강경 종합 대책을 시황제의 승인 하에 실행에 옮겼습니다. 이것이 분서|焚書| 사건입니다.

그런데 이듬해에 불로장생약을 찾으러 갔던 방사|方士|들이 도망을 치는 사건이 발생했습니다. 화가 머리 끝까지 오른 시황제는 이들을 잡는다는 핑계로 유생 460여 명을 체포해 그대로 구덩이에 묻어버렸습니다. 산 채로 말입니다. 이것이 갱유|坑儒| 사건입니다. 분서 사건과 함께 일러 분서갱유|焚書坑儒|*라 합니다.

이런 사상 초유의 사건을 겪으면서 웬만한 책은 모두 불살라졌습니다. 그런데 《주역》만큼은 살아남았습니다. 의약·점복·농업 등 실용 서적은 남겨두었다고 했는데, 《주역》은 점복서로 분류되었기 때문입니다.

그런데 점치는 책을 실용서라 표현하니까 좀 이상한 느낌이 들지 않나요? 대개 우리는 '점 = 미신'으로 알고들 있습니다. 맞는 말입니다. 그러나 우리는 지금 수천 년 전에 쓰여진 《주역》을 읽고 있습니다. 고전 독법의 첫 번째 원칙, 현재의 눈으로 과거를 재단하지 말자, 잊지 않으셨겠죠?

고대에는 점의 의미가 지금과는 매우 달랐습니다. 인간의 지혜가 그리 발달하지 못했던 고대에는 세상 변화가 모두 신기했습니다. 계절이 바뀌고, 기후가 바뀌고, 천둥과 지진, 일식과 월식이 일어나는 까닭을 알 수 없었습니다. 황하가 범람하여 홍수가 일어나고, 툭하면 전쟁이 일어나는 현상도 설명할 수 없었습니다. 사실 이런 일들이 벌어지는 까닭을 제대로 안 것은 그리 오래된 일이 아닙니다. 고대인들은 이 모든 것이 하늘의 뜻이라고 생각했습니다. 그래서 큰일을 할 때는 꼭 하늘에 그 뜻을 물었습니다. 전쟁을 해야 할지 말아야 할지, 심지어 사냥을 하러 갈 때조차도 사냥을 해야 할지 말아야 할지를 물었습니다. 하늘의 뜻을 묻는 방법이 바로 점 占 이었습니다.

그러나 세월이 흐르고 인간의 지혜도 발달하면서 깨닫기 시작했습니다. 반복되는 자연의 변화에서 질서를 발견한 것입니다. 너무나 당연한 사계절의 변화도 당시로서는 매우 큰 발견이었을 것입니다. 계절에 따른 기후의

서양의 분서갱유

서양에서도 진 시황의 분서갱유와 비슷한 사건이 있었습니다.

이집트의 마지막 파라오인 클레오파트라와 사랑에 빠진 안토니우스는 페르가몬의 모든 장서를 클레오파트라에게 선사했습니다. 클레오파트라는 이를 모두 알렉산드리아로 옮겼습니다. 이로써 이미 50만 권을 헤아리던 알렉산드리아 도서관의 장서 수는 70만 권으로 늘어났습니다. 고대 세계에서 장서 수로 세 번째 간다는 에페수스의 켈수스 도서관이 가진 책이 3만 5천 권이었음을 생각한다면 엄청난 양의 장서라 할 수 있습니다.

그런데 이 방대한 책들이 지금은 남아 있지 않습니다. 이에 대해서는 여러 가지 설이 있는데, 첫 번째 설로 389년 알렉산드리아의 테오필로스 Theophilos 대주교가 이교도를 박해하는 과정에서 불태웠다는 이야기가 있습니다.

또 다른 설은 이 장서들이 7세기까지 온전하게 보존되었으나 무함마드에 이어 제2대 칼리프가 된 오마르 Omar 가 이집트를 정복했을 때 오마르 자신이, 또는 그의 장군 아미르 이븐 엘아스 Amr ibn el-Ass 가 모두 불태웠다고 합니다. 이때 오마르는 "코란의 내용과 일치하는 책은 존재할 가치가 없으며 일치하지 않는 책은 존재해서는 안 된다"는 말을 남겼다고 전해집니다만 확인할 수 없습니다.

1933년 히틀러 시대에는 '비 독일 정신에 대항하는 행동'의 일환으로 하인리히, 토마스 만, 프로이트, 슈바이처 등의 서적 수만 권이 불태워지기도 했습니다.

변화를 알아냈다는 것은 농경사회에서는 획기적인 사건입니다. 나아가 상나라 때는 달력을 만들 수 있는 단계까지 이르렀습니다. 이로부터 파종과 수확의 시기를 예측할 수 있게 되었습니다. 씨를 뿌려야 하는지 말아야 하는지 신에게 묻지 않아도 되었습니다. 자연의 질서를 파악함으로써 미래에 대한 예측이 가능해졌습니다. 《주역》은 이 시기에 즈음하여 다듬어졌을 것입니다. 《주역》의 팔괘가 하늘, 땅, 비, 바람, 우레와 같이 자연의 모습을 띠고 있는 것은 바로 이 때문입니다. 따라서 이 당시 《주역》은 혹세무민의 미신서가 아니라 대단히 실용적인 서적이었습니다.

정 확 도 9 9 . 9 퍼 센 트

사람들은 매우 구체적인 현실 앞에서 점을 칩니다. 옛날에는 이웃 나라와 전쟁을 일으키는 것이 좋을지 아닐지에 대해 점을 쳤습니다. 그러나 점을 쳐서 '전쟁을 일으키라'는 직접적인 점괘를 얻을 수는 없었습니다. 왜냐하면, 이런 식으로 구체적인 현실 모두에 대응되는 점괘를 만들려면 수천 수백 가지로도 어림없기 때문입니다. 따라서 점괘는 여러 사태에 두루 통용될 수 있는 일반적인 이야기를 담고 있습니다. 자유로운 해석이 가능해야 합니다. 따라서 매우 추상적입니다. 《주역》은 처음 만들어질 때부터 유일하고 절대적인 해석이 없었습니다. 《주역》을 통해 만 사람이 만 가지 해석을 할 수 있다고 합니다.

비단 《주역》만 그런 것이 아닙니다. 세상에 존재하는 대개의 점술서는 이와 비슷한 이치로 만들어져 있습니다. 두루뭉술함, 이것이 바로 모든 점술서의 공통점입니다. 그런데 왜 아직도 많은 사람들이 점괘를 신봉하며 마치 그 점괘가 자신을 위한 점괘인 것처럼 여기고 있을까요? 이것을 알기 위해서는 점과 상, 명의 차이를 알아야 합니다.

점은 결정적인 선택의 순간에 필요한 것입니다. 무언가를 선택해야 하는 고비에서 점을 칩니다. 이런 면에서 점은 상|相|이나 명|命|과는 다릅니다. 관상, 수상 등의 상|相|은 신체에 드러난 모습을 보고 그 사람의 타고난 운명을 알아냅니다. 사람의 모습 속에 그 사람의 미래가 담겨 있다고 믿습니다. 명|命|도 마찬가지입니다. 사주명리학이 바로 명을 판단하는 학문입니다. 태어난 시각에 의해 그 미래가 결정된다는 생각입니다. 상과 명, 둘 다 '운명'에 대한 믿음에서 출발합니다.

반면 점은 선택의 갈림길에서 필요한 것입니다. 사주는 타고난 운을 보는 것이기 때문에 선택의 갈림길에서 별다른 도움을 주지 못합니다. "청년기에 고생하다가 중년에 운이 트일 것이다"라는 답밖에 얻을 수 없습니다. 중년에 운이 트인다고 했는데, 계속 실패한다면? 아마 그 사주를 준 사람은 "아직 중년이 끝나지 않았으니 더 기다려보라"는 말만 할 것입니다. 20년간 회사를 다니던 사람이 인생에서 처음으로 사업을 해볼까 고민하고 있을 때, 새 사업을 시도할까 말까를 선택할 때 필요한 것이 바로 점입니다.

《좌전》에 이르기를, '점으로써 의심을 내려고 한다. 의심하지 않을 바엔 무엇 때문에 점을 치겠는가?'라고 했습니다. 즉 궁금한 것이 있어서 결정적으로 선택이 필요한 순간에 점을 치라는 뜻입니다. 따라서 점은 기본적으로 동전 던지기 성격을 가지고 있습니다. 확률로 따지자면 늘 50퍼센트입니다. 잘될 확률도 50이요 안 될 확률도 50입니다. 사실 엄청난 확률입니다. 어렸을 때 길을 가다가 갈림길이 나오면 어디로 갈지를 결정하기 위해 침 튀기기를 한 적이 있습니다. 왼손바닥에 침을 뱉고 오른손 손가락 두개를 모아 탁 칩니다. 침이 튀기는 쪽으로 갑니다. 이것이 바로 점의 원초적이자 근본적인 모습입니다.

그런데 동전을 던지든 침을 튀기든, 문제는 할 때마다 결과가 다를 수 있다는 것입니다. 《주역》을 이용한 점도 마찬가지입니다. 댓가지를 뽑을 때마다 점괘가 다를 수밖에 없습니다. 그래서 《주역》은 이를 예방할 장치를 만들어두고 있습니다.

《좌전》에 이르기를, '처음 점을 치면 알려준다. 다시 하면 그것은 모독하는 것이다. 모독하면 알려주지 않는다'라고 했습니다. 즉 선택의 순간에 점은 딱 한 번만 치라는 것입니다. 만약 점괘가 마음에 들지 않는다고 다시 친다면 점을 모독하는 행위라는 것입니다. 마음에 들지 않는 점괘가 나온다고 다시 보려 한다면 애초부터 점을 치지 말았어야 합니다. 왜냐하면 점은 스스로 도저히 결정하기 힘든 순간에 최후의 결단을 내리기 위한 것이니까요.

따라서 이 순간 점의 확률은 50퍼센트를 초과하게 됩니다. 즉 원래의 확률 50퍼센트에다, 점괘를 믿고 그대로 실천하려는 의지가 더해져 50퍼센트 이상의 성공률을 확보한 것입니다. 머릿속에 이미 선택에 대한 확신과 성공에 대한 그림이 그려지기 시작합니다. 이럴 경우 십중팔구 성공하게 됩니다. 맥스웰 몰츠의 《사이코 사이버네틱스》에 '성공 메커니즘'이라는 말이 있습니다. 미래의 일을 두고 머릿속에서 이미 그렇게 된 것처럼 상상하기만 해도 실제 그렇게 되어간다는 것입니다.

이런 까닭에 《주역》 점은 선택에 대한 확신을 주는 장치인지도 모르겠습니다. 사사로이 보자면 한 개인의 선택의 문제입니다. 한 사람이 어떤 선택을 할 때 확신을 주어, 그 선택을 따랐을 때 일의 성사 확률을 100퍼센트 가까이 끌어올리기 위한 장치라고 볼 수 있습니다. 평소 맘에 두고 있던 여인네가 이쁘기도 하거니와 혼인하면 길하다는 점괘를 얻었다면 필사적으로 노력하여 반드시 이루고야 말 것입니다.

만약 이것이 국가 중대사를 결정하는 일이라면 더욱 큰 역할을 합니다. 《서경》의 〈홍범구주〉*를 보면, 나라에 의난|疑難|이 있을 때 임금은 먼저 자기 자신에게 묻고, 그 다음에는 조정 대신에게 묻고, 그 다음은 백성들에게 물어야 한다고 쓰여 있습니다. 그래도 의난이 풀리지 않고 판단할 수 없다면, 그제서야 복서|卜筮|에 묻는다고 쓰여 있습니다. 복|卜|은 짐승 뼈나 거북 등가죽을 태워 얻은 점을 말하고, 서|筮|는 산가지를 뽑아 길흉을 점치는 것을 말합니다. 바로 《주역》 점에 해당됩니다. 이처럼 점은 인간의 지혜를 모두 동원해도 풀리지 않을 때 최후에 기대는 곳입니다. 따라서 고대의 점은 나라의 모든 의견을 한 곳으로 모으는 중대한 역할을 했던 것입니다. 이렇게 해서 나온 점괘가 조정 대신과 백성의 의견과 일치하면 이것을 대동|大同|이라고 했습니다. 온 세상이 번영하여 화평하게 되는 것을 대동 세상이라고 하는데, 바로 여기서 유래했습니다. 모두가 하나 되는 잔치라는 뜻을 가진 대학교의 대동제|大同祭|도 마찬가지입니다.

참, 《좌전》에 이르기를, '역을 가지고 해가 될 것을 점쳐서는 안 된다'라

홍범구주 | 洪範九疇 |

《서경|書經|》에 나오는 장 제목인데, 원래는 홍범입니다. 홍범은 세상의 큰 규범이라는 뜻이고, 그 내용의 핵심이 구주인데, 구주는 아홉 개의 조항이라는 뜻입니다. 그래서 흔히 홍범구주라고 표현합니다. 주나라 무왕|武王|이 기자|箕子|에게 선정|善政|의 방법을 물었을 때 기자가 홍범구주로 교시하였다고 전해집니다. 원래 홍범구주는 전설 속의 삼황오제 중 하나인 중국 해|夏|나라 위|禹|임금이 홍수를 다스릴 때 하늘로부터 받은 낙서|洛書|를 보고 만들었다고 합니다.
9개의 조항은 오행|五行| · 오사|五事| · 팔정|八政| · 오기|五紀| · 황극|皇極| · 삼덕|三德| · 계의|稽疑| · 서징|庶徵| · 오복|五福|과 육극|六極|입니다.
《조선왕조실록》에는 경복궁의 강녕전 사연을 다음과 같이 적고 있습니다.
정도전이 경복궁에 대하여 아뢰기를, "…강녕전에 대하여 말씀드리면, 《서경》 〈홍범구주〉의 오복 중에 셋째가 강녕입니다. 대체로 임금이 마음을 바루고 덕을 닦아서 황극을 세우게 되면, 능히 오복을 향유할 수 있으니, 강녕이라는 것은 오복 중의 하나이며 그 중간을 들어서 남은 것을 다 차지하려는 것입니다"라고 하였습니다.

고 했습니다. 도둑이 "오늘 저 집을 털까요 말까요"라고 점을 치거나, "이번 시험에 컨닝을 하면 선생님한테 걸릴까요 그렇지 않을까요" 따위의 점은 안 된다는 것입니다.

6비트 점술서에서 철학서로

앞에서 괘, 효, 괘사, 효사, 십익 등에 대해 알아보았습니다. 지금 전해지는 《주역》은 이 모든 것이 통합된 것인데, 처음부터 이 모든 것들이 갖추어져 있지는 않았을 것입니다. 아마 처음에는 음양을 나타내는 부호인 효만 있었을 것입니다. 그러다가 효를 몇 개 붙여 괘를 만들고, 여기에 설명을 붙인 괘사와 효사가 만들어졌을 것입니다.

《주역》을 구성하는 최소 단위는 효입니다. 이어진 선(—)과 끊어진 선(- -), 딱 두 종류입니다. 아마 인간이 혼동 상태에서 처음으로 눈을 떴을 때는 낮과 밤, 남자와 여자처럼 이원적인 형태의 분별을 했을 것입니다. 비록 아주 초보적이기는 하지만 모든 인식의 출발이기도 합니다. 마치 컴퓨터가 정보를 표현하고 처리하는 최소 단위가 0과 1로 이루어진 '비트'인 것처럼 말입니다.

컴퓨터는 0과 1이라는 단 두 개의 수만으로도 모든 것을 표현할 수 있습니다. 8비트를 1바이트라고 합니다. 바이트는 0, 1, 1, 0, 1, 1, 0, 1과 같이 8개의 이진수로만 구성되어 있습니다. 8비트로 표현할 수 있는 정보는 2^8이므로 256가지입니다. 반면 《주역》의 괘는 6개의 효로 구성되어 있으므로 2^6인 64가지만 표현할 수 있습니다. 6비트 컴퓨터라 볼 수 있습니다. 극단적으로 말하자면 8비트 컴퓨터보다도 못한 셈이죠. 그러나 인간에게는 무한한 상상

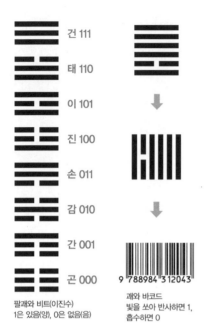

건 111
태 110
이 101
진 100
손 011
감 010
간 001
곤 000

팔괘와 비트(이진수)
1은 있음(양), 0은 없음(음)

괘와 바코드
빛을 쏘아 반사하면 1,
흡수하면 0

9 788984 312043

력이 있습니다. 64개의 대표 코드 (괘)에 대표적 특징(괘사)을 부여하고, 코드를 이루고 있는 6개의 비트 (효)마다 자세한 설명(효사)을 달아놓았습니다.

가끔 이런 의문이 들기도 합니다. 효를 6개 쌓아 하나의 괘를 이루어 64가지 괘를 만들 수 있다면, 그것을 다시 두 번 쌓으면 4,096가지의 괘를 만들 수 있습니다. 그러면 점의 정확도가 매우 높아질 것 같은 느낌이 듭니다. 왜 이런 생각을 하지 않았겠습니까? 과거에 분명 이런 시도가 있었을 것입니다. 그러나 64가지를 넘어선 괘의 구성은 오히려 인간에게 더 큰 혼란을 줬을 것입니다. 너무 복잡해서 익히기가 힘들었을 것입니다. 4,096가지에 12개의 효를 또 각각 설명하면 자그마치 49,152가지의 효가 생깁니다. 익혀서 활용하기에는 거의 불가능한 숫자입니다. 또한 가짓수가 많을수록 점을 맞힐 확률은 오히려 줄어듭니다. 가급적 모호한 말로써 여러 상황에 두루 통할 수 있는 점괘가 나와야 합니다. 앞에서 살펴본 '바넘 효과'는 그 설명이 모호할수록 더욱 효과가 있습니다.

일반적으로 팔괘는 복희씨가 만들고, 괘사와 효사는 주나라 문왕과 주공이 만들었다고 합니다. 여기에 공자가 십익을 추가하여 현재의 《주역》이 완성된 것으로 알려져 있습니다. 십익을 모두 공자가 만들었는지는 아무도 모릅니다. 아마 공자의 제자들, 즉 유가에서 많은 작업을 했을 거라는 추측만 있을 뿐입니다. 십익이 있기 전까지 《주역》은 순전히 점복서의 역할을 했던 것 같습니다. 여기에 철학적인 성격이 농후한 십익이 추가되면서 점점 점복서에서 철학서로 변모하게 되었습니다.

《주역》은 전국시대를 거치면서 철학서로서 비약적인 발전을 합니다. 전국시대 수많은 학파가 있었는데, 그중 음양가와 도가학파의 영향을 받아 《주역》을 음양의 원리로 설명할 수 있게 되었습니다. 유가는 이를 더욱 확장하여 인간의 당위 규범까지 규정하게 됩니다.

하늘, 못, 불, 우레, 바람, 물, 산, 땅 등 《주역》의 괘 이름에서 알 수 있듯이 초기에는 자연철학적 성격이 강했습니다. 이것을 철학적으로 해석하면서 지나친 관념을 덧칠한 감이 없지 않으나 《주역》이 철학서로 발돋움한 것은 큰 의미가 있습니다. 이제 《주역》은 더 이상 점을 치고 해석하는 도구가 아닌, 세상을 해석하는 64개의 코드로 거듭나게 됩니다. 아리스토텔레스식으로 표현하자면 판단을 위한 64개의 '범주'가 생긴 것입니다.

세 상 을 읽 는 6 4 개 의 범 주

범주는 영어로 카테고리|category|라고 씁니다. 그리스어 'kategorein'에서 유래했습니다. 원래는 법률 용어였습니다. 고소장을 쓸 때 누가, 언제, 어떤 행동을 했는지에 대해 조목조목 나눠 쓰듯이 사물을 분류해서 정리한다는 뉘앙스를 가지고 있습니다. 카테고리를 번역한 단어인 범주|範疇|는 《서경》의 '홍범구주'라는 말에서 따왔습니다.

범주라는 말을 철학적으로 처음 사용한 사람은 아리스토텔레스입니다. 그는 세상에 존재하는 모든 것들을 10개의 범주로 구분했습니다. 오로지 그것 자체로 존재하는 '우시아'와 그로 인해 생기는 나머지 9개의 범주로 나누었습니다. 예를 들어, 손병목이라는 사람이 있어야 손병목의 얼굴 색깔이 있고 머리 모양이 있을 수 있습니다. 철수와 영희가 연애를 한다면, 철수와 영희가 있어야 둘 사이의 연애라는 '관계'가 생기게 됩니다. 이때 손병목이나 철수, 영희는 그 자체로 존재하는 '우시아'이고 나머지는 이에 따라오는 범주들입니다.

'관계'라는 말은 동양 세계에서는 매우 낯익은 개념입니다. 자기소개서를 쓸 때면, '저는 서울에서 태어나 자상한 아버지와 어머니 밑에서 자랐으며 형과 동생이 한 명씩 있고……'와 같이 씁니다. 이것을 서양 사람들이 보면 매우 황당할 것입니다. '자기소개서'에 정작 '자기' 이야기는 없고 온통 '관계' 이야기밖에 없으니 말입니다. 이처럼 우리는 살면서 너무나 '관계'를 중시하며 살았습니다. 나쁘다는 것이 아니라 우리의 문화적인 특징이 그러하다는 것입니다.

이야기가 조금 샜습니다만 《주역》은 처음부터 끝까지 변화와 관계에 대한 이야기입니다. 만약 아리스토텔레스가 동양에 살았다면 주나라 문왕이나 주공, 공자와 같이 《주역》의 발전에 큰 도움을 주었을 것입니다.

아리스토텔레스가 10개의 범주로 세상을 설명했다면, 스콜라 철학에서는 6개의 범주로, 데카르트는 3개의 범주로 나누었을 뿐입니다. 그러나 《주역》은 64괘로 세상 이치를 설명합니다. 괘는 《주역》에서 기본적인 범주입니다. 아리스토텔레스, 데카르트, 칸트, 헤겔 등이 규정한 범주와는 비교할 수 없을 정도의 많은 범주를 가지고 있는 셈입니다.

혹시 주위에서 '단세포'라는 소리를 듣는 분이 계시다면 필히 《주역》을 공부해야 합니다. 단세포라는 말은 세상을 판단하는 범주가 겨우 하나밖에 없는 고지식한 사람이라는 뜻이니까요. 혈액형별 성격 분류를 맹신하여, 만나는 사람조차 혈액형에 따라 가리는 사람에게도 《주역》은 필요합니다. 이 사람에게는 사람을 판단하는 4개의 범주만 있을 뿐이니까요.

날 아 가 는 화 살 은 움 직 이 지 않 는 다

모든 철학은 '변화'에 대한 인식으로부터 출발합니다. 서양 철학의 모태라고 할 수 있는 그리스 철학은 변화무쌍한 현실에서 '영원한' 그 무엇을 찾는 데서 출발했습니다. 변화하는 현실을 허무하다고 생각한 거죠. 그래서 우주의 영원한 그 무엇을 찾다가 자연 또는 본성|physis|을 탐구하게 되었고, 이것이 바로 철학의 출발이 되었습니다. 밀레토스 학파는 우주를 이루는 본질적인 그 무엇을 찾았는데, 그것을 탈레스는 물, 아낙시메네스는 공기라고 했습니다. 반면 피타고라스 학파는 물질이 아니라 수|數|를 사유의 중심에 놓았습니다.

이렇듯 초기 그리스 철학은 허무주의를 극복하기 위해 영원한 그 무엇, 즉 영원한 '존재'를 찾았습니다. 이들에게 '변화'는 '무상함' 그 자체일 뿐이었습니다. 변화에 대한 부정은 곧 '제논의 아포리아'를 탄생시켰습니다.

그리스 철학자 중에 제논이라는 사람이 있었습니다. 그는 운동 자체를 의심했습니다. 이를 제논의 아포리아|aporia|라고 합니다. 아포리아는 그리스어로 '방법이 없다, 길이 없다'는 뜻입니다. 몇 개의 아포리아가 있는데, 그중에 '날아가는 화살 아포리아'를 살펴보죠.

화살이 날아갑니다. 이건 엄연히 실재합니다. 그러나 제논의 눈에 이것은 모순이었습니다. 그는 이렇게 설명합니다.

화살이 날아가는 것을 관찰했다고 치자. 그러나 우리가 보는 그 찰나에 화살은 어느 지점에 정지해 있다. 따라서 화살이 날아가는 것은, 실은 모든 정지된 지점의 집합에 불과하다.

이해가 되나요? 그의 논리에 의하면 아무리 감각적으로 분명하게 느끼는 운동이 있다고 해도, 그것 자체가 모순이라는 것입니다. 그의 눈에는 움직이는 모든 것이 순간순간을 촬영한 사진의 연속으로 보였던 것입니다. 보이는 그대로 믿지 않고 깊게 사유한 그의 정신은 높이 평가할 수 있겠지만, 사유의 엄격한 논리에 오히려 현실을 묻어버리는 우를 범한 것입니다. 논리적으로 모순이기 때문에 결국은 움직임(운동)이라는 것을 인정할 수 없다는 것입니다.

이에 대한 대답은 아주 오랜 세월이 흐른 뒤 헤겔이 명쾌하게 정리했습니다. '운동이란 한 장소에 있으면서 동시에 거기 있지 않는다는 것을 의미한다.' 요컨대 운동 속에 모순이 있다고 해서 운동하지 않는 게 아니라, 운동 그 자체가 현존하는 모순이라는 것입니다. '운동' 을 '변화' 라는 말로 바꾸어도 그 의미는 통합니다.

《주역》은 '변화' 그 자체를 이야기합니다.

일음일양지위도 |一陰一陽之謂道|
한 번 음이 되고 한 번 양이 되는 것을 도라고 한다.

음이 양이 되고, 양이 음이 되는 변화 자체를 도라 일컫는다고 말합니다.
아래 문장은 흔히 쓰는 '궁하면 통한다' 는 말의 원형입니다.

역, 궁즉변, 변즉통, 통즉구 |易窮則變變則通通則久|
역은 궁하면 변하고, 변하면 통하고, 통하면 오래간다.

변화에 통달하면 막힘이 없으므로 오래갈 수 있다는 뜻입니다.

위 말들은 《주역》 십익 중의 하나인 〈계사전〉에 실린 글입니다. 〈계사전〉은 《주역》에 대한 설명을 담고 있습니다. 즉 《주역》 연구 논문이라고 보면 될 것 같습니다. 〈계사전〉의 모든 내용을 종합하면 주역은 곧 변화*라는 말로 정리할 수 있습니다. 변화 자체에 대한 인정 또는 변화에 대한 긍정. 저는 이것을 동양적 사고의 최고의 덕목으로 생각합니다.

《주역》의 역|易|은 카멜레온처럼 변한다는 뜻

《주역》은 주나라의 '역'입니다. 예전에는 《주역》 외에도 몇 가지 '역'이 있었지만, 현재 전해 내려오는 것은 《주역》밖에 없습니다.

역|易|이라는 글자는 일|日|과 물|勿|로 이루어져 있고, '쉽다', '바뀌다'라는 뜻을 가지고 있습니다. 역|易|이라는 글자의 어원에 대해서는 여러 설이 있습니다. 가장 대표적인 것이 도마뱀의 모양이라는 것입니다. 日은 도마뱀의 머리이고, 勿은 다리입니다. 도마뱀이 이리저리 쉽게 옮겨다니므로 '쉽다' 또는 '바뀌다'라는 뜻이 생겼다고 합니다. 물론 추측입니다. 日을 해로 보고, 勿을 도마뱀 껍질로 보는 견해도 있습니다. 도마뱀 껍질이 햇살에 반짝반짝 빛나는 모양입니다.

햇볕이 구름 사이로 비치는 모양이라는 설도 있습니다. 日이 해이고, 勿은 햇살이 비치는 모양입니다. 흐렸다가 갰다가 자주 반복되니까 '변하다'라는 뜻이 생겼다고 합니다.

勿는 원래 '깃발'이라는 뜻을 가지고 있습니다. 사극의 전투 장면 중에 병졸들이 깃발을 들고 뛰어가는 장면을 상상해보세요. 모양이 그려지나요? 옛날의 깃발은 끝이 세 갈래로 갈라져 있었습니다. 그 모양이 바로 勿의 모양입니다. 깃발이 바람에 펄럭이는 모습, 거기서 '변하다'라는 뜻이 파생됐다는 설도 있습니다.

이 모든 것을 종합해 보건데, 《주역》의 역|易|을 '변하다'라는 뜻으로 생각하는 데는 이의가 없는 것 같습니다. 그런데 변한다는 의미로 보자면 도마뱀보다 카멜레온의 이미지가 먼저 떠오릅니다. 도마뱀과 카멜레온은 친척쯤 되는 것 같으니 그냥 이해하기 쉽게 《주역》의 역|易|자를 보면 카멜레온을 떠올리면 될 것 같습니다.

지금까지 《주역》에 대해 난삽하게 썼습니다. 너무나도 어렵다고들 하니 시작할 때 흥미라도 끌기 위해 혈액형을 들먹이고 동전으로 점을 치기도 했습니다. 그러나 《주역》을 본격적으로 읽기 위해서는 꼭 넘어야 할 산이 있으니, 바로 필수 단어 암기입니다. 《주역》을 이해하기 위한 필수 단어로는, 태극, 음양, 삼재, 사상, 오행, 팔괘, 64괘, 괘사, 효사 등이 있습니다.

이 모든 것은 《주역》을 '체계적'으로 해석하기 위해 필요한 개념입니다. 그러나 《주역》이 처음부터 체계적으로 쓰여진 것은 아닙니다. 예를 들어, 오행사상은 초기 《주역》의 해석에서는 전혀 찾을 수 없는 개념이었습니다. 《주역》을 해설한 십익 어디에도 오행에 대한 이야기는 없습니다. 음양이 오행을 낳는 것으로 이론화된 것에는 주자|周子|의 공이 컸습니다. 주자는 11세기 송대의 사람입니다.

괘는 문자가 있기 전에 만들어진 기호입니다. 양과 음을 나타내는 기호를 겹쳐 괘를 만들었습니다. 전설의 인물인 복희씨|伏羲氏|가 만들었다고 합니다. 문자가 생긴 이후에 그 괘를 문자로 설명한 것이 괘사입니다. 나중에 그 괘를 뜯어서 육효 하나하나를 설명한 것이 효사입니다. 여기에 철학적 성격이 농후한 십익이 추가되었습니다. 그리고 후대에 이를 해석하기 위한 다양한 시도가 있었습니다. 왕필, 정이천, 주자 같은 사람이 대표적입니다. 그 외에도 수많은 사람들에 의해 《주역》은 발전되고 또는 덧칠되었습니다.

따라서 유의하셔야 할 것은, 지금부터 설명 드리는 개념이 먼저 있고 《주역》이 생긴 것이 아니라는 것입니다. 《주역》이 먼저 있고 난 다음에, 이를 체계적으로 설명하기 위해 이 개념들을 사용했던 것입니다. 마치 《주역》이 시|詩|라면 이 개념들은 시를 설명하기 위한 시 이론 용어와도 같습니다. 시를

설명하려면 운율과 심상, 감정과 생각을 찾아내고, 이를 위해 시어와 행, 연, 운율을 분석합니다. 운율에는 내재율과 외형률이 있고, 심상에는 시각적 심상과 청각적, 후각적, 미각적, 촉각적, 공감각적 심상 등이 있습니다. 이런 식으로 시를 이론적으로 갈기갈기 찢어 분석하고나면, 정작 시는 사라지고 이론만 남습니다. 《주역》을 지나치게 이론

팔괘를 그린 복희씨

적 틀에 맞춰 분석해도 마찬가지 결과만 남을 수 있습니다.

　그렇다고 후대에 덧칠된 이론을 걷어내고 태초의 《주역》만 쏙 빼내어 읽을 까닭은 없습니다. 태초의 김치에는 고춧가루가 없었다고 해서 희멀건 김치만 먹을 이유가 없듯이 말입니다. 신라시대 때부터 김치가 있었으나 고추는 18세기에 와서야 우리나라에 들어왔습니다. 고춧가루 없는 김치를 상상하기 힘들 듯, 선후관계가 어찌됐든 이제 음양오행 이론을 떠난 《주역》 해석은 상상하기 힘들어졌습니다. 김치와 《주역》의 근원을 따져 태초의 모습을 밝히는 것도 의미가 있는 일입니다. 그러나 고전을 읽는 목적이 삶의 지혜를 얻고 사유의 폭과 깊이를 넓히는 것이라면 굳이 애써 그 근원으로 돌아갈 필요는 없을 것 같습니다.

　고춧가루가 듬뿍 뿌려진 18세기 이후의 김치 맛을 음미하듯, 많은 사람들을 거치면서 체계화된 눈으로 《주역》을 읽는 것도 의미 있는 일일 것입니다.

《주역》〈계사전〉에 보면 이런 말이 있습니다.

역유태극, 시생양의, 양의생사상, 사상생팔괘
易有太極, 是生兩儀, 兩儀生四象, 四象生八卦

그대로 풀어 쓰면, 역에는 태극|太極|이 있으니, 이것이 양의|兩儀|를 낳
고, 양의가 사상|四象|을 낳고, 사상이 팔괘|八卦|를 낳았다는 뜻이 됩니다.
이렇게 쓰여 있기는 한데 태극에 대한 보다 자세한 설명을 《주역》에서는
찾아보기 힘듭니다. 다만 태극을 1이라고 한다면, 1에서 2가 생기고, 2에서
4가 생겼으며, 4에서 8이 생겼다는 수 개념 정도만 알 수 있을 뿐입니다.
고대의 문헌에서 태극이라는 단어는 《장자》와 《주역》에만 있습니다. 《주
역》〈계사전〉은 공자가 썼다고 전해지지만 실제로는 후대 진, 한의 유학자
들이 도가와 음양가의 사상을 수용하여 지은 것이라 추측됩니다. 따라서
《장자》에 나오는 태극 개념이 먼저인데, 여기서 태극은 '지극히 높은 곳'이
라는 뜻으로 사용되었습니다. 도|道|를 설명하기 위한 수식어 정도의 의미
였습니다.
태극에 대한 이론적인 설명은 송대에 이르러서야 체계화됩니다. 송대의
유학자 주렴계(1017~1013)는 《태극도설|太極圖說|》에서 '무극이 곧 태극|無
極而太極|'이라고 말했습니다. 무극과 태극이 따로 있는 게 아니라 무극이
곧 태극이라는 뜻입니다. 무극은 끝도 없고 중심도 없는 상태를 말합니다.
그림으로 표현하자면 둥근 원 그 자체입니다. 숫자로 표현하자면 0에 해당
됩니다. 이에 반해 태극에는 둥근 원에 처음과 끝을 나타내는 선이 하나 그

어져 있습니다. 시작과 끝이 있다는 뜻입니다. 또한 선
을 좌우로 해서 밝은 쪽과 어두운 쪽이 생기는데, 이는
곧 태극에서 음양이 생긴다는 것을 보여주는 것입니
다. 태극을 숫자로 나타내면 2가 만들어지기 전의 1의
상태입니다.

　태극에서 양의|兩儀|가 생겼습니다. 양의는 '둘 양|兩|', '거동 의|儀|',
즉 두 개의 모습이라는 뜻입니다. 다름 아닌 음|陰|과 양|陽|을 말합니다.
음과 양은 대대|待對|의 개념입니다. 대립|對立|의 개념과는 다릅니다. 대
립|對立|은 마주 서 있다는 뜻입니다. 마치 격투기를 하기 전에 마주 서 있
는 긴장 상태와 같습니다. 따라서 대립은 의견이나 처지가 서로 반대되어
부딪친다는 의미를 가지고 있습니다. 둘 중 하나가 싸워 이겨야 해결이 될
것 같은 뉘앙스입니다. 반면 대대|待對|는 기다리면서 마주한다는 의미입
니다. 반대의 개념입니다만 싸워 이겨야 결판이 난다는 뉘앙스는 없습니다.
오히려 상대방이 오길 간절히 기다린다는 느낌을 가지고 있습니다.

　음양이 바로 그러합니다. 음양|陰陽|이라는 글자를 자세히 보면, 두 글자
모두 좌측에 '언덕 부|阝|'가 있습니다. 언덕을 기준으로 햇빛이 비치는 곳
이 양이고 그렇지 않은 곳이 음입니다. 햇빛이 비치는 곳이 있으니 비치지
않는 곳이 있는 법입니다. 남녀, 상하, 일월, 천지, 좌우 등의 개념도 대대의
개념이라고 할 수 있습니다. 이와 같이 누구나 쉽게 알 수 있는 구체적인 반
대 개념들뿐만 아니라 대대|待對|의 관계에 있는 모든 것을 일컬어 음양이
라고 표현합니다. 이것을 《주역》에서는 음효(- -)와 양효(—)의 기호로 표시
한 것입니다.

　《주역》에서 대대의 논리는 매우 중요합니다. 대대는 곧 '관계'를 나타냅
니다. 서로 대립하여 눈도 마주치기 싫은 상태가 아니라, 상대방이 있어야

내가 있을 수 있다는 간절함이 담겨 있습니다. 나와 남은 적대적인 것이 아닙니다. 오히려 상대방은 내가 있기 위한 전제가 됩니다. 상호의존적인 관계, 이것이 바로 음양으로 표현되는 대대의 관계입니다.

《주역》은 처음부터 끝까지 대대의 관계를 말합니다. 게다가 《주역》에서는 영원한 양도, 영원한 음도 없습니다. 양이 극에 달하면 음으로 변하고 음이 극에 달하면 양이 됩니다. 따라서 극에 달한 양은 음과 마찬가지이고, 극에 달한 음은 양과 마찬가지입니다.

건괘의 제6효는 항룡유회|亢龍有悔|입니다. '지나친 용이니 후회가 있으리라'는 뜻입니다. 1효에서 5효까지는 물속에 잠긴 용이 땅으로 오르고 다시 하늘까지 오르는 성장 발전의 과정을 보여줍니다. 그러다가 6효, 즉 마지막에 이르러, 지나치게 되면 후회가 있으리라고 주의를 줍니다. 양이 극에 달하면 음으로 변한다는 이치를 담고 있습니다. 《주역》에 절대적으로 좋은 괘도, 절대적으로 나쁜 괘도 없다고 한 것은 바로 이 때문입니다. 달도 차면 기울고, 고생 끝에 낙이 오는 것, 《주역》은 겸손과 절제와 희망의 메시지입니다.

완 전 한 수 , 3

양의|兩儀|가 사상|四象|을 낳는다고 했습니다. 한의학에서 '사상체질'이라고 할 때의 그 '사상'인데, 사상은 조금 후에 다루기로 하죠. 편의상 4보다 빠른 3의 수를 가진 삼재|三才|부터 말씀드리겠습니다.

삼재는 천|天|, 지|地|, 인|人|을 말합니다. 팔괘는 3개의 효로 이루어져 있는데, 가장 위가 하늘이요, 중간이 사람이고, 아래가 땅이라고 했습니다.

6효로 이루어진 대성괘에서는 위로부터 각각 2개씩 묶어 하늘, 사람, 땅으로 구분합니다. 괘를 삼재로써 풀이하는데, 괘가 처음에 만들어질 때 이런 뜻을 담고 있었는지는 사실 아무도 모릅니다. 그러나 분명한 것은 고대에 3이라는 숫자를 발견한 것은 획기적인 사건이었다는 사실입니다.

원시인들은 추상적 개념인 수|數|를 알지 못했을 것입니다. 그러나 하늘과 땅, 해와 달, 남자와 여자 등 그들이 보고 느끼는 것들이 거의 이원적인 요소로 되어 있으므로 하나와 둘은 쉽게 이해를 했을 것입니다. 구체적인 물체에서 나아가 선과 악이라는 이원적인 개념까지도 감지했을 것입니다.

그러나 여기에 하나를 더 보태어 3이 된다는 것은 파악하기 힘들었을 것입니다. 3이라는 숫자는 자기 존재에 대한 인식이 없고서는 불가능한 것이었습니다. 하늘과 땅 그리고 '나'라는 인간의 존재를 의식하면서 3의 개념을 파악했을 것입니다. 천지인|天地人| 삼재|三才| 사상은 가장 대표적인 자연물인 하늘과 땅에 인간을 참여시킨 개념입니다.

고대의 문헌을 보면 3이라는 수는 다수의 뜻으로 인식되었습니다. 사람이 셋 이상 있으면 중|衆|이라 했고 짐승 세 마리 이상을 군|群|이라 했습니다. 또한 3은 끝이라는 의미로도 쓰였습니다. 끝이라는 것은 곧 완전한 수라는 의미이기도 합니다.

단군신화에 보면, 환웅이 하늘에서 이 땅에 내려올 때 바람, 구름, 비의 3신을 참모로 삼고, 3천의 부하를 거느리고 내려왔습니다. 환웅이 하늘의 아들이라는 징표로 가져왔다는 천부인|天符印|도 3개를 가지고 왔습니다.

부여 금와왕의 큰아들 대소를 포함해 일곱 왕자와 신하들의 시기를 받던 주몽은 화를 피해 남쪽 졸본부여 땅으로 내려와 그곳 왕의 딸이었던 소서노와 결혼하여 고구려를 세웠습니다. 이때 그를 따라와 건국을 도운 사람은 오리, 마리, 협부 등 세 사람이었습니다.

휴대전화로 문자 메시지를 보낼 때도 천지인 자판을 이용해서 보냅니다. 한글은 발음기관과 천지인을 본떠 만들었습니다.

천·지·인을 뜻하는 삼재는 그 뜻을 더욱 확대하여 상·중·하를 나타내기도 하고, 처음·중간·끝을 의미하기도 합니다. 흔히 나이가 들면 하초|下焦|가 부실해진다고 하는데, 이때 하초는 삼초|三焦| 중의 하나로 비뇨 생식 기능과 배설 기능을 말합니다.

이 외에도 신화, 전설, 민담은 '3의 세계'라고 해도 과언이 아닐 정도로 세 사람 또는 세 가지 사건을 다루고 있습니다. 3은 신성한 수이며 완전한 수라는 관념에서 비롯된 것 같습니다. 서양도 크게 다르지 않은 것 같습니다. 삼신일체니 삼위일체니 하는 생각은 여러 민족의 공통된 사고였습니다. 물론 우리나라에도 삼신 개념이 있습니다. 아기를 점지하고 산모와 아기를 돌보는 세 명의 신을 말합니다. 그 모습이 할머니 같다고 하여 삼신할머니로 불립니다.

이처럼 3은 다수, 완전한 수, 신성한 수의 의미이기도 하지만 '생성'을 의미하기도 합니다. 즉 음양(2)의 조화로 새로운 결과물(1)이 생기면 그것이 바로 3이 되는 것입니다. 하늘과 땅, 즉 자연에서 사람이 나고 남자와 여자가 만나 자식을 낳는 등, 3은 음양의 결과물이기도 합니다.

꼴 값 하 려 면 넷 은 있 어 야

사상|四象|은 '넉 사'에 '모양 상', 즉 네 가지 모양을 말합니다. 익히 들어온 이제마의 사상의학에서 말하는 태양인, 소음인, 소양인, 태음인이라고 할 때의 태양, 소음, 소양, 태음을 사상이라 말합니다.

상|象|은 모양입니다. 태극은 태초의 아무것도 나뉘어지지 않은 상태를 말하고, 음양은 대대|待對| 관계를 말합니다. 자연 속에 사람에 대한 인식, 즉 자기에 대한 인식을 삼재|三才|라고 했습니다. 여기까지는 아직 형상이 없습니다. 모양이 없습니다. 추상적인 개념 수준입니다. 사상|四象|으로 분화하여야 드디어 모양을 드러냅니다.

드러난 모양을 보고 사람들은 그 속에 담긴 이치를 깨닫습니다. 드러난 모양이 '꼴'입니다. 그 모양에 담긴 이치에 맞게 사는 것이 '꼴값' 하는 것입니다. 꼴값을 보고 약을 달리 써야 한다는 것이 이제마의 사상의학입니다.

태양	소음	소양	태음
양		음	

태양|太陽|은 양이 더욱 커진 것입니다. 그래서 아래위로 모두 양인 모양을 띠고 있습니다. 마찬가지로 태음|太陰|은 음이 음으로 진화한 것입니다. 소음|少陰|은 양이 음으로 분화된 것입니다. 그래서 아래에 양(—)이 있고 위에 음(− −)이 있습니다. 반대로 음에서 양으로 분화한 것이 소양|少陽|입니다.

양의|兩儀|, 즉 음양은 하나의 효로 표현됩니다. 사상은 두 개의 효로 표시할 수 있습니다. 세 개의 효를 겹치면 팔괘가 됩니다. 꼴값은 사상에 드러나 있고, 이를 확대한 팔괘에 세상 모든 이치가 걸려 있다고 하여 '걸 괘|卦|' 자를 써서 팔괘라고 합니다. 팔괘는 앞서 많이 말씀드렸으니 따로 설명드리지 않겠습니다.

종합하자면 태극이 음양을 낳고, 음양이 사상을 낳고, 사상이 팔괘를 낳습니다. 이를 〈계사전〉에서 역유태극, 시생양의, 양의생사상, 사상생팔괘|易有

太極, 是生兩儀, 兩儀生四象, 四象生八卦|라고 한다고 했습니다. 이것을 도표로 그리면 다음과 같습니다. 아래에서 위로 보시기 바랍니다.

팔괘	☰ 건	☱ 태	☲ 이	☳ 진	☴ 손	☵ 감	☶ 간	☷ 곤

⬆

사상	⚌ 태양	⚍ 소음	⚎ 소양	⚏ 태음

⬆

양의	― 양	-- 음

⬆

태극	◉ 태극

하늘 아래 오행이 아닌 것이 없다

마지막으로 오행에 대해 알아보겠습니다.

《주역》과 오행의 직접적인 관계는 별로 없어 보입니다. 《주역》 어디에도 오행을 언급한 부분이 없기 때문입니다. 후대에 《주역》을 보다 체계적으로 설명하기 위해 오행사상까지 결합한 것 같습니다. 오행의 역사와 그 변천사를 논하는 것만으로도 많은 양이 될 것 같습니다. 동양의 사상을 두루 이해하기 위한 기본 개념으로서의 오행에 대해서 간단하게만 짚고 넘어가는 것이 좋겠습니다.

오행은 수, 화, 목, 금, 토입니다. 우리나라 요일 이름이니 따로 외울 필요도 없습니다. 일요일과 월요일은 양과 음을 대표하는 해와 달을 말하고, 나머지 요일이 오행입니다. 오행의 순서는 조금 달리 부를 수 있으나, 오행이 가장 먼저 언급된 《서경》의 〈홍범〉편에 나오는 순서를 그대로 따르면 수, 화, 목, 금, 토가 됩니다. 문헌상에 나타난 것으로만 따지면, 오행이 음양 개념보다 먼저인 듯합니다.

《서경》의 〈홍범〉편에서는 오행을 이렇게 말하고 있습니다.

홍범|洪範|의 첫째는 오행|五行|이니 수, 화, 목, 금, 토이다.

물은 아래로 흘러가면서 윤택하게 한다. 짠맛이 난다.

불은 위로 타오른다. 쓴맛이 난다.

나무는 굽거나 곧다. 신맛이 난다.

쇠는 단련하여 모양을 바꿀 수 있다. 매운맛이 난다.

흙은 식물을 자라게 한다. 단맛이 난다.

동전으로 점치기 2

앞서 동전을 던져 주역 점을 칠 때 동전의 앞면은 양효, 뒷면을 음효라고 했습니다. 그러나 6개의 효 중에서도 중요한 효가 있습니다. 주역은 곧 변화를 말하는 것인데 6개의 효가 모두 똑같은 대접을 받는다면 그것이 더 이상한 것이죠. 그래서 동전으로 점을 칠 때 이렇게 하는 방법도 있습니다. 효 하나를 정할 때 동전을 세 번 던지는 것입니다. 세 번 던져서 앞면이 한 번 또는 세 번이 나오면 양효, 나머지는 음효로 칩니다. 앞면이 홀수 번 나오면 양효, 뒷면이 홀수 번 나오면 음효로 하는 것입니다. 그중에서 앞면이 모두 세 번 나오면 양 중에서도 극에 달한 양, 즉 태양이 됩니다. 뒷면이 세 번 나오면 음 중에서도 극에 달한 음, 즉 태음이 됩니다. 앞면이 한 번 나오면 소양, 뒷면이 한 번 나오면 소음입니다. 그러나 왼쪽 사상 도표를 보면 소양은 양이 아니라 음에, 소음은 음이 아니라 양에 위치한 것을 볼 수 있습니다. 따라서 소양은 양이기는 하지만 음이라고 할 수도 있고, 소음은 음이라고 하지만 양이라고 할 수도 있습니다.

통상적으로 주역의 괘를 풀이할 때 6개의 효 중에서 소양과 소음 자리의 효를 중점적으로 풀이합니다. 때에 따라서 태양과 태음을 주의 깊게 볼 때도 있습니다. 태양의 효를 음으로 바꾸고, 태음의 효는 양으로 바꿔서 풀이하기도 합니다. 이럴 경우 괘 자체가 바뀝니다.

잘 이해가 안 되죠? 오행과 맛의 연관관계가 논리적이지 않습니다. 그래도 옛사람이 아무 뜻도 없이 이런 말을 했을 리가 만무하니 상상력을 발휘하여 그 뜻을 밝히는 것도 재미있습니다.

물은 계속 아래로 흘러내려가서 결국에는 바다를 만나니 그래서 짜다고 하지 않았을까요? 불이 계속 타서 남은 재는 쓴맛이 납니다. 신맛은 입맛을 돋웁니다. 상큼한 봄, 싱싱한 채소의 푸른 빛, 이런 것은 모두 신맛과 연계됩니다. 따라서 나무와 풀과 같은 식물은 신맛이 난다고 하지 않았을까요? 쇠가 왜 매운지는 저의 상상력으로는 해결하기 힘듭니다. 흙이 달다는 것은 제가 먹어봐서 압니다. 어렸을 때 가끔 마당의 흙을 집어먹은 적이 있는데 의외로 그 끝 맛이 달았습니다. 오행과 맛의 연관관계를 속 시원하게 설명해주는 문헌이 없어 제가 좀 억지스럽게 적어봤습니다.

춘추전국시대의 묵자|墨子|는 '오행 가운데 항상 이기는 것이 없다'고 말했습니다. 회남자|淮南子|에 따르면, 불은 뜨겁지만 물로 꺼버릴 수 있고, 쇠는 강하지만 불로 녹일 수 있고, 나무도 곧고 딱딱하지만 쇠로 만든 도끼로 베어버릴 수 있다고 했습니다. 물은 아래로 흘러내리지만 흙을 쌓아 막아버릴 수 있습니다.

이와 같이 오행은 서로 생성하거나 막아내는 성질이 있다 하여 상생 상극으로 설명합니다.

우선 상생 관계를 보자면, 물이 있어야 나무가 자라니 물은 나무를 낳는다고 합니다. 이를 수생목|水生木|이라고 합니다. 나무를 태워 불을 만드니 이를 목생화|木生火|라고 합니다. 예전에 화전을 일굴 때 불을 태워 밭을 만들었으니, 화생토|火生土|라고 합니다. 아니면 지구가 오래 전에 불덩어리였다가 흙이 되었던 것을 알고서 이렇게 말했을지도 모릅니다. 흙에서 쇠를 얻었으니 토생금|土生金|이라고 합니다. 아침에 쇠 표면에 물이 맺힙니다.

쇠가 물을 낳는 것이죠. 이를 금생수|金生水|라고 합니다. 공기 속의 수증기가 차가워져 금속 표면에 이슬이 맺히는 현상을 몰랐던 것 같습니다.

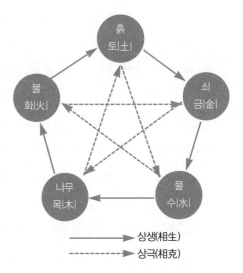

반면 상극 관계로 보면, 나무는 흙을 뚫고 나옵니다. 나무가 흙을 이겼습니다. 이를 목극토|木克土|라고 합니다. 흙은 흐르는 물을 덮어버리거나 막을 수 있습니다.

→ 상생(相生)

---▶ 상극(相克)

토극수|土克水|입니다. 물은 불을 꺼버리니 수극화|水克火|입니다. 불은 쇠를 녹이니 화극금|火克金|입니다. 쇠로 만든 도끼로 나무를 베니 금극목|金克木|입니다.

오행설은 《주역》이나 음양 개념에서 나온 것이 아니었습니다. 처음부터 《주역》과는 상관이 없었던 것 같습니다. 그러던 것을 송대 주자|周子|가 음양이 오행을 낳는 것으로까지 연결시켰습니다. 이렇게 발전하다보니 나중에는 오행과 연결이 되지 않은 것이 없게 되었습니다.

하늘 아래 오행이 아닌 것이 없습니다. 그래서 이 다섯 가지가 '가지 않는 곳이 없다'고 하여 움직일 행|行|을 쓰고 있지 않나 하는 생각이 들 정도입니다. 오행이 신체 기관과 연결되면 그것이 곧 한의학으로 발전합니다. 천간과 지지, 방위 개념과 어울려 점술로도 발전합니다. 초기 자연과학적 성격의 오행 개념이 지나치게 확대 적용되었다는 느낌이 듭니다. 그만큼 오행 사상은 우리의 실생활에 밀접하게 연관되어 있습니다. 예를 들어 오행을 모르면 요일 이름이 왜 일, 월, 화, 수, 목, 금, 토인지 전혀 알 수 없습니다. 화

성, 수성, 목성, 금성, 토성 등 오성|五星|도 마찬가지입니다.

　해와 달과 별을 일월성신|日月星辰|이라 부릅니다. 일|日|은 해, 월|月|은 달, 성|星|은 별입니다. 신|辰|은 별자리입니다. 별자리 중에서 28개 별자리, 즉 28 수|宿|를 말합니다.

　하늘에는 수많은 천체가 있지만, 이 중에서 해와 달이 가장 크고 빛나기 때문에 일월|日月|이라고 따로 부릅니다. 나머지 수많은 별들 중에서 유난히 돋보이는 5개의 별을 오성|五星|이라고 하는데, 움직인다는 의미로 행성|行星|이라 불렀습니다. 이 별들이 바로 화성, 수성, 목성, 금성, 토성입니다. 물론 이 외에도 다른 행성이 있지만, 망원경이 없던 때라 볼 수 없었던 것 같습니다.

　이런 이야기도 있습니다. 해는 밝은 낮을 주관하는 아버지 같은 존재이고, 달은 어두운 밤을 주관하는 어머니 같은 존재입니다. 어느 날 해와 달이 만나 다섯 개의 별을 낳았는데, 이들 이름이 화성, 수성, 목성, 금성, 토성입니다. 화성은 아버지의 불 같은 성격을 그대로 물려받았고, 수성은 조용한 어머니의 성격을 가졌습니다. 목성은 아버지보다 어머니를 많이 닮았고, 금성은 아버지를 좀 더 많이 닮았습니다. 막내인 토성은 아버지와 어머니의 유전자를 정확하게 반반씩 물려받았습니다.

　일월|日月|과 오성|五星|을 제외한 나머지 별들은 너무 많아 따로따로 이름을 지을 수 없었습니다. 그래서 동서남북 4방으로 눈에 잘 띄는 별자리 7개씩을 각각 수|宿|라고 불렀습니다. 따라서 별자리는 4×7=28수|宿|가 생긴 것입니다.

구분	목(木)	화(火)	토(土)	금(金)	수(水)
음양(陰陽)	음(陰)	양(陽)	양(陽)	양(陽)	음(陰)
성질(五性)	생성	성장, 분열	조화, 완성	수렴, 결실	휴식, 응집
맛(五味)	신맛(酸)	쓴맛(苦)	단맛(甘)	매운맛(辛)	짠맛(鹽)
오장(五臟)	간(肝) : 血	심장(心) : 神	비장(脾)	허파(肺) : 氣	콩팥(腎) : 精
육부(六腑)	쓸개(膽)	작은창자(小腸)	위(胃), 삼초(三焦)	큰창자(大腸)	오줌보(膀胱)
사단(四端)	인(仁)	예(禮)	신(信)	의(義)	지(智)
방위(方位)	동방(東方)	남방(南方)	중앙(中央)	서방(西方)	북방(北方)
천간(天干)	갑(甲), 을(乙)	병(丙), 정(丁)	무(戊), 기(己)	경(庚), 신(申)	임(壬), 계(癸)
지지(地支)	인(寅), 묘(卯), 진(辰)	사(巳), 오(午), 미(未)	–	신(申), 유(酉), 술(戌)	해(亥), 자(子), 축(丑)
계절(季節)	봄(春)	여름(夏)	긴 여름(長夏)	가을(秋)	겨울(冬)
기후(氣候)	바람(風)	뜨거움(熱)	습기(濕氣)	메마름(乾燥)	차가움(寒)
기운(氣運)	기(氣)	광명의 신(神)	뜻(意)	혈(血)	정(精)
사대문(四大門)	동대문(崇仁門)	남대문(崇禮門)	중궁(中宮)	서대문(崇義門)	북대문(崇智門)
경복궁(景福宮)	동문(建春門)	남문(光化門)	경복궁(五皇極)	서문(迎秋門)	북문(神武門)
색깔(五色)	푸른색(靑)	붉은색(赤)	노란색(黃)	흰색(白)	검은색(黑)
상징 동물	청룡(靑龍)	주작(朱雀)	–	백호(白虎)	현무(玄武)
창조 덕성	元(放)	亨(蕩)	통합(統合)	利(神)	貞(道)
욕심(五慾)	정욕(情慾)	색욕(色慾)	–	탐욕(貪慾)	노욕(老慾)
오관(五官)	눈(目)	혀(舌)	입(口)	코(鼻)	귀(耳)
오성(五星)	목성(木星)	화성(火星)	토성(土星)	금성(金星)	수성(水星)
오제(五帝)	청제(靑帝)	적제(赤帝)	황제(黃帝)	백제(白帝)	흑제(黑帝)
오성(五聲)	각(角)	징(徵)	궁(宮)	상(商)	우(羽)
오수(五數)	팔(八)	칠(七)	오(五)	구(九)	육(六)
신체(五體)	근육(筋)	혈맥(血脈)	살(肉)	털(毛)	뼈(骨)
감정(五情)	분노(怒)	기쁨(喜)	사려(思)	슬픔(悲)	두려움(恐)
정신(精神)	혼(魂)	신(神)	뜻(意)	넋(魄)	정(精)
짐승의 종류들	짐승(走類)	날짐승(飛類)	사람(人類)	갑각류(甲類)	어류(魚類)
한글 발음	ㄱ, ㅋ	ㄴ, ㄷ, ㄹ, ㅌ	ㅇ, ㅎ	ㅅ, ㅈ, ㅊ	ㅁ, ㅂ, ㅍ

의미 있는 우연의 일치

지금까지 《주역》을 읽기 위한 아주 기초가 되는 지식들만 살펴보았습니다. 그리고 이것으로 《주역》에 대한 저의 이야기는 마칠까 합니다. 《주역》으로 점을 제대로 치는 방법이 나올 때까지 기다렸던 분이라면 실망하셨을 수도 있겠습니다. 그러나 너무 실망하지는 마시기 바랍니다. 점치는 방법은 그 형식의 차이는 있을지 몰라도 동전을 던지는 것과 크게 다르지 않습니다. 더 이상 설명 드릴 것도 없습니다. 인간으로서 할 도리를 다하고, 도저히 결정하기 힘든 두 가지 선택을 두고 치는 것이 점이니 그 형식이야 어떻든 무슨 상관이겠습니까. 문제는 그 선택을 믿고 따르는 마음가짐에 있겠지요.

참고로 저는 아직 점을 치지 않습니다. 나의 바람과 반대되는 점괘가 나왔을 때 그 점괘를 순수하게 믿고 따를 마음의 준비가 되어 있지 않기 때문입니다. 아직은 내가 바라는 것을 내 의지로 만들고자 노력할 뿐입니다. 그러나 살다 보면 어떠한 일이 닥칠지도 모르니, 언젠가 결정적 선택의 순간에 점을 치게 될지도 모르겠습니다.

어떤 사람들은 점치는 행위 자체를 못마땅하게 여기기도 합니다. 아무렇게나 던진 동전이, 아무렇게나 뽑은 산가지가 내 인생의 결정적 선택의 근거가 된다는 것이 못마땅할 수도 있습니다. 그러나 점은 '의미 있는 우연의 일치'를 꿈꾸는 사람들을 위한 것입니다. 점괘는 그 자체로 우연입니다. 과학적으로 설명할 수 없는 우연의 결과입니다. 그러나 그 결과를 자신의 삶에 비추어 깊게 생각하는 과정에서 큰 의미를 발견하게 됩니다. 때로는 깊은 반성의 계기가 될 수도 있습니다. 이것이 어쩌면 정신분석학자 칼 융이 말한 싱크로니시티|synchronicity|인지도 모르겠습니다.

우리들의 마음과 실제 벌어지는 일들 사이에 어떤 관계가 있다는 것이 융의 생각이었습니다. 그 관계에 대해 융은 원인과 결과를 뚜렷이 구분하여 설명할 수 없었습니다. 그리고 이것을 '싱크로니시티'라고 불렀습니다. 우연히 같은 의미를 가진 사건들이 동시에 일어날 수 있다는 것입니다. '우연치고는 너무나 이상한 일'이 바로 싱크로니시티입니다. 이를테면 점괘도 이와 같습니다. 아무렇게나 던진 동전, 그리고 그 결과인 점괘, 그 점괘에 해당되는 《주역》의 괘를 찾아 읽는 순간, '맞아, 바로 이것이었어!'라는 생각이 들 수 있습니다. 나의 마음과 점괘의 일치, 이것이 싱크로니시티입니다. 이제 그 선택은 확신이 되어 나의 현실을 바꾸는 힘이 됩니다. 갈등은 사라지고 확신에 따른 행동만 남게 됩니다. 그래서 융은 점성술과 초능력을 믿었나 봅니다. 그의 동료인 프로이트가 꿈을 해몽하고자 노력했던 것처럼 말입니다.

점 쟁 이 들 은 외 면 했 지 만

《주역》은 비록 주술신앙에서 출발하였지만 자연철학과 실천도덕까지 포함한 독특한 성격의 철학서이자 수양서이자 처세서입니다. 점술서로 사용하기에는 너무나 심오하여 일선 현장의 역술가들이 잘 활용하지 않는다고 합니다. 점을 보려면 점책을, 사주를 보려면 사주책을 보는 것이 훨씬 편리합니다.

《주역》은 우주의 변화, 삶의 변화를 설명한 것입니다. 그래서 흉|凶|을 피하고 길|吉|을 얻는 피흉취길|避凶取吉|의 내용을 담고 있습니다. 어려움을 피하고 즐거움을 얻기 위한 피고취락|避苦取樂|의 현실적인 사상을 담고 있습니다. 현재를 돌아보고 앞을 내다보면서 슬기롭게 대처하라는 내용입니

다. 점을 보고 나쁜 일이 생길 것 같아 근신하고 대처하면 피할 수 있습니다. 《주역》은 결코 변하지 않는 운명 따위는 말하지 않습니다. 우주 변화의 원리와 살아가는 이치를 말하고 있을 뿐입니다.

살아가는 이치를 담고 있기 때문에 《주역》은 보는 사람에 따라 그 느낌이 달라집니다. 지식과 경험에 따라 괘를 해석하는 깊이가 달라집니다. 따라서 《주역》은 평생을 두고 생각해야 할 화두집입니다. 《주역》 한 권 달랑 읽고 점집을 차리는 사람이 있는가 하면, 평생 동안 《주역》을 공부하고도 수양이 필요하다고 말하는 대산 선생이 있고, 난괘|難卦| 중의 난괘인 산지박괘에서조차 희망을 발견한 신영복 선생 같은 분도 있습니다.

우리 시대 최고의 수상록이라 할 수 있는 《감옥으로부터의 사색》의 저자 신영복 선생은 정년 퇴임사에서 '석과불식|碩果不食|'을 말했습니다. 씨 과실은 먹지 않고 후손을 위해 남겨둔다는 뜻입니다. 《주역》 산지박괘에 나오는 말입니다. 산지박괘는 《주역》에서 가장 안 좋은 괘 중의 하나입니다. 신영복 선생은 칠판에 직접 감나무와 하나 남은 감을 그린 뒤, "앙상한 가지로 서 있는 나무는 비극의 표상이지만, 가지 끝에 달려 있는 빨간 감 하나는 희망"이라며 "나무의 잎사귀가 떨어져 거름이 될 때 희망이 싹튼다"고 말했습니다. 《주역》에 담긴 고난의 괘에서 미래에 대한 희망을 읽었던 것입니다.

50년 넘게 《주역》을 공부하고 강의하신 대산 김석진 선생은 그의 인생을 회고하는 자리에서, 자신의 점괘가 어떻냐는 질문에 이렇게 답했습니다.

"미래를 알면 뭐해요, 죽는 걸. 그렇지만 운명은 바꿀 수 있습니다. 점을 보고 나쁜 운명이라면 근신하고 대처해서 피할 수 있으니까요. 그러나 저의 점괘를 자주 보지는 않습니다. 스스로의 점괘를 보면 나쁜 괘가 나오지 않을까 걱정을 하게 됩니다. 나쁘게 나와도 좋게 해석하려 합니다. 결국 틀리고 마는 겁니다. 그래서 주역에서 올바른 예측을 하려면 주역 지식뿐만 아니라 수양이 필요한 겁니다. 결국 수양입니다."

점술서로 출발한 《주역》이 지금의 역술가들에게는 외면당하고 있습니다. 오히려 현실을 진지하게 살아가는 많은 사람들의 곁에 깊이 있는 삶을 위한 화두로 살아 있습니다. 공자가 위편삼절|韋編三絶|하며 읽었던 것이 《주역》입니다. 바쁜 세상에 가죽 끈이 세 번 끊어지도록 읽지는 못하더라도 단 한 번만이라도 정독하면 좋겠습니다. 《주역》에는 변화를 두려워하지 않고 마음을 다스릴 수 있는 방법이 있습니다. 지금 우리가 사는 세상에 꼭 필요한 지혜입니다.

《주 역》 입 문 을 위 한 추 천 도 서
　　　　《강의》, 신영복, 돌베개, 2004

원 문 에 가 깝 게 더 읽 어 보 시 려 면
　　　　《대산 주역 강의》, 김석진, 한길사, 1999
　　　　《주역 왕필주》, 임채우 옮김, 길, 1998

하나를 읽고 열을 배우는 독서퍼즐

[가 로 열 쇠]

1. 《주역》 제1괘인 건괘 첫 문장은 '건, ○○○○'. 건은 크고 형통하고 이롭고 바르다는 뜻.

3. 《주역》의 역은 '바뀌다', '변한다'는 뜻. 원래 한자 역易은 ○○○의 형상이다. 위급할 때는 꼬리를 잘라 적이 당황한 틈을 타 도망가기도 한다.

4. 《주역》을 해설한 열 가지 주석서인 '십익'의 하나. 《주역》을 연구한 논문 성격의 주석서. 이로 인해 《주역》은 단순한 점술서가 아닌 자연철학, 실천윤리를 말하는 경정으로서의 뜻을 지니게 됐다.

6. 중국 상고 시대에 복희씨가 지었다는 여덟 가지의 괘. 건, 태, 이, 진, 손, 감, 간, 곤 등이다. 태

극기에는 이 중 건, 곤, 감, 이 등 네 개의 괘가 그려져 있다.

7. 고대 중국에서 거북의 등딱지나 짐승의 뼈에 새긴 상형문자. 한자의 가장 오래된 형태를 보여주는 것으로, 주로 점복의 기록에 사용하였다. 《주역》은 원래 점복의 기록이었다.

9. 재앙과 화난이 바뀌어 오히려 복이 됨. 《주역》에는 완전히 좋거나 완전히 나쁜 괘는 없다. 《주역》은 화가 복이 되는 ○○○○이요, 흥한 것이 지나면 슬픔이 온다는 흥진비래의 사상을 담고 있다.

11. 세 가지의 것이 하나의 목적을 위하여 통합되는 일. 동양에서 숫자 3은 신성하며 완전한 의미를 지니고 있다. 삼재, 삼신, 삼초 등이 그러하다. 서양의 ○○○○, 삼신일체도 이와 비슷한 의미이다.

12. 《논어》, 《맹자》, 《중용》, 《대학》의 네 경전과 《시경》, 《서경》, 《주역》의 세 경서를 이르는 말.

15. 희미하여 분명하지 아니함. 점괘는 여러 상황에 두루 적용될 수 있어야 하므로 대개 구체적이지 않고 ○○한 것이 특징이다.

16. 씨족이나 부족에서 신성하게 여기는 토템을 숭배하는 사회 체제 및 종교 형태.

18. 왕골이나 골풀의 줄기를 재료로 하여 만든 자리. 흔히 《주역》을 점치는 책으로만 생각하여, 《주역》을 읽으면 길거리에 ○○○를 깔아도 된다고 한다.

[세 로   열 쇠]

2. 고려 말기에서 조선 전기의 문인이자 학자. 호는 삼봉. 조선 건국 일등공신인 그는 경복궁의 각 건물의 이름을 지었는데, 강녕전의 이름은 홍범구주의 오복 중 셋째인 강녕에서 따왔다고 한다.

5. 사주의 간지가 되는 여덟 글자. 예를 들어, '갑자년, 무진월, 임신일, 갑인시'에 태어난 경우, '갑자, 무진, 임신, 갑인'의 여덟 글자를 말한다.

8. 《주역》 주석서인 십익 중의 하나. 《주역》을 유가도덕적 관점에서 확대해석한 것으로 건괘와 곤괘에만 있다.

10. 공자가 《주역》을 즐겨 읽어 책의 가죽 끈이 세 번이나 끊어졌다는 뜻으로, 책을 열심히 읽음을 이르는 말.

12. 사상의학에서 사람의 체질을 네 가지로 분류하여 이르는 말. 음양에서 사상이 나오고, 사상에서 팔괘가 비롯되었다.

13. 천, 지, 인을 이르는 말. 하나의 괘, 즉 6개의 효를 위로부터 2개씩 천, 지, 인으로 구분하여 해석하기도 한다.

14. 《상서》라고도 하며 중국에서 가장 오래된 경전. 《○○》〈홍범〉편을 홍범구주라고도 하는데, '범주'라는 말은 여기서 비롯됐다. 《주역》은 세상을 보는 64개의 범주라고도 할 수 있다.

15. 자연계의 모든 사물에는 영적 · 생명적인 것이 있으며, 자연계의 여러 현상도 영적 · 생명적

인 것의 작용이라고 보는 세계관 또는 원시 신앙.

17. 철학 용어로 '범주'라고 번역된다. 일상적으로 쓰일 때는 '범주', '부류', '테두리' 등의 말로 순화하여 사용하는 것이 바람직하다.

참고문헌

풍우란, 《중국철학사》, 형설출판사
박일봉, 《중국사상사》, 육문사
알프레드 포르케, 《중국고대철학사》, 소명출판
송영배, 《중국사회사상사》, 사회평론
송영배, 《제자백가의 사상》, 현음사
장기균 외, 《중국철학사》, 일지사
신영복, 《강의》, 돌베개
기세춘 《동양고전 산책 1, 2》, 바이북스
나카지마 아츠시, 《역사 속에서 걸어나온 사람들》, 다섯수레
김경일, 《사서삼경을 읽다》, 바다출판사
김진연 편역, 《사기 1, 2, 3》, 서해문집
사마천, 《사기열전 상, 중, 하》, 까치
사마천, 《사기본기》, 사회평론
사마천, 《사기세가 상,하》, 까치
사마천, 《사기표서》, 까치
진순신, 《중국의 역사 1》, 한길사
풍국초, 《중국상하오천년사 1》, 신원
서연달 외, 《중국통사》, 청년사

정재서, 《이야기 동양신화》, 황금부엉이
원가, 《중국신화전설 1》, 민음사
진현종, 《여기, 공자가 간다》, 갑인공방
오성수, 《OPD의 논어 오디세이 1084》, 어진소리
최인호, 《유림 2》, 열림원
김경일, 《공자가 죽어야 나라가 산다》, 바다출판사
김용옥, 《도올논어 1, 2, 3》, 통나무
신정근, 《논어의 숲, 공자의 그늘》, 심산
홍사중, 《나의 논어》, 이다미디어
박이문, 《논어의 논리》, 문학과지성사
이기동, 《논어강설》, 성균관대출판부
하승우, 《희망의 사회윤리 똘레랑스》, 책세상
백민정, 《맹자, 유학을 위한 철학적 변론》, 태학사
김재욱, 《맹자, 제멋대로 읽기》, 포럼
이기동, 《맹자강설》, 성균관대출판부
양구오룽, 《맹자평전》, 미다스북스
강신주, 《장자, 타자와의 소통과 주체의 변형》, 태학사
오강남, 《장자》, 현암사
이강수, 《노자와 장자》, 길
모로하시 데쓰지, 《장자 이야기》, 사회평론
로버트 앨린슨, 《장자, 영혼의 변화를 위한 철학》, 그린비
양재혁, 《장자와 모택동의 변증법》, 이론과 실천
허세욱, 《장자》, 범우사
김갑수, 《장자와 문명》, 논형
이현주, 《이아무개의 장자 산책》, 삼인
왕필, 《주역 왕필주》, 길
김석진, 《대산 주역 강의 1, 2, 3》, 한길사
노태준, 《新譯 周易》, 홍신문화사
강진원, 《알기 쉬운 역의 원리》, 정신세계사
서대원, 《새로 풀어 다시 읽는 주역》, 이른아침
장영동, 《주역의 멋》, 우리문화사
기세춘, 《고을은 바뀌어도 우물은 바뀌지 않는다》, 화남

사 기

논 어

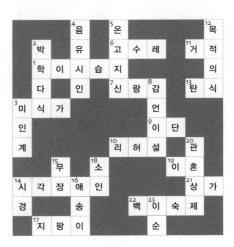

맹 자

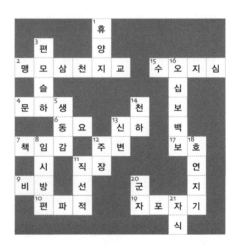

장 자

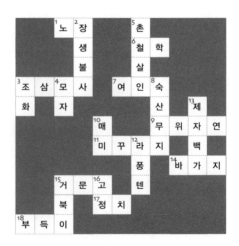

주 역